中国区域发展研究

贾若祥　著

Research on Regional Development of China

中国财经出版传媒集团

经济科学出版社

Economic Science Press

图书在版编目（CIP）数据

中国区域发展研究/贾若祥著．—北京：经济科学
出版社，2016.10
ISBN 978 - 7 - 5141 - 7366 - 6

Ⅰ．①中…　Ⅱ．①贾…　Ⅲ．①区域发展 - 研究 -
中国　Ⅳ．①F127

中国版本图书馆 CIP 数据核字（2016）第 248099 号

责任编辑：于　源　宋　涛
责任校对：杨　海
责任印制：潘泽新

中国区域发展研究

贾若祥　著

经济科学出版社出版、发行　新华书店经销
社址：北京市海淀区阜成路甲 28 号　邮编：100142
总编部电话：010 - 88191217　发行部电话：010 - 88191522
网址：www. esp. com. cn
电子邮件：esp@ esp. com. cn
天猫网店：经济科学出版社旗舰店
网址：http：//jjkxcbs. tmall. com
北京汉德鼎印刷有限公司印刷
三河市华玉装订厂装订
710 ×1000　16 开　20 印张　330000 字
2016 年 10 月第 1 版　2016 年 10 月第 1 次印刷
ISBN 978 - 7 - 5141 - 7366 - 6　定价：48.00 元
（图书出现印装问题，本社负责调换．电话：010 - 88191510）
（版权所有　侵权必究　举报电话：010 - 88191586
电子邮箱：dbts@ esp. com. cn）

前　　言

我国国土面积广阔，区域差异很大，区域问题长期以来是我国经济社会发展中备受关注的问题。我国区域差异大，既受不同区域自然禀赋差异的影响，又受国家区域政策的影响，很多时候两者相互交织，相互影响。同时，较大的区域差异也为我国提供了较大的空间回旋余地。2010年国务院颁布实施《全国主体功能区规划》后，对于构建高效、协调、可持续的国土空间开发格局起到关键性作用，尤其是随着区域政策基本空间单元不断缩小，使得区域问题更为聚焦，区域政策更为精准。党的十八大以来，中央又谋划布局并推动实施了"一带一路"建设、京津冀协同发展、长江经济带发展三大战略，正在形成统筹东中西、协调南北方的区域发展新格局，全国统一大市场建设迈出重要步伐，这些将会对我国区域发展产生深远影响。2016年，国务院印发了《关于推进中央与地方财政事权和支出责任划分改革的指导意见》，国务院办公厅印发了《关于健全生态保护补偿机制的意见》，国家发展和改革委员会印发了《关于贯彻落实区域发展战略　促进区域协调发展的指导意见》，为下一步实施区域战略、优化区域格局、创新区域政策、促进协调发展指明了方向。

本书的内容大体可以分为四个部分：第一章是对我国区域发展进行概述，阐述我国区域发展的演变规律和未来区域发展的方向。第二章至第五章阐述我国区域发展总体战略，围绕我国西部、东北、中部、东部四大板块阐述其发展的重点。第六章至第九章阐述我国的类型区战略，包括我国对贫困地区的扶持战略以及主体功能区战略。第十章至第十六章主要阐述区际关系，包括区域协调的体制机制、城乡关系、城市群发展、区际利益关系以及区域合作（国际次区域合作）等相关内容。相关的区域政策糅合到相关章节进行阐述。上述内容涵盖了我国区域发展的主要内容，能够使读者对我国区域发展有一个整体认识，并对未来我国区域发展走向有一个初步了解。

在本书的写作过程中，得到单位领导和同事的大力帮助，同时还得到相关课题组成员的大力帮助，在此一并表示感谢。

目　录

第一章

中国区域发展演变与展望

区域是一个自然、经济或社会联系相对完整的空间单元，根据研究目的的不同，它可以是一个自然空间单元，也可以是一个行政空间单元，还可以是一个跨不同自然空间单元或行政空间单元的空间单元。中国是一个区域发展差异很大的国家，这其中既有不同区域之间自然条件的差异，又有经济社会发展的差异，并且与不同时期国家的区域发展战略意图密切相关。

第一节　中国区域发展格局演变

新中国成立以来，中国区域发展格局发生了较大变化，从国家对不同区域的战略意图看，大体经历了注重国防安全的均衡发展阶段、注重效率的非均衡发展阶段和兼顾公平与效率的协调发展阶段。

一、注重国防安全的均衡发展阶段

注重国防安全的均衡发展阶段主要是指 1949～1972 年，在新中国刚刚成立后的 20 多年间，我国面临复杂多变的国际环境，服务国防安全、巩固政权是当时我国区域发展面临的首要任务。在这期间，我国强调区域发展要服务国防安全，力图形成众多"小而全"的区域发展综合体，区域发展综合体在不和外部发生联系的情况下也可以基本维持自我运转，确保我国在遭受外来打击的情况下，未受攻击的区域发展综合体仍能正常独立运转，不会对我国区域发展产生系统性影响。这种结构类似蜂巢，各个蜂房相对独立，即使蜂巢里面的单个蜂房受到破坏，也不会对蜂巢产生整体影响，仍能正常运转。在服务国防安全的大背景下，国家基本建设投资空间分布比较均衡，除了个别年份外，沿海和内地相差不大，并且以内地为主，其中三线地区占据较大比重。这一阶段的均衡是服务于国防安全的被动均衡，很难对经济活动空间布局效率和经济合理性进行过多考虑。从区域经济发展格局看，这期间分为两个阶段：一是 1949～1964 年的恢复建设时期，这是我国经济恢复和重建的重要时期，从国防安全的角度，内地比当时的沿海有着更好的战略纵深，这一阶段以建设内地为主。二是 1965～1972 年的三线建设时期，为了备战，国家经济建设中心向大三线地区转移。这一阶段的经济建设，为我国中西部地区的经济发展奠定了重要基础，并在以后相当长的时期内发挥了十分重要的作用（见图 1－1）。

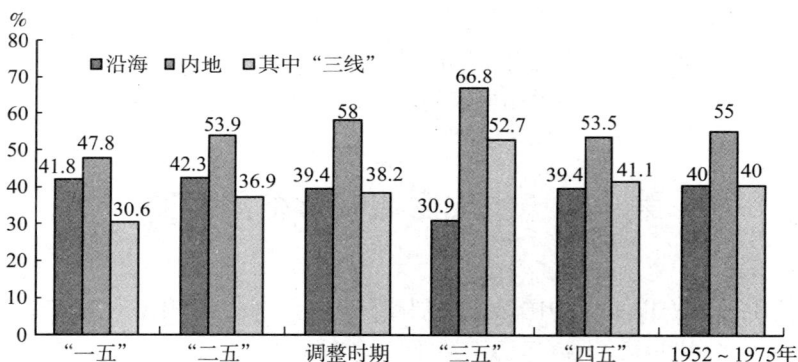

图 1－1　1952～1975 年全国基本建设投资在大区间的分布

资料来源：陆大道、薛风璇等：《1997 中国区域发展报告》，商务印书馆 1997 年版。

二、注重效率的非均衡发展阶段

注重效率的非均衡发展阶段主要是指 1973～1991 年，这一阶段，中国发展的国际背景发生了很大变化，国内发展经济的需求十分强烈，因此在区域发展领域更加注重效率，更加注重经济活动空间布局的合理性。从 20 世纪 70 年代开始，中国区域发展的战略意图开始向区位条件好、发展潜力大的沿海地区转移，中国进入了区域非均衡发展阶段。在此阶段，中国实行改革开放，国家的战略导向是要加快经济社会发展，表现在区域上就是东部地区在区位条件、国家优惠政策和国内极度短缺市场的多重驱动下获得快速发展，区域发展差距迅速拉大，呈现非均衡的发展状态。这一时期也可以分为两个阶段：一是 1973 ~ 1978 年的东部地区加快发展时期；二是 1979 ~ 1992 年重点地区发展阶段。1973 ~ 1978 年间是我国区域发展政策的第一次调整时期，这一时期经济布局的总体特征是由内地向东部特别是沿海的经济社会发达地区逐渐转移。1973 年年初，国家主管部门制定了"关于增加设备进口，扩大经济交流"的计划，开始了以引进项目为中心的经济建设。在这一阶段，东部地区具有沿海对外开放的区位优势，经济布局也开始向沿海地区集中。在 20 世纪 70 年代两批引进的 47 个主要成套项目中，位于东部沿海的有 24 个，中部与西部分别为 12 个和 11 个，东部沿海地区成为中国经济发展的重点地区。1979 ~ 1992 年，是以发挥优势和加快全国经济增长为目标的重点地区发展阶段。70 年代末期，在十一届三中全会精神指引下，中国经济发展发生了一个重大变革。1979 年，中央确定在广东、福建两省实行"特殊政策、灵活措施"，自此，中国开启了改革开放的新时代。1980 年，五届人大常委会 15 次会议批准了《广东省经济特区条例》，随即深圳、珠海、厦门、汕头 4 个经济特区的建设全面展开。4 个经济特区的成立和建设，正式拉开了我国重点地区发展的序幕，也是我国实施非均衡战略的重大举措。继经济特区以后，沿海开放城市和沿海开放区成为东部沿海地区对外开放的重点集中区，形成了一条从南到北沿海岸线延伸的对外开放地带。重点地区经过一段时间发展后，开始以经济技术开发区为主要形式逐步向内地和沿边拓展。随着我国重点地区开发战略的实施，特别是沿海地区的重点发展，到 80 年代中期，我国区域经济之间呈现出比较明显的发展差异，沿海内地的划分已经过于笼统，很难概括当时区域经济并用来指导国家的区域政策。"七五"（1986 ~ 1990）期间，原国家计委提出了沿海、中部、西部三个地带的划分方法，在空间上形成了东中西的发展格局。在东、中、西三大板块中，东部板块发展迅猛，很快成为支撑中国经济社会发展的重要引擎。

三、兼顾公平与效率的协调发展阶段

1992 年以后，我国进入兼顾公平与效率的区域协调发展阶段。经过一段时间的非均衡发展，我国区域经济发展的差距愈来愈大，而且呈现不断加剧的趋势，区域发展差距过大等一系列问题开始凸显，尤其是在社会领域，过大的地区发展差距已经对社会公平和区域和谐发展产生不利影响。促进区域协调发展，就是要在经济领域实现效率最大化的同时，要在社会分配（基本公共服务）领域实现公平化，也就是说，一方面要尽可能地把国民福利蛋糕做到最大；另一方面还要相对公平地分配国民福利蛋糕，是生产领域的非均衡发展与社会领域的均衡发展的综合，如图 1-2 所示。

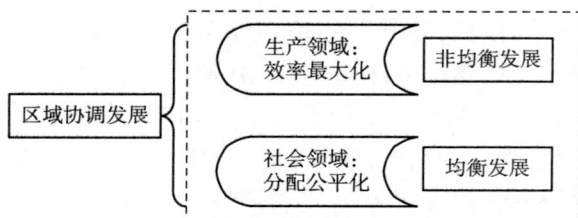

图 1-2　区域协调发展示意图

在 1992 年，一些中央领导的讲话和政府文件中，开始出现"地区协调发展"的提法。1996 年，八届人大四次会议正式提出了将地区之间协调发展作为国民经济和社会发展的指导方针之一。为了逐步解决我国地区发展差距不断扩大的问题，促进区域协调发展，从 2000 年开始，我国实施了西部大开发战略，到 2006 年，我国形成了推进西部大开发、振兴东北地区等老工业基地、促进中部地区崛起、鼓励东部地区率先发展的区域发展总体格局。

2010 年，国务院颁布实施了《全国主体功能区规划》，构建三大类型的战略格局。一是城镇化战略格局。就是从工业化、城镇化空间格局考虑，形成"两横三纵"为主体的城镇化战略格局。首先对过度开发地区进行优化、重整和修复，形成优化开发区。要把这些区域作为提升国家竞争力的重要区域，在经济建设和社会发展中起龙头带动作用，主要包括环渤海地区、长江三角洲地区和珠江三角洲地区。其次是支撑未来发展的重点开发地区，通过提升工业化城镇化质量，使重点开发地区成为支撑全国经济增长的重要增长极。二是农业战略格局。就是要建立以"七区二十带"为主要内容的农业战略格局，形成农产品的主产区，保障农产品供给安全。三是国家生态安全战略格局。就是要构建以"两屏三带"为主要内容的生态安全战略格局，保障国家生态安全。

2016 年颁布的"十三五"规划纲要专门设立"推动区域协调发展"篇，指出要以区域发展总体战略为基础，以"一带一路"建设、京津冀协同发展、长江经济带发展为引领，形成沿海沿江沿线经济带为主的纵向横向经济轴带，塑造要素有序自由流动、主体功能约束有效、基本公共服务均等、资源环境可承载的区域协调发展新格局，成为新时期区域协调发展的总要求。

第二节　我国区域发展基本特征

随着我国市场经济体制的不断完善，要素在区域之间的流动日益顺畅，市场在配置资源中的决定性作用得到较为充分的体现。此外，随着主体功能区战略的实施，我国空间规划不断完善，而且空间规划的战略性、基础性、约束性作用不断加强，空间规划在空间领域发挥了规划宪法作用，在一定程度上缓解了我国空间规划"依规打架"问题。在市场和政府规划综合作用下，我国区域发展空间格局也呈现出如下新特点。

一、人口经济向轴带集聚比较明显

根据点—轴开发理论，区域发展中的要素会向主要的"点"或者"轴"集聚。点—轴开发理论中的"点"是指区域中的各级中心城市，它们都有各自的吸引范围，是一定区域内人口和产业集聚的地方，有较强的经济吸引力和凝聚力。"轴"是线状基础设施束经过的地方，有的也称为"轴带"，主要城市、工业区一般沿着轴带布局，《全国主体功能规划》中提出的优化开发区和重点开发区基本上都分布在"两横三纵"的轴带上，成为集聚要素的主要空间载体。2011 年，优化开发区以全国 5% 的国土面积，集聚了 47% 的经济量和 21% 的人口；重点开发区以全国 38% 的国土面积，集聚了 44% 的经济量和 47% 的人口；优化开发区和重点开发区以全国 44% 的国土面积，集聚了 91% 的经济量和 68% 的人口。人口和经济向轴带集聚非常明显，以"两横三纵"为主要内容的轴带已经成为我国人口和经济最为密集的地区（见表 1 - 1）。

表1-1　　　　我国主要城市化地区基本情况（2011年数据）

	名称	范围	面积（平方公里）	GDP（亿元）	人口（万人）
优化开发区域	环渤海地区	北京市、天津市、沈阳市、大连市、青岛市、丹东市、营口市、盘锦市、阜新市、锦州市、葫芦岛市、朝阳市、石家庄市、保定市、唐山市、秦皇岛市、沧州市、廊坊市、承德市、张家口市、邯郸市、邢台市、烟台市、潍坊市、威海市、日照市、东营市、滨州市	342707	96520	15390
	长江三角洲地区	上海市、南京市、苏州市、无锡市、徐州市、镇江市、扬州市、南通市、泰州市、淮安市、盐城市、连云港市、宿迁市、常州市、杭州市、宁波市、嘉兴市、湖州市、绍兴市、台州市、金华市、温州市、丽水市、衢州市、舟山市、合肥市、滁州市、马鞍山市、芜湖市、淮南市	109895	82139	9460
	珠江三角洲地区	广州市、深圳市、珠海市、惠州市、东莞市、肇庆市、佛山市、中山市、江门市	54772.66	43720	3062
	小计		507375.2	222380	27913
	占全国比重		0.05	0.47	0.21
重点开发区域	哈长地区	哈尔滨市、大庆市、齐齐哈尔市、牡丹江市、绥芬河市、长春市、吉林市、延吉市、龙井市、图们市	269160	18214	3815
	东陇海地区	连云港市、日照市	12963	2624	794
	江淮地区	合肥市、蚌埠市、马鞍山市、安庆市、巢湖市、池州市、芜湖市、淮南市、铜陵市、滁州市、六安市	88310	11948	4038
	长江中游地区	武汉市、黄石市、黄冈市、鄂州市、孝感市、咸宁市、仙桃市、天门市、潜江市、长沙市、岳阳市、常德市、益阳市、株洲市、湘潭市、衡阳市、娄底市、南昌市、九江市、景德镇市、鹰潭市、上饶市、新余市、抚州市、宜春市、吉安市	254855	35997	10138

续表

	名称	范围	面积（平方公里）	GDP（亿元）	人口（万人）
重点开发区域	海峡西岸地区	福州市、厦门市、泉州市、莆田市、漳州市、三明市、龙岩市、南平市、宁德市、温州市、丽水市、衢州市、上饶市、鹰潭市、抚州市、赣州市、潮州市、汕头市、揭阳市、梅州市	273677	30253	8855
	北部湾地区	南宁市、北海市、钦州市、防城港市	42550	3770	1361
	滇中地区	昆明市、曲靖市、楚雄市、玉溪市	94459	5078	1636
	成渝地区	重庆市、德阳市、绵阳市、眉山市、资阳市、遂宁市、乐山市、雅安市、自贡市、泸州市、内江市、南充市、宜宾市、达州市、成都市、广安市	240431	28902	10478
	藏中南地区	拉萨市、日喀则地区、那曲地区、林芝地区、山南地区	796675	509	228
	天山北坡地区	乌鲁木齐市、昌吉市、米泉市、阜康市、呼图壁县、玛纳斯县、石河子市、沙湾县、乌苏市、奎屯市、克拉玛依市	160150	3599	558
	兰州西宁地区	兰州市、海东地区、西宁市、白银市、临夏回族自治州、海西蒙古族藏族自治州、海北藏族自治州、定西市、甘南藏族自治州、武威市、金昌市、张掖市、酒泉市、嘉峪关市	764026	5161	2016
	宁夏沿黄经济区	银川市、石嘴山市、吴忠市、中卫市4个地级市，以及平罗、青铜峡、灵武、贺兰、永宁、中宁等建制镇	51633	1747	474
	关中天水地区	西安市、铜川市、宝鸡市、咸阳市、渭南市、杨凌市、商洛市、天水市	89552	8446	2987
	呼包鄂地区	包头市、呼和浩特市、鄂尔多斯市、榆林市	175681	10693	1095

续表

名称		范围	面积 （平方公里）	GDP （亿元）	人口 （万人）
重点开发区域	太原城市群	太原市、忻州市、长治市、临汾市、阳泉市、吕梁市、晋中市	108587	7538	2341
	冀中南地区	石家庄市、保定市、沧州市、衡水市、邢台市、邯郸市	85471	14264	4925
	中原经济区	郑州市、开封市、洛阳市、南阳市、安阳市、商丘市、新乡市、平顶山市、许昌市、焦作市、周口市、信阳市、驻马店市、鹤壁市、濮阳市、漯河市、三门峡市	58858	15885	4520
	黔中地区	贵阳市、遵义市、毕节市、安顺市、黔东南州、黔南州	131450	4355	3145
	小计		3698489	208989	63411
	占全国比重		0.39	0.44	0.47
合计			4205864	431370	91325
占全国比重			0.44	0.91	0.68

资料来源：根据相应年份和地区统计年鉴数据整理。

二、贫困、农业和生态地区等问题地区获得较好发展

我国的问题区域主要包括落后地区、萧条或衰退地区等，主要是指贫困地区、处于衰退中的老工业基地、亟待转型的资源枯竭城市以及财政包袱沉重的粮食主产区和生态保护区等。这些地区属于自身发展能力差、需要国家更多扶持的地区。近年来，国家加大了对问题区域的政策和资金支持力度。对于贫困地区调整了扶贫开发思路，即更加注重基本公共服务均等化，更加注重解决制约发展的瓶颈问题。将 11 个集中连片特殊困难地区作为扶贫攻坚主战场，2012 年重新界定了 592 个国家扶贫重点工作县范围。逐步完善社会保障体系，把社会保障作为解决温饱问题的基本手段，将扶贫开发和农村最低生活保障制度有效衔接。对于粮食主产区采取了一系列富农强农的政策：一是对粮食主产区农民进行补贴，包括粮食直接补贴、农资综合直补、良种补贴和农机具购置补贴的政策；二是对粮食主产

区进行补贴，国家财政对产粮大县实施奖励；三是探索建立粮食产销区间的利益协调机制，国家鼓励粮食主产区到主销区建立粮食销售基地、发展粮食加工业，也鼓励粮食主销区到粮食主产区建立粮食生产基地、兴建粮食仓储设施等。对于生态功能区，国家设立了森林生态效益补偿基金，并开展了退耕还林（还草）等一系列工程，还在青海三江源、南水北调中线核心水源区丹江口库区等开展生态补偿试点，目前正在积极推进自然资源资产产权制度改革、国家公园体制改革等，以促进和加大对生态功能区的补偿和扶持力度。对于萧条或衰退的资源枯竭型城市和老工业基地，国家也出台了一系列政策促进其发展和振兴。2008 年、2009 年、2012 年，中国分三批确定了 69 个资源枯竭型城市（县、区）予以重点支持和帮助，大力支持资源型城市和独立工矿区可持续发展。国家还出台了一系列政策帮助老工业基地振兴，重点解决老工业基地的国企改革遗留问题，研究中央企业与地方协同发展的政策，推动老工业基地加快发展混合所有制经济，探讨金融支持老工业基地调整改造新途径，加快推进国有林区和垦区改革，以创新驱动产业转型升级，深入开展老工业基地振兴科技引领行动计划。通过对问题地区实施有针对性的扶持措施，问题地区的突出问题得到有效化解。

三、区域合作不断推进

加强区域合作，要坚持优势互补、互利共赢，充分发挥政府、企业、社会组织等的作用，以打破地区封锁和行业垄断为突破口，着力推进区域一体化。在推进区域一体化进程中，不断加强规划编制、基础设施、生态环境、社会服务、产业发展等相关领域合作，通过不断完善相关体制机制，释放区域发展活力。通过"规划共绘、设施共建、环境共治、社会共管、产业共兴"等一系列措施，打破地区封锁和行业垄断，实现整个区域效益的最大化，并使区域内所有的成员都能够分享这种效益最大化的收益。

一是推进规划领域的合作，实现规划的一体化。编制区域规划是政府履行经济调节、市场监管、社会管理和公共服务职责的重要依据。积极发挥规划对区域的宏观引导作用，推进规划一体化，既是政府拆除区域内"篱笆"的过程，即打破地区封锁和行业垄断，又是政府"搭平台"的过程，即政府通过规划，为推进区域一体化搭建平台。目前，我国规划的层级和种类繁多，相互之间既有相互重复的领域，也有相互不一致甚至冲突的地方。推进规划的一体化，就是要从根本上解决众多规划在同一区域之间的相互重复和冲突问题。首先，要推进区域内相关规划的相互衔接，在规划编制和论证的阶段，能够相互沟通，减少不必要的重复和冲突。其次，在条件许可的情况下，积极推进经济社会发展规划、城乡发展规划、土地利用规划的融合，通过推进"三规合一"或者"多规融合"，使得规划能够在同一区域共绘一张蓝图，并且一张蓝图绘到底。

二是推进基础设施领域的合作，实现基础设施的互联互通。区域内基础设施的互联互通是推进区域一体化最容易入手也是需求最为强烈的领域，实现了基础设施的互联互通，能够为推进其他领域的一体化提供支撑。基础设施建设是根据所在地的行政隶属关系由不同的地方政府负责，很多时候地方政府往往只根据自己的管辖范围规划、建设基础设施，对如何加强与毗邻地区基础设施的互联互通考虑不周，影响基础设施整体效益的发挥。要突破行政壁垒限制，从整个区域角度考虑基础设施的互联互通问题，从而为实现区域整体效益的最大化奠定坚实的基础。

三是推进生态环境领域的合作，实现生态环境的共治共享。生态环境问题往往要根据生态环境的自身特点在更大区域范围内统筹考虑，此外，考虑到生态环境具有很大的外部性，要想将其外部性内部化，除了相应的体制机制保障外，从更大范围统筹考虑生态环境问题是一种现实的选择。目前，我国很多区域面临的生态环境问题日益凸显，比如近几年凸显的大气雾霾污染问题和跨行政区的流域水污染问题，这些问题靠区域内的单个行政区难以从根本上解决，需要区域内相关的行政区都要负起责任，积极参与到生态保护和治理的行动中来，从根本上解决"上游污染、下游治理"、污染排放"以邻为壑"等做法，只有这样，才能确保整个区域内的生态环境治理取得较好成效。

四是推进社会服务领域的合作，实现社会服务的齐抓共管。社会服务作为地方政府的重要职责之一，往往都是严格按照行政管辖范围来推进的。由于我国目前在社会服务领域的统筹层次低，不同的行政区之间在社会服务领域还有较大差别，社会服务在不同的行政区之间进行流转还面临诸多困难。劳动力在区域间流动频繁，但是与劳动力紧密相关的社会保障在不同行政区之间的流转还面临很大困难，亟须政府能够在此领域大胆创新，积极探索相关社会保障在区域间流转的方式方法。从长远看，国家要提高基本社会保障的统筹层次，将养老、医疗等基本社会保障的统筹层次提高到全国层面。

五是推进产业领域的合作，实现产业发展的共兴共荣。产业发展要更多地发挥市场配置资源的决定性作用，从政府层面需要做的就是要为产业发展提供良好的发展平台，规范产业发展秩序，加强市场监管，消除产业发展中存在各种显性或隐性的行政壁垒。要在产业准入、产品质量检测、环境排放标准和监测方面加强合作，共同规范产业发展环境，为产业发展提供良好的外部平台，打破地区封锁和行业垄断，让产业遵循市场规律实现优胜劣汰和优化配置。

第三节　我国区域发展存在的问题

尽管我国在区域发展领域取得了很大成就，但是也应该看到，我国区域发展中还存在诸多问题，比如区域板块利益的固化、区域协调发展机制的不健全以及要素在区域间流动的不畅通等，这些问题还需要在发展中通过市场和政府的综合力量逐步化解。

一、板块区域利益日趋固化，区域分工格局不尽合理

近年来，在各地区发挥比较优势加快发展的背景下，也出现了区域分工格局固化现象，从而使板块利益格局固化，能源资源富集地区固化于开采及初级加工就是其案例之一。在全国产业布局中，西部地区是我国重要的能矿资源供应地。作为能矿资源富集地区，西部地区承担着向其他地区提供能源和矿产资源的重任，西部地区以能矿资源为主的资源型产业发展较快。但西部地区资源型产业主要以资源开采为主，即使部分能源和矿产资源在西部地区就地加工，但主要以初级加工为主，深加工能力相对薄弱。虽然资源开发加快了西部地区的经济增长，但如果长期处于开采和初级加工阶段，则容易出现"资源陷阱"现象，致使其在创新发展方面缺乏动力，在产业转型方面缺乏能力，在城市建设方面缺乏魅力。

二、区域协调机制体制尚不健全，统筹协调功能不强

区域管理体制机制不适应新形势新要求，表现在多个方面：一是中央与地方政府的职责和权限不清。现行法律对从中央到地方各级政府职责和权限的划分过于原则，缺乏规范、可操作性的具体规定和明确界定，因而在实际上既交叉重叠又出现真空。从目前看中央政府承担的公共服务责任过少，不利于推进以基本公共服务均等化为核心的区域协调发展。二是部门间协调机制未建立起来。中央对地方的资源配置以不同层级的政府部门垂直管理为主要形式，分散于各部门的资金难以形成发展地区经济的合力，并造成重复投资和不必要的浪费。在规划制定方面，发展规划、土地利用规划、城市规划互不配套更是常态。三是区域间和城市间以及区域城市之间合作机制尚不健全。由于协调机制不健全，出现基础设施难以互联互通、公共服务标准互不统一以及市场恶性竞争导致产能过剩等问题。四是区域间利益协调和补偿机制尚未建立起来。上游地区对生态环境保护投入往往得不到下游受益地区的利益补偿。由于缺乏全国统一的社会保障体系，劳动力流出地区往往要更多支付这些家庭的老人和孩子的社会保障和公共服务费用。五是相关的财政体制还不完善。落后地区经济乏力，自身财政保障能力十分有限，国家转移支付的数额在保障落后地区基本公共服务均等化方面还有很大差距，致使落后地区基本公共服务比较滞后，又反过来制约其加快发展的能力，形成恶性循环。六是政绩考核缺乏针对性。目前的考核主要是对经济和财政状况的考核，对社会、生态等领域的考核比较弱，而且也缺乏针对性，不利于生态地区、落后地区健康发展。

三、要素跨区域流动还存在障碍，隐形壁垒依然存在

要素跨区域流动尤其是跨行政区流动还面临一系列障碍，这在一定程度上阻碍了我国社会主义统一大市场建设。要素跨区域流动的障碍主要受制于我国的行政区经济管理模式。行政区经济是我国经济发展过程中的一种独特现象，我国大部分的省级行政区，往往都形成了相对健全的经济体系，构成了我国特有的行政区经济框架。改革开放后，我国财政实行"分

灶吃饭"，多收多支，少收少支，这种体制极大地激活了地方政府发展经济的动力，并且在省级层面，形成了相对独立完整的利益共同体，进一步强化了我国的行政区经济。分税制改革后，我国在构建全国统一大市场方面迈出了重要步伐，行政区经济的特点有所弱化。但是，政府对经济干预过多的体制机制没有根本扭转，发展经济仍然是地方政府的头等大事，而且地方政府能够从发展经济的过程中获得较大财税回报和政绩回报，因此，行政区经济依然存在。在经济活动出现跨越行政区界限的时候，在我国现行的体制机制下，当有可能会损害某些行政区利益时，就会出现行政力量对经济活动的不正常干预，比如行政区之间为了比拼 GDP 的资源大战，后延续成为行政区之间的市场大战。在市场经济不断完善的今天，行政区之间已经很少有以政府名义公开制定的人为经济藩篱了，而是更注重加强合作，通过合作竞争获得更大利益，但这并不意味着行政区之间没有了利益冲突。在当前，国有企业的空间布局优化调整仍然面临相应行政力量的强有力干预，各种可能造成行政区所在地 GDP、财税变动或影响政绩考核的经济活动也会受到行政力量的种种干预。此外，我国的社会保障在不同的区域之间差别较大，流转困难，这也在很大程度上影响了要素的跨区域顺畅流动。

第四节 "十三五"我国区域发展新形势

"十三五"期间，世界多极化、经济全球化、文化多样化、社会信息化深入发展，世界经济在深度调整中曲折复苏，新一轮科技革命和产业变革蓄势待发，全球治理体系深刻变革。我国经济发展方式加快转变，新的增长空间正在孕育形成，经济长期向好的基本面没有改变，我国区域发展仍处在大有作为的重要战略机遇期，但同时也面临诸多风险和挑战。

一、区域发展进入新常态

"十三五"期间，我国区域发展要更好适应经济发展新常态、把握经济发展新常态、引领经济发展新常态，不断提高区域发展质量和效益，增强区域发展的均衡性，促进区域协调健康发展。首先，区域发展进入中高速发展阶段。我国大部分区域已经由以往的高速增长进入到中高速增长的阶段，尤其是我国东部沿海地区，随着区域经济体量的不断增加，经济增速不断趋稳。中西部经济体量较小的省份，经济增速相对较高。"十三五"期间，我国区域将会保持中高速增长的态势。其次，区域发展逐步进入靠创新驱动的阶段。经过长期的快速发展，我国区域发展积累了相对较强的科研技术优势和管理优势，目前正处在由传统的劳动力、土地等传统要素投入和资金投入向创新驱动转变的阶段。尤其是在京津冀、长三角、珠三角等科技基础好和创新能力强的区域，创新对于区域发展的驱动作用日益增强。上海、天津、福建、广东的自由贸易试验区建设也在很大程度上推进了我国区域发展的制度创新，目前正在形成一系列可复制可推广的经验，有望在"十三五"期间进一步扩大制度创新的影响范围。还有，区域发展已经逐步进入靠内需和服务业拉动的重要阶段。在过去一段时期，我国很多区域发展更多依靠出口和工业拉动，尤其是东部沿海地区，出口是拉动区域发展的重要力量。随着国内外形势的变化，我国经济发展区域回旋余地大的优势进一步发挥，消费在拉动区域发展中的基础性作用进一步增强。

二、区域发展面临新理念

我国区域发展理念已经发生了很大变化，从以往注重经济发展到兼顾经济社会发展，从兼顾经济社会发展到兼顾经济社会生态等综合发展，区域发展理念在根据国内外发展形势和区域发展实际不断调整变化。"十三五"期间，我国提出要树立"创新、协调、绿色、开放、共享"的发展理念，这是我国根据国内外形势变化和我国经济社会发展实际做出的重大决策，这将成为"十三五"乃至更长一段时期推进区域发展的新理念。"十三五"期间，要按照五大发展理念谋划区域发展新棋局，理清区域发展新思路，明确区域发展新任务，谋划区域发展新举措，确保到2020年我国不同区域都能全面建成小康社会。尤其是要将绿色发展的理念贯穿到区域发展之中，并要积极探索绿色发展理念下区域发展新模式。要按照生态文明的要求深入贯彻绿色发展理念，党的十八大报告首次把生态文明建设摆在"五位一体"总体布局的高度来论述，十八届三中全会对加快生态文明制度建设提出了具体安排，并明确指出"推动地区间建立横向生态补偿制度"。2015 年中共中央国务院出台了关于加快推进生态文明建设的意见，指出生态文明建设是中国特色社会主义事业的重要内容，关系人民福祉，关乎民族未来，事关"两个一百年"奋斗目标和中华民族伟大复兴中国梦的实现。中央把生态文明建设放在突出的战略位置，并指出要将生态文明融入经济建设、政治建设、文化建设、社会建设各方面和全过程，协同推进新型工业化、信息化、城镇化、农业现代化和绿色化，在推进区域发展的进程中，同样要树立生态文明的理念，将生态文明作为推进区域发展的新理念。在生态文明理念下，生态产品是有价值的，提供生态产品的发展也是发展。要不断完善我国的生态补偿制度和绩效考核制度，切实将绿色发展的理念贯穿到区域发展之中。完善生态补偿制度，可以在一定程度上体现生态产品的市场价值，使提供生态产品的地区能够获得一定的经济回报，为不同地区之间尤其是生态产品提供区与生态产品享用区之间发展权的公平化提供保障。

三、区域发展面临新格局

随着我国"一带一路"战略、长江经济带战略和京津冀协同发展战略三大战略实施，我国区域发展形成了统筹东中西、协调南北方、特色鲜明、协调联动的区域发展新格局。一是"十三五"期间区域合作和联动发展更加深入。从我国三大战略来看，都是跨了很多的省级行政区，有的还跨了我国的东部、西部、中部、东北四大区域板块，体现出了统筹东中西、协调南北方的特点，尤其是"一带一路"战略，更是涵盖了我国的东中西和南北方，从全球视野谋划区域发展，前瞻性和战略性很强，将会对我国区域发展产生深远影响。上述战略的实施，将会进一步消除我国区域发展中的行政藩篱，发挥区域比较优势，深化区域合作，促进区域联动发展。二是"十三五"期间我国区域战略将呈现融合发展的态势。在"十三五"期间，我国区域发展将呈现"一带一路"战略、长江经济带战略、京津冀协同发展战略与东部、西部、中部、东北四大板块战略以及主体功能区战略并存的局面，这是区域发展中三个不同类型的战略，在"十三五"期间这三个不同类型的区域战略将会相互融合和相互促进，形成以区域发展总体战略为基础，以"一带一路"、京津冀、长江经济带为引领的区域发展新格局。

四、区域发展面临新规则

"十三五"期间，随着我国国家治理体系和治理能力现代化的不断推进，区域发展也面临着新规则，原来传统的区域之间比拼 GDP 以及财政收入总量和增速的局面会得到很大程度上的改观，区域将会更加注重区域治理体系的现代化和科学化，将会更加注重民生改善、生态保护、环境治理等相关领域。一是区域治理体系将会进一步完善。区域治理主体将会进一步地多元化和扁平化，过去主要依靠政府推进区域治理的模式将会得到较大程度的改善，地方政府、企业、居民和相关的社会组织都会参与到区域治理体系中，尤其是企业、居民和相关社会组织参与区域治理的渠道将会更为宽阔和畅通，在民生、生态、环境等领域，相关的居民和社会组织将会发挥十分重要的监督作用。二是经济区将成为编制区域规划和制定区域政策的主要空间载体。经济区经济是以经济联系相对密切的区域为基本空间单元开展经济活动的一种经济发展模式，而行政区经济是以行政管理区域（县、市、省等）为基本空间单元开展经济活动的一种经济发展模式。随着我国社会主义统一大市场建设的不断完善，经济主体在经济活动中的自主性不断增强，"十三五"期间，经济区将成为我国区域规划和区域政策的主要空间载体。国家通过不断推进经济区规划一体化、基础设施一体化、产业布局一体化、城乡发展一体化、生态环境一体化、基本公共服务一体化、政策措施一体化等，不断减少经济区内部的市场壁垒，降低市场交易成本，促进经济区协调健康发展。

第五节　"十三五"我国区域发展新思路

"十三五"期间，我国区域发展要按照服务全面建成小康社会宏伟目标的要求，牢固树立创新、协调、绿色、开放、共享的发展理念，破解发展难题、厚植发展优势，理清区域发展新思路。

一、要牢固树立"创新、协调、绿色、开放、共享"五大发展理念

中央强调，发展理念是发展行动的先导，是管全局、管根本、管长远

的东西，是发展思路、发展方向、发展着力点的集中体现。《中共中央关于制定国民经济和社会发展第十三个五年规划的建议》提出的创新、协调、绿色、开放、共享的发展理念，是"十三五"期间我国推进区域协调发展的主线。一是要增强区域创新能力。我国已经初步形成了若干在世界上具有较大影响力的区域创新高地，"十三五"期间，要依托这些区域创新高地，加快推进科技成果转化，助力区域发展。二是要推动区域协调发展。充分发挥我国经济发展区域回旋余地大的优势，加快完善要素流动机制，大力推进区域间政府基本公共服务均等化工作，着力解决我国东部、中部、西部、东北之间以及区域内部发展不平衡问题，促进区域协调发展。三是促进区域绿色发展。在我国区域发展历程中，经济往往是区域发展的核心，于是区域发展往往被片面地理解为区域经济发展，甚至是简单的地区生产总值和财政收入增长，区域之间相互攀比地区生产总值增速或财政收入增速，使区域之间陷入以 GDP 论英雄的片面竞争之中。"十三五"期间，要着力解决区域发展存在的大气、水、土壤污染问题，加快建设资源节约型、环境友好型社会，推进低碳循环发展，确保我国生态安全。四是推进区域开放发展。随着"一带一路"战略的实施以及我国和相关国家自贸协定建设的不断推进，我国区域发展已经与世界发展紧密联系到一起，而且在世界区域性投资贸易规则制定中发挥越来越重要的作用，"十三五"期间要以开放的视野，从更广的区域范围推进区域开放发展，统筹好国内国际两个大局。五是推进区域共享发展。我国区域发展差异很大，其中革命老区、少数民族地区、边境地区、集中连片特困地区、资源枯竭型城市（地区）、库区、林区、粮食主产区等发展还比较滞后，"十三五"期间，要进一步完善财政转移支付、生态补偿、资源价格形成机制，助力落后地区加快发展，共享区域发展成果。

二、要从构建全国统一大市场的角度谋划区域发展新思路

长期以来，我国行政壁垒比较严重，行政区经济对构建全国统一市场产生了很大障碍，区域发展呈现典型的板块化和行政化的特点，这在很大程度上影响了我国区域发展的整体性，同时也很难发挥市场对要素配置的决定性作用，影响了区域发展的效率和效益。"十三五"期间，我国要从构建全国统一大市场的角度谋划区域发展的新思路，打破我国区域发展中

的行政分割，对我国区域发展进行整体上统筹考虑，建设统一开放、竞争有序的市场体系，促进生产要素在区域间的顺畅流动，使市场在资源配置中起决定性作用，打造中国区域发展的升级版，实现我国区域发展整体效益的最大化。

三、要从积极融入全球经济活动的视角谋划区域发展新棋局

目前，我国在积极推进沿边对外开放与合作，沿边开放已经成为我国继沿海开放后的又一重大战略，而且通过"一带一路"、长江经济带、京津冀协同发展等重大战略形成了陆海联动的对外开放格局，这就需要在"十三五"期间从积极融入全球经济活动的视角谋划区域发展新棋局。我国区域发展已经在全球经济大格局中占据重要地位，随着我国经济发展与国际经济活动的日益密切，积极融入全球经济活动是对我国区域发展的新要求，要积极谋划内通外联的区域发展新棋局，促进区域发展的内部互通和外部互联。我国沿边经济发展基础相对比较薄弱，在对外开放与合作中的支撑能力不足，需要与内地甚至沿海发达地区联合起来，形成内联外通的区域发展格局，才能更好地推进我国沿边对外开放与合作。我国的"一带一路"战略、长江经济带战略等就把我国沿海、内地与沿边联系到一块，共同谋划区域发展新棋局。这一方面加强了发达地区对沿边地区对外开放的支撑能力，另一方面也将沿边的对外开放与合作与国内的主要经济带连接起来，形成网络化联动发展的良好格局。

四、要按照"四个全面"的战略布局谋划区域发展新篇章

"四个全面"即全面建成小康社会、全面深化改革、全面依法治国、全面从严治党。在"十三五"期间，要将"四个全面"的战略布局融入我国区域发展战略之中，使之成为激发我国区域发展的新动力。一是要按照全面建成小康社会的目标要求推进区域发展。我国区域发展差异很大，落后地区也要与全国同步实现全面建成小康社会的宏伟目标，这就需要在国家的扶持下，为落后地区提升发展质量和效益注入新动力。二是要通过全面深化改革激活区域发展活力。依托上海、天津、福建、广东自由贸易试验区以及国家级新区等重要平台，通过全面深化改革，释放改革红利和

制度红利，确保在"十三五"期间我国区域发展处在合理增长区间。三是通过全面依法治国促进我国区域发展的规范化和法治化。要抓紧建立健全有关区域发展方面的法律法规，依法依规推进区域发展工作，努力使我国区域发展步入法治化和规范化轨道。四是要通过全面从严治党为区域发展提供组织保障。通过全面从严治党，加强和改善党在区域发展领域的领导作用，厘清政府和市场的责任，为促进区域协调发展提供组织保障。

五、要按照因地制宜的原则谋划区域发展新模式

我国区域之间的差异很大，不同的区域很难采用同一种发展模式，而是要根据区域的自身特点探索更加符合区域实际的发展模式，只有这样，才能使区域发展更符合自然规律和经济规律，并推进我国发展方式的转变和区域空间结构的优化。要发挥不同区域的比较优势，并通过完善市场机制，使不同区域通过市场竞争将比较优势转化为竞争优势，激发区域发展活力，提高区域竞争力，实现区域发展整体效益最大化。要发挥陆桥通道、沿长江通道两条横轴以及沿海、京哈京广、包昆三条纵轴以及沿边地区承东启西、连南接北的作用，以线串点、以点带面，形成网络化的区域发展格局。要继续深化实施全国主体功能区战略，在各省（市、区）颁布主体功能区的基础上，进一步细化城镇化地区、农业地区、生态功能区的空间界限，探索因地制宜的区域发展新模式，推动市、县层面实现经济社会发展规划、城乡规划、土地利用规划、生态环境保护规划的"多规合一"，形成一个市县一本规划、一张蓝图，形成人口、经济和资源环境相协调的区域发展新模式。

六、要按照精准施策的要求谋划区域调控新手段

我国区域之间的差异很大，不同的区域面临的区域问题也不尽相同，"十三五"期间，要根据我国不同区域的特定区域问题，进一步优化和完善区域政策顶层设计，使区域政策更具有精准性、有效性和系统性。我国的问题地区有的属于发展滞后地区、有的属于衰退地区、有的属于发展滞涨地区，解决这些区域问题需要有针对性的区域政策和相对科学合理的区域空间单元。"十三五"期间，要针对我国不同区域之间存在的区域问题，

根据区域问题梳理问题区域，然后出台更具有针对性的区域政策，进一步明确区域政策的基本空间单元，重点解决滞后地区、衰退地区、滞涨地区的区域问题，促进区域健康协调可持续发展。

第六节 "十三五"区域发展重点任务

"十三五"期间，要以区域发展总体战略为基础，以"一带一路"建设、京津冀协同发展、长江经济带建设为引领，加快形成沿海沿江沿线经济带为主的纵向横向经济轴带，通过统筹东中西、协调南北方，拓展区域发展新空间，增添区域发展新动力。

一、通过统筹东中西和协调南北方，谋划区域发展新格局

统筹东中西、协调南北方就是要发挥市场配置资源的决定性作用，促进生产要素在东中西和南北方之间顺畅流动的基础上，探索更加符合区域发展实际的区域发展模式，实行差别化和更加精准的区域政策，促进东中西和南北方经济社会协调发展，实现区域间基本公共服务均等化，构建各具特色、协调联动的区域发展新格局。统筹东中西、协调南北方将更有利于发挥市场在资源配置中的决定性作用，消除影响要素在区域间顺畅流动的各种障碍，构建具有中国特色的完善的社会主义市场经济体制。受行政壁垒限制，我国东中西和南北方在基础设施建设、生态保护、环境治理、市场监管、社会治理等方面还有很多不衔接的地方，需要中央政府发挥宏观调控作用，通过完善顶层设计，消除行政壁垒。在基础设施建设方面，消除交界地区存在的"断头路"，建设互联互通的网络化运输通道，促进要素在东中西和南北方之间的无障碍流动。在生态保护和环境治理领域，东中西和南北方要携起手来，遵循自然规律，协同推进生态保护和环境治理。在市场监管和社会治理领域，加快推进共同监管、标准互认和信息共享。

二、通过内通和外联，拓展区域发展新视野

随着我国"丝绸之路经济带"和"21世纪海上丝绸之路"建设的不

断推进，我国对外开放范围不断拓展，区域发展的视野更加广阔。通过"一带一路"建设，不仅促进了我国区域发展的内部相通，更重要的是推进了我国区域发展与周边经济体的联动发展，通过内通与外联，一方面使区域比较优势得到充分发挥；另一方面可以从更大的视野整合区域资源，实现区域发展的互利多赢。通过"一带一路"建设，促进了我国沿海开放、沿江（路）开放和沿边开放的渐次推进，使内地发展、沿海地区发展以及周边毗邻经济区的发展有机结合起来，在形成东中西和南北方协同发展格局的基础上，也与周边重要经济体的发展形成良性互动的发展格局。在"一带一路"大格局下，我国也要积极推进与毗邻地区的国际次区域合作或双边多边合作，拓展区域发展视野。在国际次区域合作领域，重点在我国南部、西部和东北地区推进与毗邻国家和地区的国际次区域合作。一是推进与东南亚和南亚地区的国际次区域合作，包括大湄公河次区域合作、孟中印缅经济走廊建设等。二是推进与中亚相关国家的国际次区域合作，借助丝绸之路经济带建设，继续深化与中亚相关国家和地区的合作，加快推进中巴经济走廊建设。三是推进与东北亚相关国家的国际次区域合作，借助长吉图开发开放先导区建设，加快推进与蒙古国、俄罗斯远东地区、韩国、朝鲜等相关国家的合作。

三、通过深化改革和扩大开放，增添区域发展新动力

随着我国改革不断深化以及开放程度不断加大，将为区域发展增添新的发展动力。一是随着社会主义市场经济体制不断完善，要素在区域间流动将会更加顺畅，这为发挥区域比较优势提供了更好的背景。我国国土面积广阔，区域差异明显，不同区域之间具有较强的互补性，通过完善社会主义市场经济体制，可以使不同区域的比较优势得到更为充分的发挥，为区域发展释放新动力。此外，随着我国社会保障体系的不断完善，尤其是社会保障统筹层次的不断提高，劳动力跨区域流动将会更加顺畅，这也会进一步缓解我国不同区域之间人均经济发展水平差异过高的问题，实现区域之间的协调发展。二是随着我国财税制度的不断完善，尤其是随着经济（财政）省直管和乡财县管的实施，为推进区域发展的扁平化管理提供了契机，并为推进省以下分税制改革提供了可能。省以下分税制改革，将会对区域发展动力产生根本性影响，如果能够将有利于促进地方政府保护生

态环境和人居发展环境的税种列为地方的主体税种，将会从很大程度上促进我国区域发展中的生态保护和环境治理，更为妥善地处理经济发展与资源环境之间的关系。三是我国对外开放的广度和深度都在不断加大，通过开放也会进一步推进我国改革的不断深化，比如现在正在积极探索的负面清单管理和责任清单管理模式等，这些好的探索一旦成为可复制可推广的制度，将为区域发展释放新的制度动力。

四、通过培育重点城市群，打造区域发展新支点

我国城镇化水平仍然较低，尤其是我国的城镇化质量亟待提升，今后一段时期，稳步提升城镇化水平仍然是推进我国经济社会发展的主要动力之一。在提升城镇化水平的进程中，城市群作为推进城镇化的主体形态，将会在集聚人口和经济方面发挥十分重要的作用。城市群是相互之间具有密切联系由若干城市组成的有机体，而不是简单的"一群城市"，城市群之所以能够集聚成群，最为关键的就是通过集群发展能够获得"1＋1＞2"的效果，并且每个成员城市都能分享这种因集群发展而获得的额外收益。要根据不同城市群的资源环境承载能力、发展现状和发展潜力，依据《全国主体功能区规划》和《国家新型城镇化规划》的相关要求，积极稳妥地推进城市群发展，不断提高城市群的发展质量。从空间布局上看，除了要积极推进沿海地区城市群不断提升发展质量外，还要积极培育中西部地区的城市群，促进城市群网络化发展，打造区域发展新支点。目前我国的城市群主要分布在东部沿海地区，京津冀城市群、长三角城市群和珠三角城市群在我国城市群发展中占据举足轻重的地位。今后，一方面要积极提升东部沿海城市群的发展质量，使其在我国城市群发展中发挥引领示范作用，另一方面要在中西部地区积极培育新的城市群，按照"内聚外迁"的模式推进中西部地区的城镇化进程，培育区域发展新支点。

五、通过贯彻落实主体功能区规划，树立区域发展新理念

科学的宏观调控和有效的政府治理是推进区域协调发展的内在要求，必须切实转变政府职能，加强组织领导，注重规划引导，完善区域政策，健全法律法规，积极谋划区域发展新棋局，拓展区域发展新空间，增添区

域发展新动力，构建各具特色的区域发展新格局。全国主体功能区规划按照开发内容将国土空间划分为城市化地区、农产品主产区和重点生态功能区，其中城市化地区是以提供工业品和服务产品为主体功能的地区，农产品主产区是以提供农产品为主体功能的地区，重点生态功能区是以提供生态产品为主体功能的地区。主体功能区规划对于推进形成人口、经济和资源环境相协调的国土空间开发格局，加快转变经济发展方式，促进经济长期平稳较快发展和社会和谐稳定，实现全面建成小康社会宏伟目标和社会主义现代化建设长远目标，具有重要战略意义，同时也为区域发展树立了生态文明的新理念。十八大更是把生态文明上升到"五位一体"总布局之中，十八届三中全会进一步指出要紧紧围绕建设美丽中国深化生态文明体制改革，加快建立生态文明制度，健全国土空间开发、资源节约利用、生态环境保护的体制机制，推动形成人与自然和谐发展的现代化建设新格局。在区域发展领域，要深化落实主体功能区规划的相关要求，按照保护和扩大自然界提供生态产品能力的过程也是创造价值的过程，保护生态环境、提供生态产品的活动也是发展的新理念谋划区域发展，探索与区域资源环境承载能力相符合的发展模式。加快完善生态补偿制度和财政转移支付制度，促进不同区域之间基本公共服务均等化。

第七节 "十三五"促进区域协调对策措施

要进一步统一思想，提高认识，切实加强工作指导，认真落实中央有关推进区域协调发展的相关政策措施。各地区要结合自身实际，制定具体实施方案，完善相关配套措施，有序推进横向和纵向经济轴带建设。国务院有关部门要按照职能分工，加强协作配合，在政策制定和实施、体制机制创新等方面形成合力，为区域协调发展创造良好的组织保障。

一、注重规划引导

积极发挥规划对区域协调发展的引导作用，探索在经济新常态下开展区域规划的新方法和新内容，不断完善规划的引导和约束机制。对市场能够发挥作用的一般性竞争领域，充分发挥市场配置资源的决定性作用，着力清除影响要素自由流动的显性或隐性的行政性壁垒；对需要政府发挥监督监管的生态保护、环境治理、资源利用、社会保障等领域，则要发挥规划的约束性作用，增强相关指标的刚性约束作用，倒逼经济转型发展。要以"一带一路"建设、京津冀协同发展、长江经济带建设为引领，加快推进跨省经济区协调发展，将经济区作为制定区域规划的规划区和政策区，破解区域发展中的行政壁垒。加强对老少边穷等特殊困难地区的规划和支持力度，确保这些地区能够在"十三五"期间与全国同步全面建成小康社会。

二、完善区域政策

我国国土面积广阔，区域类型复杂，区域之间的差异很大，"十三五"期间，要推进区域协调发展，就需要配套更加精准的区域政策，以更加有效地化解区域发展问题。要以落实《关于推进中央与地方财政事权和支出责任划分改革的指导意见》为契机，根据国家和省级的主体功能区规划，进一步明确我国城市化地区、农产品主产区、生态功能区的范围，同时对这三大类地区进行更为精准的类型划分，进一步缩小不同类型区的基本空间单元，然后配套相关的政策，促进我国区域政策进一步精准化。做好不同类型区政策与我国东部、中部、西部、东北四大板块政策的衔接，在深入实施区域总体战略的基础上，进一步完善和细化相关的区域政策，加强区域政策和行业政策的衔接，研究建立区域发展基金的可行性，为促进区域协调发展提供政策保障。

三、健全法律法规

要按照依法治国的要求，加快建立健全有关区域发展的法律法规，依法依规推进区域协调发展。我国编制实施了一系列的区域发展规划，对促进区域协调发展起到了积极的作用，但是区域发展方面的立法工作却相对滞后，与区域发展的实践需求有较大差距。"十三五"期间，要积极推进区域协调方面的立法工作，就区域协调发展的责任部门、重点领域、政策措施等做出规定，促进区域协调发展的规范化和法治化。结合《关于推进中央与地方财政事权和支出责任划分改革的指导意见》的落实，加快推进

《关于贯彻落实区域发展战略，促进区域协调发展的指导意见》的落实工作，在此基础上，开展《促进区域协调发展条例》编制的前期研究工作。加快推进与区域相关的法律法规建设，如在出台《关于健全生态保护补偿机制的意见》基础上，加快生态补偿的立法工作，为生态功能区开展生态保护开拓稳定的资金来源渠道。

第二章

深入推进西部大开发

　　西部大开发战略实施以来，在党中央、国务院的坚强领导和全国人民的大力支持下，西部地区各族干部群众艰苦奋斗、不懈努力，国家不断加大投入力度，西部大开发取得了巨大成就。生态建设和环境保护成效显著，重点生态工程进展顺利，环境质量进一步改善，特色优势产业快速发展，资源优势逐步转变为经济优势，自我发展能力显著增强，社会事业取得长足进步。但西部地区交通基础设施落后、水资源短缺和生态环境脆弱的瓶颈制约仍然存在，经济结构不合理、自我发展能力不强的状况仍然没有根本改变，贫困面广量大、基本公共服务能力薄弱的问题仍然突出，加强民族团结、维护边疆稳定的任务仍然繁重，西部地区仍然是我国区域发展的"短板"，是全面建成小康社会的难点和重点。西部地区的繁荣、发展和稳定，事关各族群众福祉，事关我国改革开放和社会主义现代化建设全局，事关国家长治久安，事关中华民族伟大复兴。必须从全局和战略高度认识西部地区特殊重要的战略地位和承担的特殊使命，把深入实施西部大开发战略放在区域发展总体战略优先位置，给予特殊政策支持。在推进西部地区大开发中，产业开发是其中非常重要的内容之一，本章主要从产业的角度阐述如何推进西部大开发。

第一节　西部大开发的产业优势

　　西部地区的不少产业发轫于"三线"建设时期，主要服务于国家国防建设需要，如军工、航空航天以及其他国防建设等，后通过军转民，发展了一些民用的装备制造业和高技术产业。目前，装备制造业和高技术产业在西部地区经济乃至全国都占据十分重要的地位，而且有不少行业在全国具有较明显的比较优势，如在通用设备、专用设备、交通运输设备、航空航天、电子信息等相关领域，都有较好的基础和较强的科研能力，发展潜力较大。

一、装备制造业门类齐全，资产存量大

西部地区是我国"三线"建设的重点地区，在此期间，西部重点地区形成了比较完备的装备制造业，涵盖了包括发电设备、重型机械、工程机械、汽车、摩托车及汽摩配件、电子制造和数控机床、铁道机车和城市轨道车辆制造等多种门类。而且装备制造业的资产存量大，具备相当规模，某些领域技术水平居国内领先地位，如发电设备、高压和超高压输变电设备、重型汽车、摩托车和大客车及铁路运输设备、工程机械设备、大中型军民用飞机、精密数控机床、制冷设备、程控交换机以及工业自动化仪器仪表等，这些产品在国内市场有较强的竞争力，部分产品在国际市场也有一定的份额。

二、拥有一批在国内市场有较高知名度的大型企业集团

"三线"建设时期在西部布局的装备制造业，有不少大型企业，其产品在国内具有较高的知名度和市场占有率。如四川东方电气集团公司是我国最大的电站设备生产基地，生产的火电站机组和水电站机组在国内市场占有率较高，广西柳州工程机械集团生产工程机械、建筑机械在国内市场有较高的占有率。这些企业的技术装备水平高，科研开发能力强，企业管理基础好，是西部地区装备工业发展的主力军。

三、科技综合实力强，有较好的技术创新基础

在西部地区装备工业体系中，集中了大量的国防科技工业企业和一大批专业的科技人才，拥有一批对国民经济建设至关重要的和为国防建设配套的重点企事业单位，具有较强的科技实力和竞争能力。特别是西安、汉中、重庆、成都、绵阳、兰州等城市成为军工企业单位集聚的核心。再如

国家重要的国防军工和科研生产基地绵阳，拥有中国工程物理研究院、中国空气动力研究与发展中心等国防科研院所多家，西南科技大学等知名院校多所，在许多重要科技领域聚集着大量高层次人才。大批军工企业按照中央关于"军民结合、平战结合、军品优先、以民养军"的方针，利用国防科技优势，开发民品，在研制生产重大技术装备、重点工程配套设备、替代进口的关键零部件和耐用消费品上都取得了很大成绩。如西飞集团，在军转民的过程中，勇于开拓创新，不仅在民用航空飞机方面承接了国际转包生产业务，还迅速形成了支柱民品——西沃客车和西飞铝型材等。西部地区的综合科技资源优势为运用先进技术改造传统产业和高新技术成果产业化提供了技术支撑，也是其今后技术创新的基础。

四、高新技术产业成为推动西部重点地区经济增长的主要力量

在西部重点地区，如陕西、四川、重庆等，高新技术产业发展迅速，创新驱动成效明显，高技术产业已成为地区经济增长的重要支柱和主要力量。西部地区高新技术企业涵盖了电子信息技术、通讯设备与器材、电气设备制造、飞机航空器制造、生物工程及医药制造、科学仪器制造、新型材料等多个领域的许多行业，其中不少企业在国内同行业中处于领先地位，开发生产的产品也在国内属于先进水平。西部各省区充分利用科技资源优势，推进高科技产业化，使高新技术产业全面发展，电子信息、生物技术与新医药、新材料等重点领域已初具规模，形成一批在国内有影响的骨干高新技术企业和名牌产品。

五、科技基础设施建设进一步加强，民营高科技企业和科研机构成为高技术产业发展的生力军

高新技术产业的发展、科技成果的转化和科技人员的创业离不开相关的创业服务机构。近年来，西部地区以高新技术创业服务中心为主的高新技术创业服务机构在规模上和数量上得到了迅速发展。不少服务中心已初步成为高新技术成果转化基地或高新技术企业孵化器，并成为高新技术产业开发区的支撑服务体系的重要支撑和技术创新体系的重要环节，为科技成果转化和科技人员创业提供了良好的创新、创业的环境和条件。随着科

技体制改革的深化，大多数科研机构转变为科技型企业或成为企业的技术开发机构，日益成为高技术产业发展的新生力量。

六、具有发展旅游业的资源优势

西部地区幅员辽阔，历史悠久，少数民族众多，有着丰富多彩、得天独厚的自然和人文旅游资源。从自然旅游资源来看，其丰富性、独特性、垄断性和地域分布的差异性极其罕见，具有很高的开发价值，有不少世界级的旅游资源。以最具有旅游价值的世界文化和自然遗产而言，西部地区有万里长城、秦始皇陵、敦煌莫高窟、黄陵、布达拉宫、峨眉山、乐山大佛、丽江古城和大足石刻等多处。从人文旅游资源来看，西部地区保持着其自身独特的文化习俗和民族性情，仅从民族节日来看，就有穆斯林的开斋节、藏族的香浪节、蒙古族的那达慕大会等。这种特有的自然和人文景观对现代游客产生了巨大的吸引力，发展旅游业的条件得天独厚。

七、具有一定的地缘优势

西部地区位于亚洲大陆的中心部位，与南亚、中亚、东欧等国家联系方便，西部地区还是我国少数民族集聚的地方，这些民族与国外的相应民族具有较多联系。如西陇海—兰新经济带新疆段与中亚的哈萨克民族、呼包—包兰—兰青经济带上宁夏段与国外的穆斯林教民、广西、云南与东南亚国家等都有比较密切的联系。随着中国"一带一路"对外开放战略的深入实施，中国与世界经济联系日益密切，这种便捷的地缘优势将为西部地区的旅游业、物流业以及加工制造业发展提供一定的便利条件。

第二节 深入推进西部大开发的产业发展思路

党中央国务院对西部大开发提出了新的战略目标，其中在特色优势产业发展方面明确提出要基本形成现代产业体系，建成国家重要的能源基地、资源深加工基地、装备制造业基地和战略性新兴产业基地。如果说，西部大开发战略实施十年来是西部地区打基础的关键时期，那么下一个十年将是西部地区特色优势产业大发展的战略机遇期。

一、明确产业发展重点，建设四大产业基地

西部地区发展特色优势产业，要按照国家产业政策的要求，结合当地实际，突出特色，强化优势，明确产业发展重点。西部地区产业发展，要发挥当地的资源优势，促进资源优势向产业优势和经济优势转变。西部地区拥有丰富的煤炭、石油、天然气、金属、非金属等矿产资源，开发潜力很大，不仅对于西部而且对于整个国家都具有非常重要的战略意义，西部地区一方面要规范推进上述资源开发，另一方面要积极延伸产业链条，促进资源开发增值增效。西部地区产业发展要充分依托其既有产业基础，促进既有特色优势产业发展壮大。西部地区是我国军工企业、央企、国防企业分布比较密集的地区，这些企业有不少与装备制造业具有密切的联系，这些产业的发展将会对西部地区装备制造业的发展产生很大的拉动作用。此外，西部地区还要根据国家发展战略性新兴产业的要求，积极培育战略性新兴产业。通过努力，力争在下一个十年的西部大开发中，将西部地区建设成为国家重要的能源基地、资源深加工基地、装备制造业基地和战略性新兴产业基地。

二、优化产业空间布局，打造产业集群

西部地区产业发展，要采取"空间集中、产业集群、发展集约"的发展模式，依托当地的工业园区，促进产业集中布局，不断优化产业空间布局，努力打造产业集群。按照国家主体功能区规划中有关西部地区重点开发区域的定位，将呼包鄂榆地区、北部湾地区、成渝地区、黔中地区、滇中地区、藏中南地区、关中—天水地区、兰州—西宁地区、宁夏沿黄经济区、天山北坡地区等重点开发区域打造成为西部地区发展优势特色产业的高地，增强这些地区集聚产业和人口的能力。针对西部地区产业链条较短、集群化程度不高的现实，下大气力调整产业结构，不断延伸产业链条，促进西部地区产业的集群化发展。以政府推动、企业主体、市场导向、中介协助为原则，以产业结构调整、转型升级与绿色发展为主线，以

西部地区下一个十年开发为契机，遵循产业发展的客观规律，重视市场对资源配置的决定性作用，形成上、中、下游和其他相关产业相衔接、产供销一条龙的产业区域聚集形态。

三、提高自主创新能力，切实转变发展方式

西部地区特色优势产业发展，要更加注重经济结构调整和自主创新，切实推进发展方式转变，实现高起点、高标准发展。西部地区要进一步解放思想，锐意进取，紧紧抓住重点领域和关键环节的改革，力争在转变发展方式和自主创新领域有所突破，为自身经济发展注入新活力。一是以市场需求为导向，密切以产学研间的协作，推动科技与经济结合以及军民结合，以自主研发制造为主，在局部地区、局部领域优先做强，辐射带动整个区域产业做大做强。二是加快推进国有企业改革，探索发展混合所有制的新途径，实现产权多元化，完善法人治理结构，引导企业通过资产重组、强强联合，实现资源的优化配置，提高产业集中度，不断提高整体素质和市场竞争力。三是在保障国家安全的前提下，进一步放宽产业的市场准入门槛，营造一个非公有制经济平等使用生产要素的体制环境，支持民间资本和境外资本进入高技术产业领域。

四、不断完善市场环境，促进多元融合发展

针对西部地区央企、军工和国防企业多，与属地之间融合度差的现实，不断完善市场环境，促进西部地区产业多元融合发展。推进中央与地方、军工与民用、企业与属地院校等相关资源的整合，把各方面的力量和优势集中起来，形成多元融合发展的良好态势，构建西部地区特色优势产业高地。一是理顺中央企业、军工企业、国防企业与属地之间的利益关系，特别是在财税、土地、人才、科技等方面能有所突破，破除西部地区中央企业与属地之间的种种藩篱，形成互利共赢、融合发展的良好格局。二是借军转民的契机，积极推进西部地区相关产业的市场化和多元化发展。三是积极推进西部地区产业发展融资渠道的多元化，在保障国防安全和符合国家产业政策的前提下，鼓励民间资本、外资进入，通过借力发展，拓宽西部地区特色优势产业发展的投融资渠道。四是积极参与国内国

外合作，推进市场的多元化。西部地区要按照优势互补、互利互惠、共同发展的原则，通过洽谈会（博览会）、共建园区、飞地经济等灵活多样的形式，加强与国际以及东部地区的经济技术交流与合作，一方面通过合作强化西部地区的特色产业优势；另一方面也借助合作，扩大西部特色优势产业的市场空间。

五、完善产业发展平台建设，规范有序承接产业转移

西部地区要抓住东部地区产业向中西部地区转移的机遇，切实做好工业园区的规划建设，创造良好的投资环境，吸纳更多的优质生产要素向中西部地区的适宜区域集聚。通过扎扎实实的工作和实实在在的服务，使西部地区成为接纳东部优质产业转移的重要承接地。在接纳产业转移过程中，要着力做好水电路网和环保设施的配套建设，着力发展好生产型服务业。新建工业项目原则上一律进入工业园区发展，同时引进发展上下游配套项目，延长产业链，形成产业集群。鼓励现有工业企业结合技术改造，加快向工业区集聚，提升产业层次，推行工业园区集中供热、供水、供电、污染集中处理。同时，要加强生态保护和环境治理，防止在产业转移的过程中出现污染转移等不利于西部地区长远发展的情况。

第三节　西部地区产业发展对策

西部地区产业调整和振兴，对于西部地区加快发展具有十分重要的积极作用。西部地区要清醒地认识这个形势，国家也应进一步加大对西部地区特色优势产业的支持力度，努力走出一条具有西部特点的产业发展新路子。

一、增加科技人才投入，加大科技创新和人才培养支持力度

加大科技投入力度，提高西部地区研究与试验开发（R&D）经费支出占地区生产总值比重，力争达到全国平均水平。对西部地区的装备制造业和高技术产业等重点领域进行投资补助、资本金注入和贷款贴息，对产业

共性关键技术、基础研究、前沿高技术研究、社会公益性研究、科技成果转化和公共科技平台建设给予支持。加快对具有国际竞争力的大型企业的培育，充分发挥大企业在产业自主创新中的领军作用和辐射作用。进一步加强对西部地区装备制造类和高技术类中小企业的扶持，帮助解决好研发资金来源等问题，减轻税收负担，促进中小企业快速成长。加大资金、税收支持力度，吸引科技人员、大学生、留学归国人员等高端人才到西部地区参与装备制造业和高技术产业发展。

二、出台产业引导目录，实施积极的产业政策

对西部地区实行有差别的产业政策，这符合西部地区的实际，也是对西部地区的特殊支持，当前要切实把这项政策落到实处。要考虑到西部地区装备制造业和高技术产业的特殊重要地位，遴选一批产业优势明显、发展潜力大、对西部乃至国家具有重要意义的装备制造业和高技术产业中的重点行业，将其纳入到西部地区鼓励类产业目录之中，并对鼓励类产业企业减按15%的税率征收企业所得税。对于此类产业，国家在产业建设、改扩建、税收、用地等审批方面给予必要的支持。

三、设立产业引导资金，加大投融资支持力度

考虑到西部地区装备制造业和高技术产业在西部乃至国家的重要地位，国家可以设立相应的产业引导资金，加大对西部装备制造业和高技术产业的投融资支持力度。对列入到西部地区鼓励类产业目录之中的装备制造业和高技术产业，国家利用产业引导资金给予贴息贷款、信誉担保等方面支持。同时，鼓励政策性金融加大对西部地区装备制造业和高技术产业的金融服务力度，探索利用政策性金融手段支持西部地区装备制造业和高技术产业发展。积极支持西部地区符合条件的装备制造业和高技术企业上市，支持此类上市公司再融资。

四、优化税收优惠政策，加大税收支持力度

除了对纳入西部地区鼓励类的装备制造业和高技术产业企业减按15%

的税率征收企业所得税外，对从事国家重点扶持的装备制造业和高技术产业的项目投资经营的所得，可按税法规定享受企业所得税"三免三减半"优惠。对纳入西部地区鼓励类的装备制造业和高技术产业的项目在投资总额内进口的自用设备，在政策规定范围内免征关税。现有投资中企业技术改造和产业结构调整专项，加大对西部装备制造业和高技术产业发展的支持力度。

五、鼓励先行先试，创新发展模式

鼓励和支持西部地区装备制造业和高技术产业在深化改革和扩大开放中大胆探索、先行先试，形成有利于又好又快发展的体制机制。在市场主体方面，支持西部地区健全国有资本有进有退、合理流动机制，鼓励和支持西部地区综合运用财政、税收、金融政策，对装备制造业和高技术产业的科技创新活动和吸纳劳动力就业给予扶持和奖励。在企业运营方面，将装备制造业和高技术产业纳入直供电试点范围之中。在对内对外开放方面，选择条件较好的地方建设承接产业转移示范区，结合西部地区装备制造业和高技术产业的实际和市场，探索建立东西部共建产业园区利益分享机制。在保障国家国防安全的前提下，积极探索西部地区装备制造业和高技术产业军转民的新路子。

第三章

推动东北地区等老工业基地振兴

东北地区凭借其丰富的自然资源优势和特殊区位，在新中国成立之初成为国家投资建设的重点地区之一，形成了相对健全的工业体系，为全国经济建设做出了巨大贡献，被誉为"共和国长子"。长期的开发致使东北部分地区自然资源日趋枯竭，特别是我国经济进行新常态后，东北地区发展的内外环境都发生了很大变化；东北地区在新旧动能转换方面仍然面临巨大压力。随着国家出台了振兴东北地区等老工业基地等一系列政策，影响东北地区振兴的问题正在得到逐步化解。

第一节　东北地区城市空间结构优化

东北地区是我国城市相对比较集中和经济基础比较雄厚的地区之一，在市场经济以及国家振兴东北地区等老工业基地政策等相关政策的支持下，东北地区的城市空间体系呈现出新的特点，人口和经济活动向大城市集聚的态势比较明显。2016 年，国家发展改革委印发了《哈长城市群发展规划》，哈长城市群成为东北老工业基地振兴发展重要增长极、北方开放重要门户、老工业基地体制机制创新先行区和绿色生态城市群。不断优化东北地区的城市空间结构，对于东北地区振兴具有重要意义。

一、东北地区城市发展特点

（一）具有明显的计划经济烙印

东北地区是新中国成立初期投资的重点，国家除了在东北地区投入了大量资金外，为了适应当时开发建设的需要，还有计划地组织迁入了大量人口，这些人口主要为城镇人口。工业的迅速发展和人口的急剧增加，促进了东北地区城市化水平的不断提高，并奠定了东北地区基本的城市空间体系。新中国成立初期，国家先后投资兴建了大庆油田（1960）、辽阳化纤公司（1978）、辽河油田（1970）、清河发电厂（1970）、吉林油田（1961）、大庆石油化工总厂（1963）、黑龙江涤纶厂（1980）、锦州发电厂（1983）等，这种大规模的建设，不仅带动了原有城市的发展，也促进了新城市的形成。如沈阳、大连、抚顺、鞍山、长春、哈尔滨、本溪、锦州、阜新、吉林、齐齐哈尔等城市规模在计划经济时期得到迅速壮大，目前，这些城市仍然是支撑东北地区城市体系的重要组成部分。

（二）城市化水平整体较高

国家的大量投资和众多非农业人口的迁入，使得东北地区的城市在新中国成立初期率先获得发展，城市化水平大幅度提高，并一直在全国处于领先地位。东北三省在1982年、1990年和2000年的第三、四、五次人口普查时的城市化率分别为41.03%、47.81%和52.04%，分别比全国同期平均城市化率（分别为20.49%、26.15%和36.02%）高出20.54、21.66和16.02个百分点。2015年辽宁省的城镇化率为68%，吉林省的城镇化率为55%，黑龙江省的城镇化率为56%，而2015年我国的城镇化率为56%，辽宁省的城镇化率仍远高于全国同期平均水平。东北地区不仅城市化水平高，城市数量也比较密集。东北地区城市化发展基础好、起点高，已经完成了城市化快速发展的阶段，目前面临的主要任务是提升城市化质量和效益，因此，东北地区目前的城市化发展速度普遍比较缓慢，与全国平均水平之间的差距在逐步缩小，有的省份的城镇化率已经低于全国平均水平。

（三）城市发展的空间差异性非常显著

东北地区地形地貌变化较大，城市发展的自然条件各不相同，导致东北地区城市发展的空间差异性非常显著。东北地区西部为大兴安岭，海拔相对较高，是最不适合城市集聚的区域。中部地区为东北平原，地势平坦，用水充足，是最适合城市集聚的区域，东北地区的省会城市和其他大部分大中城市主要集聚在这一区域。东部地区有小兴安岭、张广才岭、长白山等山脉丘陵，但是局部地区地势相对平缓，而且沿边临海，是相对适合城市集聚的区域。受上述自然条件及其他相关因素的影响，东北地区城市化发展水平呈现中部→东部→西部递减的趋势。哈尔滨—长春—沈阳3个省会城市全部分布在中部地区，以这3个城市的连线为界，以东地区几乎所有的地级市的城市化水平都高于当地平均水平，而该线以西地区，除了大庆和大兴安岭以外，其他地级市的城市化水平大都低于当地平均水平。

二、东北地区城市空间体系存在的主要问题

（一）城市之间联系相对薄弱

相对于其他地区，国有大型企业对于东北地区城市经济发展的支撑作用非常明显，往往是一个或少数几个大型国有企业就成为一个城市经济发展的主体，这种发展模式致使东北地区的城市在计划经济体制下形成一个相对封闭的系统，因为在计划经济管理体制下，企业没有组织生产运营的自主权，加上企业隶属关系和统配统销的商品流通体制限制，使得这种以国有大型企业为经济支撑的城市之间缺乏有机联系，各自成为一个相对独立的系统，这也造成东北地区城市经济结构同构现象过于严重。目前，随着社会主义市场经济体制的不断完善以及国家各项政策的支持，东北地区城市之间的联系正在逐步加强，相关城市之间的分工协作体系也开始建立。

（二）城市经济与企业经济二元结构明显

东北地区很多城市是计划经济时期依托中央投资建设的大企业而形成的，因此不少城市仅仅是一个综合型的工业区，甚至一个企业就是一座城市，再加上企业不断承担学校、医院、广播电视、公检法司等社会和政府职能，使企业成为一个独立的经济系统和社会系统，城市经济与企业经济二元结构十分明显。例如，被誉为"钢都"的鞍山市，其城市建成区面积与鞍山钢铁集团公司占地面积基本相当，形成了工厂即是城市的独特景观。这决定了东北地区很多城市的空间形态，一方面厂区就是市区；另一方面企业自成系统，成为城市里的"孤岛"。再加上很多国有大型企业往

往是中央有关部门的直属单位，进一步强化了企业发展的独立性，与所在城市缺少有机联系，成为城市中的"孤岛"。

（三）城市工业过于重型化和单一化

东北地区城市形成的特点决定了其城市工业结构重型化和单一化的特征。在东北地区，除了绥化、黑河、佳木斯、松原、白城等少数几个城市外，绝大部分城市的重工业比重都要高于轻工业比重，其中冶金、机械、能源、森工以及化学工业等重工业城市占全部城市的半壁江山。东北地区大部分城市的经济结构单一，对自然资源的依赖性强，作为区域中心的服务功能相对薄弱，致使城市所在地区自然资源的丰富程度、开发进程和强度，严重制约着城市的规模、发展速度和发展水平。目前，资源枯竭已经对东北地区的部分资源型城市产生了严重的不利影响。因此，优化东北地区的城市经济结构，积极发展接续性产业，对于东北地区城市真正成为区域中心，实现可持续健康发展具有重要意义。

三、东北地区城市空间优化的思路

东北地区城市发展强调的是城市的内涵式增长和质量升级，是一种高级城市化途径。通过优化东北地区城市空间格局，可以发挥各城市的比较优势，增强东北地区城市之间的有机联系，挖掘城市发展潜力，提高城市化质量，走内涵式、质量型城市化发展道路。根据东北地区城市发展现状和未来发展趋势，东北地区今后应该重点打造"三圈一带"的城市空间格局。"三圈"及哈（尔滨）大（庆）齐（齐哈尔）城市圈、长（春）吉（林）城市圈和辽中南城市圈，"一带"即南部沿海城市带。形成哈（尔滨）大（连）城市发展一级轴线和绥（芬河）满（洲里）城市发展二级轴线，同时积极促进东部通道沿线、齐齐哈尔—赤峰、珲春—阿尔山、丹东—霍林河、锦州—锡林浩特等相关轴线发展，形成"以线串点、以点带面、联网成片"的城市发展格局（见图3-1）。

（一）哈大齐都市圈

哈大齐都市圈是以哈尔滨、大庆和齐齐哈尔为核心的都市圈，是黑龙江省城市密集区和今后人口与产业进一步集聚的重点区域。要在充分发挥

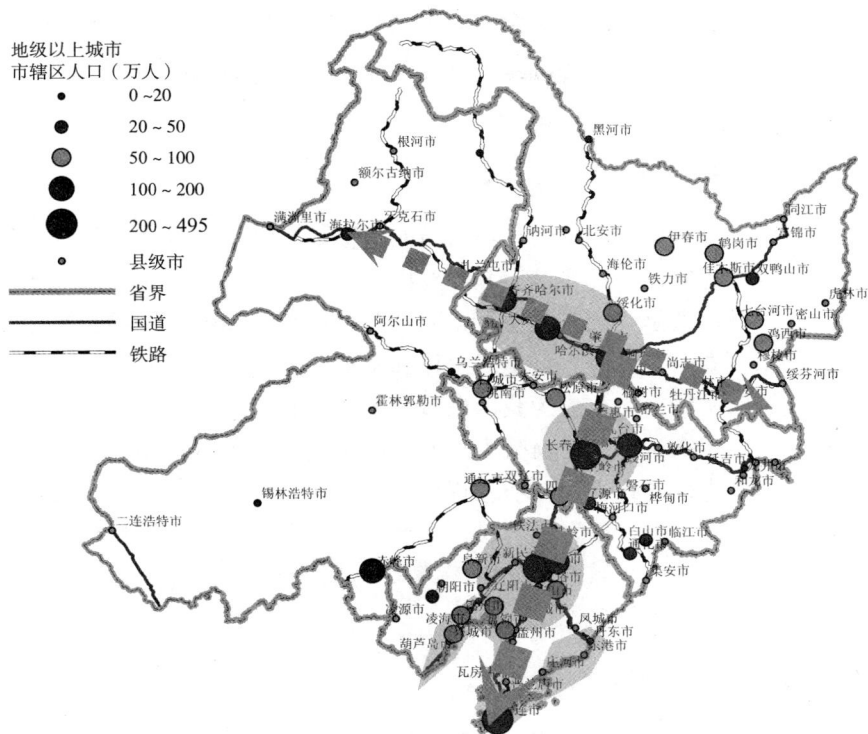

图 3-1　东北地区城市空间结构布局示意图

地区资源优势和产业优势的基础上，通过体制改革和机制创新，优化区域投资环境，提升传统和新兴产业的国际竞争力，使其成为我国最重要的以电站成套设备、重型机械装备、重型数控机床等为特色的装备制造业基地和石油化工基地。同时依托周边地区丰富的农产品资源和生态优势，打造北方最大的绿色和特色农副产品加工基地。此外，还要积极发挥周边中小城市的产业配套和承接能力，形成人口和产业发展的新增长点。

（二）长吉都市圈

长吉都市圈是以长春和吉林为核心的都市圈，是吉林省城市的密集区和今后人口和产业的重要集聚区域。长吉都市圈要在发挥当地产业比较优势的基础上，发展成为我国最大的汽车、轨道车辆制造及配件产业集聚区。在整车发展基础上，以一汽集团为龙头，整合现有零部件企业资源，重点培育四平、松原、辽源等中小城市的汽车配套能力，形成汽车电子电气、发动机附件、底盘、转向及传动等产业集群，并带动周边地区中小城市发展。

（三）辽中城市圈

辽宁中部城市圈以沈阳为核心，包括鞍山、抚顺、本溪、营口、辽阳、铁岭等周边城市，这些城市分布在以沈阳为中心，半径 150 公里范围之内。辽中城市圈是我国东北地区重要的门户和东北亚经济圈的重要组成部分，是东北地区参与全球竞争的主体和基地。随着振兴东北地区等老工业基地战略的实施，将会成为我国最重要的原材料加工、装备制造、石油精细化工、高端钢材以及高新技术产业发展基地。辽中城市圈要加快体制改革，大力推进市场化进程，通过资产重组，显著提高产业技术装备水平和国际竞争力，积极发展金融贸易、生产性服务业、旅游业等现代第三产业，带动周边地区中小城市的发展，扩大与日韩的经济合作，提高在东北亚地区经济合作中的战略地位。

（四）南部沿海城市带

随着东北地区对外开放程度的不断加深，东北地区南部沿海地区作为对外开放前沿的战略地位不断凸显。东北地区南部城市带以大连为核心，包括营口、丹东等城市。南部沿海城市带要充分发挥临海港口优势，不断优化港口布局。强化大连等港口的原油接卸和中转功能，形成完备的石油运输系统。积极引导大连、营口矿石码头建设，形成高效矿石运输系统。突出"铁水联运"系统建设，形成高效的粮食运输系统。以大连港为干线港，其他港口为支线或喂给港，强化内陆通关系统建设，建成高效便捷的集装箱运输系统。通过大力发展临港产业、高技术产业、现代服务业，集聚周边的产业和人口，逐步建设成为国内一流、特色突出、竞争力强的临海城市带。

第二节 东北地区产业发展

随着我国市场经济体制的不断完善，东北地区产业发展更多地需要依靠市场力量，政府主要是为产业发展提供良好的外部环境。《东北地区振兴规划》指出要努力将东北地区建设成为综合经济发展水平较高的重要经济增长区域，具有国际竞争力的装备制造业基地，国家新型原材料和能源保障基地，国家重要的商品粮和农牧业生产基地，国家重要的技术研发与创新基地，国家生态安全的重要保障区，实现东北地区经济社会又好又快发展。这些定位和要求，为东北地区产业发展指明了方向。

一、东北地区产业发展基础

东北地区产业发展，有自身的条件和基础，这些条件和基础，是其他地区所不具备或者不具有优势的，东北地区要充分发挥比较优势，利用好这些条件，实现产业的既好又快发展。第一，东北地区是我国自然条件和自然资源结合最好的区域，很多自然资源的人均占有量高于全国平均水平，发展潜力巨大。东北地区人均耕地、人均自然资源、人均生物资源等人均占有量较大幅度高于全国平均水平。铁矿、石油、煤炭等矿产资源，土地、水、森林等国民经济发展所需要的主要资源都能得到保障。水土资源、能源与矿产资源、可再生资源和不可再生资源空间组合优越于东南沿海和西部地区。第二，在新中国成立初期就已经建立起比较完整的重化工产业体系，经过今后的优化升级，有条件建成我国及具有世界意义的大型装备制造业基地。将东北地区建设成为我国以重型成套设备为主导的装备制造业生产基地，形成以原材料与重型装备制造业并重的工业结构体系，确立东北地区在全国工业布局中的战略地位，有利于应对国际环境的变化和发达国家的挑战。第三，目前，东北地区已经享受国家的诸多扶持政策，这些政策优势将在东北地区发展中逐步得到显现。为了解决困扰东北振兴的一系列问题，党中央和国务院以及国务院相关部门相继在社会保障、资源枯竭型城市转型、处理企业银行历史呆坏账、产业发展、增值税转型等一系列方面出台了政策，为东北地区振兴提供了很好的政策保障，这些政策优势将会得到不断释放，从而促进东北地区的振兴。

二、稳定农业的基础地位

东北地区的农业发展在整个国家农业发展中占据举足轻重的地位。东北地区土地资源非常丰富,是世界三大黑土地之一,具有规模化生产的条件。东北地区也是我国重要的粮食产区,号称"北大仓",粮食生产在全国具有十分重要的地位。当前,我国经济发展进入新常态,正从高速增长转向中高速增长,如何在经济增速放缓背景下继续强化东北地区农业基础地位、促进农民持续增收,是必须破解的一个重大课题。东北地区要按照农业现代化的要求,切实强化农业的基础地位,巩固国家重要商品粮基地地位,增加农民收入,改善农村条件,全面提升农业整体素质和竞争力。

(一) 加强农业生产基地建设

随着我国城市不断拓展以及各类基础设施建设的不断推进,我国耕地保有量受到很大挑战,如何保障我国粮食安全,主要依靠我国几个条件好的农业生产基地,其中东北地区就是我国非常重要的农业生产基地之一。同时,随着人民生活水平的不断提高,人们对农产品的需求也由以前的量上的需求转移到对质的需求,农业产品的生态化、特色化、精细化愈来愈受到重视。对于东北地区农业生产基地建设,要加大投入力度,提高土地产出率、资源利用率和劳动生产率,提高农业质量、效益和竞争力,推进农业向基地化、专业化、特色化和绿色化方向发展。

(1) 加强商品粮基地建设。东北地区是我国重要的商品粮基地之一,对于保障我国粮食安全作出了重大贡献,加强东北地区商品粮基地建设,不仅对于东北地区农业发展具有重要意义,而且对于保障国家粮食安全具有重要意义。东北地区重点建设松嫩、松辽平原专用玉米生产优势区、高产高油高蛋白大豆优势区和三江平原水稻优势区。加大农田水利基础设施、良种繁育和农机装备的投入力度,促进农牧业向专业化、区域化、规模化方向发展,建成现代化国家级商品粮基地,确保其具备稳定的粮食生产能力和商品粮供给能力。

(2) 推进精品畜牧业发展及基地建设。促进精品畜牧业发展及基地建设是提高农民收入和增加农业效益的重要手段,也是农业发展规模化、专业化、基地化的内在要求,并且可以提高农产品效益,提高其市场竞争力。东北地区要建设以中部平原为重点的肉蛋奶生产与加工畜牧带,以西部农牧交错带为依托的牛羊育肥基地,以松嫩草原和蒙东草甸草原、优质人工草地和优质饲料基地为依托的大型现代化奶牛饲养和牛羊繁育区。

(3) 建设绿色农产品生产基地。随着人们生活水平的不断提高,人们越来越注重食品安全和食品质量，但是为了追求产量，农药、化肥、除草剂等化学制品在农业普遍并大量使用，对农产品质量和安全构成很大威胁。东北地区作为我国重要的农产品生产基地，要在绿色农产品基地建设方面走在全国前列。通过加强质量认证和市场监管，加大对绿色食品产业扶持力度，建设高产、优质、高效、生态和安全的农产品生产基地，提高市场信誉度。建立一批高标准的国家和省级绿色农业基地与农产品出口基地。积极培育和开发食用菌、人参等林特名牌产品，建设辽东半岛和辽西丘陵地区绿色水果生产基地及沿海优势水产品养殖、精深加工出口示范基地。

（二）提升农业发展基础

提升农业发展基础是保障农产品高效和安全供给的前提，也是政府支农惠农和富农强农的重点。东北地区具有发展农业的资源优势，今后发展的潜力很大。对于东北地区而言，要不断提高耕地质量，增强农业综合生产能力。提高农业科技服务水平，构筑现代农业发展支撑体系。

（1）加强以中低产田改造为重点的农业综合生产能力建设。推进改土治水、节水灌溉和中低产田改造，改进传统耕作方式，发展精准型农业、标准化农业、节约型农业、设施农业和循环型农业，建设专业化、规模化大型优质农产品生产基地，改善农业生产条件，提高抗御自然灾害的能力。加大中低产田综合治理改造、品种改良与技术投入，提高耕地等级，建设粮食单产高、旱涝保收、高产稳产的高标准基本农田。多渠道筹集资金，改造中低产田。

（2）完善农业支撑体系。加快农业服务体系建设，推进农业标准化和信息化，积极发展"互联网＋农业"，完善农产品市场体系。建设农业科技园区和示范区，加强农业科技创新体系建设，研发和推广新品种，普及先进适用农业技术。加快农村经济合作组织建设，完善龙头企业与农户间的利益共享机制，探索和完善新型农工商联合体模式。建立稳定的支农资金增长机制，加大对粮食主产区的转移支付力度。

三、振兴第二产业

东北地区第二产业发展历史悠久，尤其是其装备制造业和能源（煤炭、石油）开采业及石油化工业在全国具有重要地位。东北地区要走新型工业化道路，全面提升和优化第二产业，是振兴东北老工业基地的首要任务。目前，东北地区的第二产业存在传统产业竞争力下降、产业结构性矛盾突出、高新技术产业发展缓慢滞后、发展活力不足等一系列问题，要化解这些矛盾和问题，振兴东北地区的第二产业，必须发挥东北地区在第二产业上的比较优势，加大科技创新力度，推进科研成果产业化，走科技含量高、经济效益好、资源消耗低、环境污染少、人力资源优势得到充分发挥的老工业基地振兴之路。

（一）构建新型能源基地

东北地区具有储量丰富分布相对集中的煤炭、石油等能源资源，《东北地区振兴规划》将蒙东地区划入东北地区进行统一规划，更是强化了东北地区能源基地的作用，同时也对东北三省日渐衰竭的煤炭资源起到了一个补充的作用。煤炭、石油等能源资源的开发，特别是煤炭资源的开发，往往会对当地的生态环境造成很大影响，而且，这种影响会延续十几年、几十年，甚至更长时间。比如煤炭采空区的塌陷，往往会在矿井关闭后几年才会出现，而且会延续长达十几年之久。按照原来的传统开采模式，矿井关闭多年以后矿区的生态恢复和环境治理没有充足的资金来源，造成原来煤炭企业不愿治理、当地政府没钱治理的尴尬局面，严重影响当地的生态环境和可持续发展。石油开采对生态环境的破坏相对较少，但是，由于石油开采所造成的盐碱化以及地面下沉也是需要花费很长时间才能治理的，有的则是根本无法逆转的。东北地区能源产业发展，要着眼构建新型能源基地，主要包含三个方面的内容：一是要明确生态恢复和环境治理主体。针对东北地区能源资源开采，要明确"谁开采、谁负责，谁破坏、谁治理，谁污染、谁付费"的生态恢复和环境治理原则，并且强调从勘探开始就要将生态恢复和环境治理成本考虑进去，生态恢复和环境治理要与能源资源开采同步进行，开采结束后，开采企业必须预留充足资金进行生态修复综合治理，并且为因资源开采所产生的生态和环境问题长期负有治理和恢复的责任。二是根据国家的产业政策和市场需求，按照市场规律延伸能源资源产品的增值链条，在一定程度上实现资源型产业向高附加值产业的转变。三是为能源资源开采所在地留取一定比例的后续或替代产业发展资金，实现能源基地的持续发展。

（二）打造具有市场竞争力的先进装备制造业基地

东北地区的装备制造业在新中国成立之初就已经奠定了基础，虽然在 20 世纪八九十年代面临诸多发展困难，但是仍然具有雄厚的基础。东北地区振兴，首要的是要振兴其工业中的装备制造业。要按照走新型工业化道路要求，坚持以市场为导向、企业为主体，增强自主创新能力，切实转变经济增长方式，以信息化、智能化、集成化为突破口，加快推进企业技术进步，提升企业自主创新能力和系统集成能力，提高重大装备国产化水平和国际竞争力。以整合和创新为主线，优化产业结构、组织结构和空间结构，建设具有竞争力的先进装备制造业基地。将东北地区建设成为具有国际竞争力的重型机械和大型成套装备制造业基地、具有国际先进水平的数控机床研发和生产基地、国家发电和输变电设备研发与制造基地、全国重要的汽车整车和零部件制造及出口基地、具有国际先进水平的船舶制造基地、国家轨道交通设备制造基地。

（三）培育具有发展潜力的高新技术产业

形成规模化和国际化的高新技术产业，可广泛带动其他相关产业发展，为经济增长注入新活力，从而带动经济全面发展。对于正在振兴的东北地区来说，发展高新技术产业能够有效地促进原有产业的多元化、多层次发展。东北地区要充分发挥高新技术产业对传统产业，特别是对装备制造业、农业、服务业的渗透、传播和带动作用，加速高新技术在传统产业的应用，有利于发挥东北地区老工业基地装备制造业基础好、配套能力强的优势，壮大优势产业，带动整个产业和经济的发展。东北地区要依托既有的高新技术产业园区，优先发展对经济增长具有突破性、重大带动作用的高新技术产业，为东北地区等老工业基地的产业结构升级奠定基础，促进整个区域经济的可持续发展和竞争力提升。

四、加快发展第三产业

长期以来，东北地区第三产业发展相对滞后，这也为东北地区产业转型和老工业基地振兴带来很大压力。东北地区国有大企业社会功能的剥离和社会化基本已经完成，这在一定程度上也推进了东北地区第三产业的发展。东北地区第三产业的发展，要坚持市场化、产业化、社会化方向，依托中心城市构建现代服务体系，积极承接国际服务贸易转移，提高服务业发展水平。

（一）大力发展生产型服务业

优先发展现代物流业。统筹规划省际间物流节点和物流通道，改造和建设物流公共信息平台、公共物流配送设施，推进企业物流管理信息化。加快建设大连国际物流中心，沈阳、长春、哈尔滨和通辽区域性物流中心，打造东北地区综合物流体系。

加快发展金融业。加强信用体系建设，营造良好的金融生态环境。大力推进城市商业银行改革、改组、改造，扶持农村银行发展。积极培育和规范发展投资信托、融资租赁、财务公司等非银行金融机构，鼓励发展投资咨询、资产评估、信用评级、会计、法律等方面的社会服务机构。扩大中小企业贷款试点，探索建立有利于促进中小企业发展的金融服务体系。加快保险市场的培育和发展，研究设立农业保险等专业性保险公司，推动保险品种和服务方式的创新。

鼓励发展商务服务业。加快发展项目策划、财务顾问、并购重组、上市等投资与资产管理服务。积极发展会计、审计、税务、资产评估、校准、检测、验货等经济鉴证类服务。支持发展市场调查、工程咨询、管理咨询、资信服务等咨询服务。规范发展律师、公证、法律援助、司法鉴定、经济仲裁等法律服务。

支持发展文化创意产业。大力发展专业化工业设计，鼓励建立东北地区工业研发设计联合体。积极发展娱乐、影视制作、演艺、体育、出版、广告等产业。建设以长春、大连为核心的国家数字电影制作和国产动漫产品生产基地，促进中心城市文化创意产业集群的发展和文化产品出口。

（二）规范提升生活型服务业

提升商贸服务业。鼓励发展所有制形式和经营业态多样化、诚信便民的零售、餐饮等商贸服务。积极发展连锁经营、特许经营、物流配送等现代流通方式和组织形式。

积极发展旅游业。发挥东北地区冰雪、森林、草原、湿地、边境及工农业旅游方面的优势，开发具有国际竞争力的冰雪旅游产品，发展森林旅游、草原旅游、工业旅游和农业旅游精品。

第三节　加强生态建设与环境保护

东北地区是我国重要的生态屏障区，这里有较大面积的森林、草原、湿地等生态功能区，加强东北地区的生态建设，不仅对东北地区生态建设具有重要意义，而且对于毗邻的京津地区也有很大好处。同时，东北地区的矿产资源型城市相对集中，重化工业所占比重较高，由于资源开采所造成的生态破坏和环境污染问题比较突出，重化工业污染排放问题比较严重，东北地区的环境治理任务十分艰巨。东北地区要以国家推进主体功能区建设和国家公园建设为契机，加快建立并不断完善生态保护和环境保护的长效机制和监督管理机制，切实加强东北地区的生态建设与环境治理。

一、扎实推进重点区域生态建设

由于东北地区生态地位十分重要，长期以来，国家以及东北地区各级政府都在积极推进生态建设，东北地区的生态建设，主要是继续推进并不断完善这些既有的生态建设任务，根据生态建设的实际需要和资金规模，逐步扩大生态建设的范围。具体来说，主要包括天然林资源保护与建设、退耕还林、退牧还草、湿地保护与恢复、科尔沁沙地治理、京津风沙治理、黑土区生态综合治理、矿区生态恢复与治理等，这些区域，有不少已经被列入国家级主体功能区中的限制开发区域和禁止开发区域。东北地区通过利用国家有关限制开发区域和禁止开发区域的相关政策，大力开展植树种草与天然林、天然草场保护，强化水土流失治理，实施一批对改善区域生态环境具有重大影响的重点建设工程，扭转生态环境恶化势头。

二、搞好资源型城市矿区生态环境建设

东北地区是我国资源型城市相对集中的区域，特别是煤炭、石油等资源。由于缺乏必要的治理，资源型城市的矿区一度成为东北地区生态破坏和环境污染最为严重的地区，在资源枯竭以后，由于缺乏必要的资金渠

道，这种状况更为严重。因此，要尽快建立并不断完善资源开发补偿机制，在资源开采过程中，遵循市场规律，采取法律的、经济的和必要的行政措施，引导和规范各类市场主体合理开发资源，承担资源补偿、生态环境保护与修复等方面的责任和义务。深入开展矿山生态环境综合整治，加强资源开采活动监督管理，有效防范地质灾害发生，促进资源型城市生态环境良性发展。继续做好采煤沉陷区搬迁，组织治理露天矿矿坑、舍场、矸石山等重大地质灾害隐患点。加大石油开采造成的水位沉降、土地盐碱化等治理力度。做好土地开发整理复垦规划，加大矿山废弃土地整理复垦力度。

三、加强节能减排和环境污染治理

东北地区重化工业比重较大，能耗高，排放多，加强节能减排和环境污染治理的意义更为重大。加大力度推进松花江和辽河两大流域的水污染防治，推行清洁生产，进一步削减工业污染排放总量。加快城市污水处理厂和垃圾处理厂建设，提高污水处理能力。同时加强规模化畜禽养殖业污染控制，大力削减农业面源污染。加强大中城市集中式饮用水源地的保护与治理，严格划定饮用水源地保护区，健全饮用水水环境监控制度，开展重点水源地污染治理，建立饮用水水源地污染应急预案。加大区域大气污染防治，以燃煤电厂脱硫和汽车尾气达标排放为重点，以城市密集地区为重点，加强工业污染防治，开展城市人口密集区重污染企业搬迁改造。

四、积极发展循环经济

积极发展循环经济，是东北地区促进生态环境保护的重要举措。东北地区要根据自身的资源、产业特点，以能源、原材料、装备制造业和农产品加工业等为重点，在企业、园区、行政区域等层面开展循环经济试点，全面推进循环经济发展。在农业领域，积极推行生态农业模式，大力普及生态农业技术，改善农业生态环境。

第四节　推进东北地区发展的对策

在国家各项政策的支持和东北地区自身努力下，东北地区发展的内外部环境和自身基础得到很大改善，原有困扰东北地区发展的历史债务、社会保障、资源枯竭型城市（矿区）治理等一系列问题正在得到不断化解，东北地区在船舶车辆、轨道机车、发电设备等领域的装备制造业以及石化等领域的资源产业的原有优势正在得到不断强化，电子信息、生物工程等一系列新兴产业蓬勃发展。在这种形势下，东北地区要突破原有行政区的传统概念，更多地从经济区的角度来谋划发展。通过构建一体化市场，不断加强东北地区内部之间的有机联系，形成分工合理的配套协作机制，发挥各地区的比较优势，减少不必要的内耗，获得更大收益。

一、协调跨区域重大基础设施建设

要加强东北地区跨区域重大基础设施建设，为整个东北地区之间以及与外部之间物资、人员以及其他生产要素的流动创造良好的交通环境。以运输通道和主要枢纽为建设重点，加强铁路网络、公路网络、港口体系、机场体系和对外通道建设。重点推进同江至大连、东北东部通道、黑河至北京、绥芬河至满洲里、珲春至阿尔山、丹东至锡林浩特等重要交通通道建设，同时，以国家"一带一路"建设为契机，加强与蒙古国、俄罗斯、北朝鲜交通基础设施的互联互通。在完善高速路的基础上，加快城市圈（带）间的快速交通网络建设。重点消灭断头路，提高整个东北地区城市圈内部、城市圈之间以及与外部之间的通达性。

二、积极推进市场一体化建设

结合主体功能区建设，积极推进市场一体化建设进程，促使各类要素向区位条件好具有发展潜力的重点地区集中，形成区域增长极（或轴、带），为东北地区主体功能区建设营造好的软平台。市场一体化主要包括产品市场、原材料市场、资本市场、技术市场、知识产权市场、劳动力市场和人才市场等在内的市场要素的一体化，在市场规则上尽快与国际接轨，努力营造开放、规范的市场环境，完善各类市场体系，形成各类市场的共同体，为发挥市场配置资源的决定性作用创造条件，实现生产要素的跨地区自由流动。从东北地区构建主体功能区的角度看，通过构建一体化的市场，要积极促进人口和产业向重点开发区流动，逐步减少禁止开发区和限制开发区的人口和产业压力，提升优化开发区的整体竞争力。

三、推进东北地区内重大项目的合作

要充分发挥比较优势，统筹协调，促进资源共享，寻找东北地区城市间的最大利益，减少和避免不必要的内部重复，在项目发展上形成良好的合作机制。在产业项目发展上，要按照各地区的功能定位和主要产业发展导向，消除影响这些产业的行政性壁垒，充分发挥市场的力量，形成协调发展的良好格局。对于交通项目，东北地区要不断增强东北地区内部之间以及东北地区与外部之间的空间可达性，加强各城市之间的经济联系，为东北地区城市内部重大项目协作创造良好的交通等基础设施条件。

四、完善绩效考核评估体系

要把东北地区作为一个整体来发展，仅仅依靠前期规划、项目建设、配套政策是不够的，它需要一系列的措施来保障，其中绩效考核评估体系就是一个非常重要的环节。如果东北地区仍然沿用传统的绩效考核评估体系，东北地区的生态建设和环境治理等问题就很难从根本上得到解决。为此，要根据东北地区各功能区的主体功能定位，建立相应的绩效考核评估体系，配套相应的政策，制定相应的问责制度，并根据实际情况，对上述相关对策进行调整和完善。只有这样，东北地区才能成为一个真正的整体，才能发挥整体优势，实现更好更快的发展。

第四章

促进中部地区崛起

中部地区是全国"三农"问题最为突出的区域，是推进新一轮工业化和城镇化的重点区域，是内需增长极具潜力的区域，在新时期国家区域发展格局中占有举足轻重的战略地位。促进中部地区崛起，是继鼓励东部地区率先发展、实施西部大开发、振兴东北地区等老工业基地战略后，党中央、国务院从我国现代化建设全局出发作出的又一重大决策，是我国新阶段总体发展战略布局的重要组成部分，对于形成东中西互动、优势互补、相互促进、共同发展的新格局和实现全面建成小康社会的宏伟目标，具有重大的现实意义和深远的历史意义。

第一节 促进中部地区崛起的总体要求

促进中部地区崛起战略实施以来，中部地区抢抓机遇、开拓进取，经济实现较快增长，总体实力大幅提升，粮食生产基地、能源原材料基地、现代装备制造及高技术产业基地和综合交通运输枢纽（以下称"三基地、一枢纽"）建设加快，产业结构调整取得积极进展，资源节约型和环境友好型社会建设成效显著，重点领域和关键环节改革稳步推进，区域合作交流不断深入，全方位开放格局初步形成，城乡居民收入持续增加，社会事业全面发展，人民生活明显改善，中部地区已经步入了加快发展、全面崛起的新阶段。

一、中部地区崛起面临的新形势

中部地区长期以来发展整体上相对滞后，随着工业化、城镇化深入发展和扩大内需战略全面实施，特别是随着中部地区交通基础设施的不断完善，中部地区广阔的市场潜力和承东启西连南接北的区位优势将进一步得到发挥。在当前工业产能普遍过剩的大背景下，国际国内产业分工加快调整，中部地区劳动力相对丰富，为中部地区有序承接国内外产业转移、推动产业结构优化升级创造了良好机遇。此外，随着我国改革开放深入推进，中部地区也在体制机制创新方面进行了积极探索，为中部地区加快发展提供了强大动力和有力保障。但也应看到，中部地区经济结构不尽合理、城镇化水平偏低、资源环境约束强化、对外开放程度不高等矛盾和问题仍然突出，在经济发展水平整体较低的宏观背景下推进转变发展方式任务依然艰巨，促进中部地区崛起仍将是一项长期的艰巨任务。

二、中部地区崛起的总体要求

中部地区是全国"三农"问题最为突出的区域，是推进新一轮工业化和城镇化的重点区域，是内需增长极具潜力的区域，在新时期国家区域发展格局中占有举足轻重的战略地位。大力实施促进中部地区崛起战略，要以加快转变发展方式为主线，以扩大内需为战略基点，以深化改革开放为动力，更加注重转型发展，加快经济结构优化升级，提高发展质量和水平。更加注重创新发展，加强区域创新体系建设，更多依靠科技创新驱动经济社会发展。更加注重协调发展，在工业化、城镇化深入发展中同步推进农业现代化，加快形成城乡经济社会一体化发展新格局。更加注重可持续发展，加快建设资源节约型和环境友好型社会，促进经济发展与人口资源环境相协调。更加注重和谐发展，大力保障和改善民生，使广大人民群众进一步共享改革发展成果。

第二节　发挥"三基地、一枢纽"的核心优势，
　　　增强中部地区核心竞争力

"三基地、一枢纽"是中部地区的核心优势所在，在促进中部地区崛起进程中，要立足中部地区的核心优势，并将中部地区的核心优势进一步发挥壮大，促进比较优势向经济优势和竞争优势转变，增强中部地区发展

的核心竞争力。

一、推进农业生产现代化，巩固粮食生产基地地位

中部地区是我国重要的粮食主产区，为保障国家粮食安全做出了重要贡献。中部地区要按照国家发展现代农业的要求，继续加强粮食主产区生产能力建设，稳定粮食种植面积，提高粮食单产水平，不断增加粮食产量和改善粮食品质，促进农产品加工转化增值。以"互联网＋农业"建设为契机，应用物联网、云计算、大数据、移动互联等现代信息技术，推动农业全产业链优化升级。在利益共享的前提下，探索建立粮食主产区与粮食主销区之间的良性互动机制，调动中部地区种粮积极性。统筹实施粮食生产重大工程，加快农田水利建设，大规模改造中低产田，建设高标准基本农田。加大农作物优良品种选育和推广力度，提高农业生产科技含量。不断完善粮食直补和农资综合补贴政策，继续实施良种补贴，加大农机具购置补贴力度，建立农业关键技术补贴制度。全面推进农业机械化，提高农业生产效率，加快农业结构调整，推进农业产业化经营，积极发展现代农业。在黄淮海平原、江汉平原、鄱阳湖和洞庭湖地区、山西中南部等农产品优势产区规划建设一批现代农业示范区，着力发展高产、优质、高效、生态、安全农业。充分利用好国家的强农富农政策，在巩固粮食生产基地地位的同时，促进农民增收和农业增效。

二、加大资源整合力度，提高能源原材料基地发展水平

中部地区矿产资源丰富，是我国重要的煤炭、有色金属、黑色金属生产基地，煤、金、银、铜、钨、铝土等近40种重要或稀有矿产储量居全国第一，是我国重要的能源原材料基地。新中国成立以来，中部地区作为我国重要的农产品、能源原材料基地，为全国经济发展作出了重要贡献，今后要提高发展质量和效益，进一步强化这一优势。继续推进晋北、晋东、晋中、淮南、淮北和河南大型煤炭基地建设，积极淘汰煤炭落后产能，加快实施煤炭资源整合和兼并重组，培育大型煤炭企业集团。支持在长江沿岸规划建设大型煤炭储备中心，保障国家能源安全。加强煤层气资源开发利用，鼓励采气采煤一体化，促进资源综合利用。稳妥推进大型火

电基地建设，合理规划建设水电站，支持发展太阳能光伏发电和风力发电，因地制宜推广分布式新能源发电，提高可再生能源在能源结构中的比例。制定中部地区矿产资源勘查开发指导目录，加大重点成矿区带的地质调查和矿产资源勘查投入力度，建立重要矿产资源的矿产地储备，推进绿色矿山建设，保护矿山地质环境。推进钢铁、石化、有色、建材等优势产业结构调整，延伸产业链，提高产品附加值和竞争力，实现原材料工业由大变强，推动建设布局合理、优势突出、体系完整、安全环保的原材料精深加工基地，实现中部地区由资源优势向产业优势和经济优势的转变。

三、加强科技创新能力，壮大现代装备制造及高技术产业基地实力

当前，我国正处在由传统要素驱动向创新驱动转换的关键时期，在创新驱动方面，中部地区具有较好的产业基础和人才支撑，具有依托现代装备制造业和新兴产业实施创新驱动的基础。中部地区要依托骨干企业，加强技术改造和关键技术研发，推动汽车、大型机械、特高压输变电设备、轨道交通设备、船舶等装备制造业升级和发展。以掌握核心技术为突破口，培育发展电子信息、生物医药、新能源、新材料等战略性新兴产业，大力实施重大产业发展创新工程和战略性新兴产业创新成果应用示范工程。充分发挥武汉、长株潭地区综合性国家高技术产业基地和武汉信息、郑州生物、南昌航空、合肥电子信息等专业性国家高技术产业基地的辐射带动作用，形成一批具有核心竞争力的新兴产业集群，逐步使战略性新兴产业成为推动中部地区经济发展的主导力量。充分发挥劳动力、资源等优势，有序承接国内外优质产业转移，重点发展家用电器、纺织服装、农产品加工、能源资源开发与加工等劳动密集型产业，以高新技术和先进适用技术改造提升传统制造业，促进产业结构优化升级，推进新型工业化进程。通过创新驱动，加快推进中部地区新旧动能转换进程，推进中部地区产业转型升级。

四、发挥中部地区独特的区位优势，强化综合交通运输枢纽地位

充分发挥中部地区连南接北承东启西的区位优势，积极发展现代物流

业，加强重点物流园区的规划与建设，支持有条件的地方建设内陆无水港。统筹发展各种运输方式，加强与东部沿海和西部地区的交通通道建设，强化中部六省之间的互联互通，全面提升综合交通运输能力，进一步巩固中部地区在全国综合运输大通道中的战略地位。加快完善铁路网，尽快贯通"四纵四横"客运专线中部段，有序推进城际轨道交通建设，继续实施既有线路扩能改造，加强煤运通道建设，提高运输能力。加强普通国省干线公路建设，完成国家高速公路网中部路段建设，加快构建沿长江快速通道，推进高速公路拥挤路段扩容改造，打通省际"断头路"，基本实现所有县通高等级公路。加快长江、淮河干流及重要支流高等级航道建设，统筹岸线资源开发，加强武汉长江中游航运中心和重点内河港口建设。加强武汉、郑州、长沙等枢纽机场建设，支持与其他国内枢纽机场合作开通中转联程国际航线，新建和扩建一批支线机场，鼓励发展通用航空。建设郑州、武汉等全国性综合交通枢纽，实现各交通方式之间以及与城市交通的无缝衔接。同时，以国家"一带一路"建设为契机，依托主要贸易通道，围绕重大基础设施的互联互通，搭建中部地区与"一带一路"沿线国家"共商、共建、共享"合作平台。

第三节　推动重点地区加快发展，提高城市群辐射带动能力

相对于东部沿海地区而言，中部地区缺少特大城市拉动，但是，目前中部地区已经形成了若干重点城市群，如中原城市群、武汉城市圈、环长株潭城市群、大运城市群、皖江城市群、昌九城市群等。这些城市群的形成，对于集聚生产要素，实现集约式发展起到重要作用。要依托这些资源环境承载能力较强、发展基础较好的城市群，不断发展壮大，形成支撑中部地区经济发展和集聚人口的重点发展地区，并带动周边地区发展。

一、壮大中心城市，发挥城市群辐射带动作用

城市作为集聚人口和产业的主要空间载体，是区域发展中重要增长极。随着中部地区市场化程度不断提高，以及区域经济一体化不断推进，

城市与城市之间的联系日益密切，并形成了若干由相互联系紧密的城市组成的城市群。城市群成员城市之间在密切的联系进程中，要素流动比较频繁，从而刺激成员城市进一步发挥各自的比较优势，深化相互之间的分工，提高专业化分工效率，从而实现城市群整体效益的最大化，而且成员城市也能分享城市群整体效益最大化的成果。中部地区要将城市群作为推进新型城镇化的主体形态，发挥城市群在集聚人口和经济要素方面的平台作用。城市群内部成员城市间的经济联系，基本都是围绕城市群内的核心城市，呈现枢纽辐射状的经济联系状态，要不断壮大中心城市，支持省会等中心城市完善功能、增强实力，培育壮大辐射带动作用强的城市群，促进城镇化健康发展。科学规划城市群内各城市功能定位和产业布局，推动大中小城市与周边小城镇进一步加强要素流动和功能联系，实现协调发展。全面加强城镇公用基础设施建设，提高综合服务功能，增强城镇承载能力。推进武汉城市圈、环长株潭城市群、中原城市群城际快速轨道交通网络建设。支持郑（州）汴（开封）新区发展，建设内陆开发开放高地，打造工业化、城镇化和农业现代化协调发展先导区。根据城市群发展需要，适时推进行政区划调整。

二、落实主体功能区划，支持重点经济区发展

《全国主体功能区规划》是我国国土空间开发的战略性、基础性和约束性规划，在《全国主体功能区规划》中，重点开发区域一般具备如下条件：具备较强的经济基础，具有一定的科技创新能力和较好的发展潜力；城镇体系初步形成，具备经济一体化的条件，中心城市有一定的辐射带动能力，有可能发展成为新的大城市群或区域性城市群；能够带动周边地区发展，且对促进全国区域协调发展意义重大。中部地区要按照《全国主体功能区规划》要求，依托长江黄金水道和重大交通干线，加快构建沿陇海、沿京广、沿京九和沿长江经济带，引导人口和产业集聚发展，促进经济合理布局。重点推进太原城市群、皖江城市带、鄱阳湖生态经济区、中原经济区、武汉城市圈、环长株潭城市群等重点区域发展，形成带动中部地区崛起的核心地带和全国重要的经济增长极。推动晋中南、皖北、赣南、湘南地区开发开放，加快汉江流域综合开发，打造湘西、鄂西生态文化旅游圈和皖南国际文化旅游示范区，培育新的经济增长带。中部地区要

以上述重点开发区域为重要空间载体，加快推进新型城镇化进程，壮大城市综合实力，改善人居环境，提高集聚人口和经济要素的能力。

三、提升发展质量，大力促进县域经济发展

除了重点地区之外，中部地区的县域经济量大面广，在促进中部地区崛起中发挥着基础性作用。促进中部地区崛起，除了瞄准重点地区之外，还要不断提升县域经济发展质量和效益，因地制宜发展县域特色优势产业，形成一批特色产业集群，不断增强县域整体经济实力和综合竞争力。把县城和中心镇作为承接城市辐射、服务农村发展的重要节点，全面加强基础设施和公共服务设施建设，逐步提高建设标准，培育形成一批中小城市，强化对周边农村的生产生活服务功能。深入推进省直管县财政管理方式改革，稳步推进省直管县改革试点。只有中部地区的县域经济实现了繁荣昌盛，才能真正促进中部地区崛起。

四、加大支持力度，扶持欠发达地区加快发展

着眼全面建成小康社会的宏伟目标，增加扶贫资金投入，加大工作力度，推进秦巴山区、武陵山区、燕山—太行山区、吕梁山区、大别山区、罗霄山区等集中连片特困地区扶贫开发攻坚工程，到2020年稳定实现扶贫对象不愁吃、不愁穿，保障其义务教育、基本医疗和住房，扭转贫困地区与其他地区发展差距扩大趋势。推动在武陵山区率先开展区域发展与扶贫攻坚试点，按照"区域发展带动扶贫开发，扶贫开发促进区域发展"基本思路，着力加强基础设施建设和生态建设，不断优化发展环境。着力培育特色优势产业，不断增强自我发展能力。着力改善农村基本生产生活条件，不断夯实农村发展基础。着力促进人力资源开发，不断提高贫困人口综合素质。着力发展社会事业，深入推进基本公共服务均等化。着力加快体制机制创新，努力形成全社会扶贫和全方位协作新格局，促进武陵山片区经济社会又好又快发展。支持赣南等原中央苏区振兴发展，促进大别山革命老区加快发展。积极开展丹江口库区及上游地区对口协作工作，坚持对口支援与互利合作相结合、政府推动与多方参与相结合、对口协作与自力更生相结合，通过政策扶持和体制机制创新，持续改善落后区域生态环

境，大力推动生态型特色产业发展，着力加强人力资源开发，稳步提高基层公共服务水平，不断深化经济技术交流合作，努力增强水源区自我发展能力，共同构建南北共建、互利双赢的区域协调发展新格局。加大对低洼易涝区、行蓄洪区、南水北调工程渠首区的支持力度。

五、完善政策支持力度，加快老工业基地调整改造和资源型城市转型进程

围绕安徽、江西、湖北等中部省份的老工业基地，加大对中部地区老工业基地调整改造项目和企业技术改造的支持力度，深入推进厂办大集体改革和国有企业改革重组，以新型工业化和新型城镇化为引领，把深化改革、扩大开放作为强大动力，把再造产业竞争新优势、全面提升城市综合功能作为主攻方向，把促进绿色发展、增强创新支撑能力作为重要着力点，把保障和改善民生作为根本出发点和落脚点，促进中部地区老工业基地全面协调可持续发展，建设国家重要的新型产业基地和区域经济发展的重要增长极。围绕中部省份的资源型城市，组织实施好资源型城市吸纳就业、资源综合利用和发展接续替代产业专项，扶持引导资源型城市尽快形成新的支柱产业，促进资源型城市可持续发展。大力支持老工业基地和资源型城市民生工程建设，继续做好城市和国有工矿棚户区改造工作。以加快转变经济发展方式为主线，进一步深化改革开放，依靠体制机制创新，统筹推进新型工业化和新型城镇化，培育壮大接续替代产业，加强生态环境保护和治理，保障和改善民生，建立健全中部地区资源型城市可持续发展长效机制。

第四节　全方位扩大开放，加快形成互利共赢开放新格局

以国家推进"一带一路"战略为契机，积极推进中部地区全方位扩大开放，同时积极促进与相关重点区域的区域合作，发挥各自的比较优势，形成互利共赢的发展新格局。

一、营造对外开放大环境，大力发展内陆开放型经济

党的十八届三中全会决议提出，"加快沿海开放步伐，加快同周边国

家和区域基础设施互联互通建设，形成全方位开放新格局"。中部地区要积极融入"一带一路"战略之中，发挥其承东启西、连南接北的区位优势，实施开放带动战略，完善开放政策，优化开放环境，推动形成全方位、多层次、宽领域的对外开放新格局。重点支持省会等中心城市深化涉外经济体制改革，推动航空口岸建设，打造内陆开放高地。加快长江流域开发开放，探索建立沿长江大通关模式，实现长江水运通关便利化。推动重点口岸建设，加强与沿海港口口岸战略合作。支持符合条件的省级开发区升级为国家级开发区，支持具备条件的地方申请设立海关特殊监管区域或建设综合保税区。大力发展服务外包，推动武汉、合肥、南昌等服务外包示范城市依托本地产业基础和要素优势，不断提高服务外包水平。大力发展对外贸易，推动加工贸易转型升级，支持有条件的城市建设沿海加工贸易梯度转移重点承接地。加快皖江城市带承接产业转移示范区建设，支持在湖南湘南、湖北荆州、晋陕豫黄河金三角、江西赣南等地区设立承接产业转移示范区。以推进国际产能合作为契机，鼓励中部地区优势企业"走出去"，拓展发展新空间。

二、消除行政壁垒，不断深化区域合作

消除行政壁垒，加快构建统一市场，发挥不同地方的比较优势，扩大区域合作领域，完善政府宏观调控手段，从制度层面消除要素流动的行政壁垒。健全合作机制，创新合作形式，在更大范围、更广领域、更高水平上实现资源要素优化配置。密切与长江三角洲、珠江三角洲、京津冀和海峡西岸经济区等东部沿海地区的合作，进一步提升合作层次和水平。鼓励与东部地区通过委托管理、投资合作等形式合作共建产业园区，探索建立合作发展、互利共赢新机制。加强与西部地区在资源开发利用、基础设施共建共享、生态环境保护、防灾减灾等方面的互动合作，以国内区域合作支撑西部地区全方位扩大向西开放和参与国际次区域合作。研究加快跨省交界地区合作发展问题，大力支持晋陕豫黄河金三角地区开展区域协调发展试验。支持办好中国中部投资贸易博览会，广泛开展各类经贸活动。

三、发挥比较优势，加快区域一体化发展

在促进中部地区崛起进程中，不断推进规划一体化、基础设施一体化、

产业布局一体化、城乡发展一体化、生态环境一体化、基本公共服务一体化、政策措施一体化，通过不同领域的一体化，降低市场交易成本，实现本区域内效益最大化，达到"1+1＞2"的效果。建立中部六省行政首长定期协商机制，鼓励中部六省在基础设施、信息平台、旅游开发、生态保护等重点领域开展合作，加强在科技要素、人力资源、信用体系、市场准入、质量互认和政府服务等方面的对接，实现商品和生产要素自由流动。推动太（原）榆（次）、合（肥）淮（南）、郑（州）汴（开封）、（南）昌九（江）等重点区域一体化发展。鼓励和支持武汉城市圈、环长株潭城市群和环鄱阳湖城市群开展战略合作，促进长江中游城市群一体化发展。

第五节　加强对中部地区的政策支持

一、扶持粮食主产区经济发展

加大中央财政转移支付力度，支持粮食主产区提高财政保障能力，逐步缩小地方标准财政收支缺口，加快改变"粮食大县、财政穷县"状况。国家扶持农业生产的各类补贴，重点向粮食主产区倾斜。进一步完善奖励政策，逐步增加中央财政对粮食主产区和产粮大县的奖励。加大对粮食主产区的投入和利益补偿，中央预算内投资对主产区基础设施和民生工程建设给予重点支持，优先安排农产品加工等农业发展项目，支持在主产区中心城市和县城布局对地方财力具有支撑作用的重大产业发展项目。引导粮食主销区参与主产区粮食生产基地、仓储设施等建设，鼓励采取多种形式建立稳固的产销协作关系。

二、落实节约集约用地政策

实行最严格的耕地保护制度，严守耕地红线，严格基本农田保护，建立耕地保护补偿激励机制。加快推进节约集约用地制度建设，大力实施农村土地整治，严格规范城乡建设用地增减挂钩试点。加快旧城区、城中村和煤矿沉陷区改造，积极盘活闲置和空闲土地。提高土地利用效率，支持多层标准厂房建设，探索工业用地弹性出让和年租制度。建立健全节约集约用地考核评价机制。在节约集约用地前提下，新增建设用地年度计划指标和城乡建设用地增减挂钩试点规模适当向中部地区倾斜，保障工业化和城镇化用地需求。

三、加大财税金融政策支持力度

加大中央财政对中部地区均衡性转移支付的力度，重点支持中部地区改善民生和促进基本公共服务均等化。进一步加大中部地区"两个比照"（中部六省中 26 个城市比照实施振兴东北地区等老工业基地有关政策，243 个县市区比照实施西部大开发有关政策）政策实施力度，完善实施细则，确保各项政策落到实处。积极推动将煤炭、部分金属矿产品等纳入资源税改革试点。支持武汉、郑州、长沙、合肥等地区加快金融改革和金融创新。鼓励符合条件的金融机构在中部地区设立分支机构，支持地方性金融机构发展。规范地方政府融资平台建设。支持符合条件的中小企业上市融资和发行债券，支持中小企业融资担保机构规范发展。深化农村金融机构改革，扶持村镇银行、贷款公司等新型农村金融机构发展。支持农村信用社进一步深化改革，落实涉农贷款税收优惠、农村金融机构定向费用补贴、县域金融机构涉农贷款增量奖励等优惠政策。支持郑州商品交易所增加期货品种，规范发展期货市场。

四、加强投资、产业政策支持与引导

加大中央预算内投资和专项建设资金投入，在重大项目规划布局、审批核准、资金安排等方面对中部地区给予适当倾斜。鼓励中部六省设立战略性新兴产业创业投资引导基金，规范发展私募股权投资。根据中部地区产业发展实际，研究制定差别化产业政策。按照国家产业政策，修订《中西部地区外商投资优势产业目录》，增加特色产业条目。对符合国家产业政策的产业转移项目，根据权限优先予以核准或备案。

五、完善生态补偿相关政策

加大中央财政对三峡库区、丹江口库区、神农架林区等重点生态功能区的均衡性转移支付力度。支持在丹江口库区及上游地区、淮河源头、东江源头、鄱阳湖湿地等开展生态补偿试点。鼓励新安江、东江流域上下游生态保护与受益区之间开展横向生态环境补偿，逐步提高国家级公益林森林生态效益补偿标准。对资源型企业依照法律、行政法规有关规定提取用于环境保护、生态恢复等方面的专项资金，准予税前扣除。

第五章

支持东部地区率先发展

党中央、国务院实施东部率先发展战略以来，东部地区经济社会发展取得巨大成就。在我国经济发展呈现速度变化、结构优化、动力转换三大特点的新时期，加快推进东部地区率先发展，对于促进东部地区适应新常态、把握新常态、引领新常态具有十分重要的现实意义。支持促进东部地区率先发展，有利于带动全国经济发展方式的转变，有利于提升我国对外开放的整体水平，有利于探索五化同步的新路径，有利于推进我国现代化建设总体进程。

第一节　东部地区率先发展的总体要求

高举中国特色社会主义伟大旗帜，以邓小平理论、"三个代表"重要思想和科学发展观为指导，深入贯彻习近平总书记系列重要讲话精神，坚持改革开放和创新驱动，充分发挥市场在资源配置中的决定性作用，同时更好发挥政府的引导作用，整合资源、统筹布局，充分发挥东部地区的比较优势，探索东部地区率先发展的新路径和新模式，为实现中华民族伟大复兴中国梦做出更大贡献。

一、基本原则

激发市场活力与政府引导相结合，提升东部地区发展质量和速度。加快推进简政放权，加强事中事后监管，实现放管服同步，不断激发市场活力。更好发挥政府引导作用，正确分析和把握国内外形势新变化，科学谋划东部地区率先发展的重大战略、重大思路和重大政策，保障东部地区经济发展质量和速度，提高东部地区发展效益。

制度创新和技术创新相结合，增强东部地区发展动力。依托自由贸易试验区和国家级新区等重要平台，不断推进制度创新步伐，加快形成可复制可推广的经验，并率先在东部地区推广。加快技术创新步伐，把握我国国际产能合作的历史机遇，推进政产银学研的密切合作与良性互动。通过制度创新和技术创新，进一步强化东部地区发展动力。

对外开放与对内合作相结合，谋划区域协调发展新棋局。结合国家"一带一路"战略，拓展对外合作领域，深化对外合作程度。结合京津冀协同发展战略和长江经济带发展战略等重大区域发展战略，协调南北方，统筹东中西。通过协同推进对外开放和对内合作，积极谋划区域协调发展新棋局。

沿海开发与内地发展相结合，增强发展的互动性。坚持把东部地区沿海开发建设摆在事关全局的战略位置，同时统筹推进内陆地区开发开放，逐步构建沿海与内陆地区良性互动、互利共赢、安全高效的开放型经济格局。

经济社会发展与生态文明建设相结合，探索绿色发展新模式。东部地区经济社会发展必须建立在资源得到高效循环利用、生态环境受到严格保护的基础上，东部地区的经济社会建设要与生态文明建设相协调，形成节约资源和保护环境的空间格局、产业结构、生产方式。

保障和改善民生与脱贫致富相结合，率先全面建成小康社会。东部地区率先发展，要把保障和改善民生作为根本出发点和落脚点，正确处理深化改革、加快发展与维护稳定的关系，着力解决影响社会和谐稳定的源头性、基础性、根本性问题，使全体人民共享改革发展成果，率先在全国全面建成小康社会。

二、发展目标

根据以上指导思想和原则，东部地区在率先发展方面要努力实现以下主要目标：

转方式调结构促创新获得重大突破。经济发展质量和效益得到较大提升，经济增长实现由主要依靠投资、出口拉动实现向依靠消费、投资、出口协调拉动转变，实现由主要依靠第二产业带动向依靠第一、第二、第三产业协同带动转变，实现由主要依靠增加物质资源消耗向主要依靠科技进步、劳动者素质提高、管理创新转变。东部地区经济增长速度和效益高于全国平均水平，支持东部地区更好发挥对全国发展的支撑引领作用，增强辐射带动能力。

改革和创新获得重大突破。通过全面深化改革，释放改革新动力，使市场在资源配置中起决定性作用和更好发挥政府作用，初步形成对外开放新体制，初步形成国际竞争新优势。通过推动科技创新、产业创新、企业创新、市场创新、产品创新、业态创新、管理创新等综合创新体系建设，初步形成以创新为主要引领和支撑的经济体系和发展模式。

生态文明建设获得重大突破。资源节约型和环境友好型社会建设取得重大突破，基本形成源头预防、过程控制、损害赔偿、责任追究的生态文明制度体系，自然资源资产产权和用途管制、生态保护红线、生态保护补偿、生态环境保护管理体制等关键制度建设取得重大进展。

陆海统筹获得重大突破。发挥东部沿海地区连海接陆的特殊区位优势，通过深入实施"一带一路"战略、京津冀协同发展战略、长江经济带战略等重大区域战略，形成统筹东中西、协调南北方、陆海联动的区域发展新格局。

第二节　率先推进产业转型升级

推进产业转型升级是东部地区转方式、调结构、促创新的重要举措，也是确保东部地区在经济新常态下保持中高速增长的关键。加快推动产业升级，引领战略性新兴产业和现代服务业发展，打造全球先进制造业基地。

一、大力发展提升现代服务业

把推动现代服务业的大发展作为产业结构优化升级的战略重点，按照扩大规模、拓宽领域、提升功能、创新业态的思路，优先发展生产性服务业，加快发展生活性服务业，大力发展高端服务业，构建优势明显、特色突出、充满活力的服务业发展新格局，切实提高服务业在国民经济中的比重。一是围绕促进制造业转型升级和加快农业现代化进程，推动生产性服务业向中高端发展，深化产业融合，细化专业分工，增强服务功能，提高产业整体素质和核心竞争力；二是围绕满足人民群众多层次多样化需求，大力发展生活性服务业，丰富服务供给，完善服务标准，提高服务质量，不断满足广大人民群众日益增长的物质文化生活需要；三是围绕体制突破和机制完善，深入开展服务业综合改革试点和服务业发展示范区建设，加强制造业集聚区、服务业集聚区公共平台建设，积极探索、先行先试，创新发展模式，完善体制机制和政策措施，破解制约服务业发展的瓶颈。

二、着力提升先进制造业

立足于新一轮国际竞争的需要，坚持走新型工业化道路，以创新驱动为动力，以提升发展质量和效益为核心，以提高产业核心竞争力为目标，把推进产业优化升级作为调结构、转方式的主攻方向，实现传统产业转型升级、新兴产业腾飞跨越。坚持把改造提升传统产业作为现阶段调整结构的首要任务，加大用新技术、新工艺、新装备改造提升传统产业力度。引导企业优化生产流程，加快淘汰落后工艺技术和设备，提高能源资源利用水平。鼓励企业增强新产品开发能力，提高产品技术含量和附加值。优化传统制造业布局，推进重点产业结构调整，促进企业兼并重组，努力实现传统制造业由大变强、上档升级。充分发挥区域比较优势，推动东部地区加快产业升级，加快形成以先进制造业和现代服务业为主体的产业格局。

三、精心培育战略性新兴产业

把培育战略性新兴产业作为优化产业结构的突破口，按照创新引领、重点突破、开放带动、集聚发展的思路，加强规划引导和政策支持，组织实施核心关键技术攻关工程，深化战略合作，着力扩大规模、提升档次，实现跨越式发展。力争把新能源、新一代信息、生物医药、高端装备制造业发展成为后续支柱产业，新材料、海洋经济成为先导产业，节能环保产业取得突破性发展。大力推进科技研发、现代物流、服务外包、金融保险等服务业发展，增强产业集聚效应。在培育战略性新兴产业的同时，要因地制宜确定重点领域，避免同质过度竞争。

四、率先发展现代农业

东部地区要加快农业技术创新步伐，走出一条集约、高效、安全、持续的现代农业发展道路。加快农业发展方式转变，率先构建现代农业产业体系，全面提升农业综合生产能力和现代化水平，实现粮食稳定增产、农业持续增效、农民持续增收。加快永久性基本农田划定工作，率先推进永久基本农田"落地块、明责任、设标志、建表册、入图库"等工作。厚植东部地区农业农村发展优势，加大创新驱动力度，推进农业供给侧结构性改革，加快转变农业发展方式，走产出高效、产品安全、资源节约、环境友好的农业现代化道路，推动新型城镇化与新农村建设双轮驱动、互促共进，让广大农民平等参与现代化进程、共同分享现代化成果。

第三节　率先推进体制机制创新

东部地区要以更大的决心和勇气全面推进各领域改革，努力在重点领域和关键环节取得重大进展，着力构建有利于经济发展方式转变、有利于社会和谐进步的体制机制。

一、率先推进科技创新

加快实现创新驱动发展转型，打造具有国际影响力的创新高地。东部地区要不断深化科技体制改革，率先建立符合科研活动特点的管理制度和运行机制。加强重大科学技术问题研究，开展关键技术攻关，在基础研究和前沿技术研发方面取得突破。强化企业技术创新主体地位，充分发挥市场对科技创新和技术路线选择的决定性作用。完善技术创新体系，提高综合集成创新能力，加强工艺创新与试验。支持工程技术类研究中心、实验室和实验基地建设，完善科技创新成果转化机制，形成一批成果转化平台、中介服务机构，加快成熟适用技术的示范和推广。加强基础研究、试验研发、工程应用和市场服务等科技人才队伍建设。支持珠三角地区建设开放创新转型升级新高地，加快深圳科技、产业创新中心建设。

二、率先推进财税和投融资体制创新

东部地区要继续深化财政体制改革，努力构建科学规范、运转协调、有机统一的地方现代公共财政体系，通过推进经济上省直管县和乡财县管，率先在全国构建省（市）—县（市）两级财政管理体制，适时开展省以下分税制改革研究。完善激励性财政体制，促进经济结构调整、空间布局优化和城镇化发展。细化项目预算编制，推行零基预算和绩效预算，不断提高财政资金使用效益。东部地区要继续深化投融资体制改革。合理控制债券融资规模，完善债券发行管理体制，规范发展股权投资基金。加强社会信用和担保体系建设，优化金融生态环境。继续深化投资体制改革，完善投资项目审批、核准和备案程序，及时修订投资核准目录。规范政府投资行为，推动政府投融资平台健康发展。

三、率先推进生态文明制度创新

东部地区要率先建立系统完整的生态文明制度体系，引导、规范和约束各类开发、利用、保护自然资源的行为，用制度保护生态环境。率先健全法律法规，完善标准体系，健全自然资源资产产权制度和用途管制制度。完善生态环境监管制度，严守资源环境生态红线，完善经济政策，健全价格、财税、金融等政策，激励、引导各类主体积极投身生态文明建设。率先推行市场化机制，健全生态保护补偿机制。率先健全政绩考核制度，严格生态破坏责任追究制度。

四、率先推进自贸区制度创新

充分利用上海、天津、福建、广州自贸试验区平台，推进自贸区制度创新。探索负面清单管理制度，促进投资管理更开放透明。创新贸易监管方式，提高贸易便利化水平。深化金融改革，更好服务于实体经济发展，降低中小企业融资成本。加强事中事后监管，创新政府服务方式。通过制度创新，提高行政效率和透明度，完善决策、执行和监督机制，加强事中事后监管。在不断完善负面清单管理的基础上，进一步明确权利清单和责任清单，实现放管服结合，并尽快总结出可复制、可推广的经验。

第四节　率先构建全方位开放格局

加快建立全方位开放型经济体系，更高层次参与国际合作与竞争。东部地区是我国对外开放的前沿，要坚持以开放促发展、促调整、促改革、促创新，把对外开放摆在经济社会发展全局中更加重要的位置，实施更加积极主动的开放战略，加快形成全方位、多层次、宽领域对外开放格局。

一、打造对外开放新平台

改革开放三十多年来，中国东部地区之所以能率先实现经济崛起，与其在当时短缺经济背景下国家鼓励其充分利用沿海区位优势率先对外开放密不可分。东部地区交通便捷与交流便利所带来的低运输成本与低交易成本，能够降低企业的生产经营成本，提高产品的市场竞争力。一大批以出口为导向的劳动力密集型制造业、轻工业在东部沿海大量集聚，成为推动经济高速增长最为重要的动力来源之一，对优化资源配置与经济发展具有重要意义，主要体现在两方面：一方面外商在国内相关宽松的优惠政策与投资机会下不断扩大在东部沿海地区的投资规模；另一方面东部沿海地区良好的创业与就业环境，使中西部地区相关资源尤其是人力资源相继流入东部沿海地区。由此产生的地域性资源集聚效应，使东部沿海地区获得的外部增量资源不断增加，地区资源配置规模与经济总量不断增长。当前，东部地区更是要结合"一带一路"建设，进一步深化对外开放，实现由原来积聚要素的功能逐步向积聚高端要素和主导世界经济规则制定转变。要全力打造东部地区对外开放新平台，深入推进上海、天津、福建、广州四大自贸试验区建设，规范上海浦东、天津滨海、浙江舟山群岛、福建福州、广州南沙、青岛西海岸、大连金普等国家级新区建设，坚持高起点规划、高质量建设、高水平管理，在对外开放领域引领新常态，探索新经验。

二、积极推进国际产能合作

推动国际产能合作，是新阶段下以开放促进发展的必由之路。东部地区要适应经济全球化新形势，着眼全球经济发展新格局，把握国际经济合作新方向，将东部地区产业优势和资金优势与国外需求相结合，以企业为主体，以市场为导向，加强政府统筹协调，创新对外合作机制，加大政策支持力度，健全服务保障体系，大力推进国际产能和装备制造业合作，有力促进东部地区经济发展、产业转型升级，拓展产业发展新空间，培育经济增长新动力，开创对外开放新局面。紧密结合"一带一路"战略，抓住和对接国际需求，创新合作模式，坚持市场导向和商业运作，注重自身发展与造福当地并重，形成优进优出的国际产能合作新格局，为东部地区发展增添新动能、拓展发展新空间，为推动全国经济提质增效升级作出更大贡献。

三、引领"一带一路"战略实施

以政策沟通、设施联通、贸易畅通、资金融通、民心相通为主要内容，利用长三角、珠三角、海峡西岸、环渤海等经济区开放程度高、经济实力强、辐射带动作用大的优势，加快推进自由贸易试验区建设，支持福建建设21世纪海上丝绸之路核心区。充分发挥深圳前海、广州南沙、珠海横琴、福建平潭等开放合作区作用，深化与港澳台合作，打造粤港澳大湾区。推进浙江海洋经济发展示范区、福建海峡蓝色经济试验区和舟山群岛新区建设，加大海南国际旅游岛开发开放力度。加强上海、天津、宁波—舟山、广州、深圳、湛江、汕头、青岛、烟台、大连、福州、厦门、泉州、海口、三亚等沿海城市港口建设，强化上海、广州等国际枢纽机场功能。以扩大开放倒逼深层次改革，创新开放型经济体制机制，加大科技创新力度，形成参与和引领国际合作竞争新优势，成为"一带一路"特别是21世纪海上丝绸之路建设的排头兵和主力军。

第五节　率先构建区域协调发展新格局

要采取有力措施促进区域协调发展、城乡协调发展，加快东部欠发达地区发展，积极推进城乡发展一体化和城乡基本公共服务均等化，形成重点突破、带动全局、各具特色的区域协调发展新格局。

一、统筹推进"三大区域战略"

要重点实施"一带一路"、京津冀协同发展、长江经济带三大战略，充分发挥其在区域发展中的引领带动作用，推动地方经济提质增效，加快经济结构调整和转型升级，促进经济平稳增长，开启区域协同发展"新棋局"。深化泛珠三角区域合作，促进珠江—西江经济带加快发展。一是要发挥"一带一路"排头兵和主力军作用。东部沿海地区要在"一带一路"建设过程中发挥引领作用，走在国内各省区市和"一带一路"沿线国家的前列，主动通过扩大开放倒逼自身深层次改革，在与当今世界最发达国家和地区竞争过程中形成"一带一路"的新优势。同时，东部沿海地区要在政策沟通、设施联通、贸易畅通、资金融通和民心相通方面承担更多的项目，发挥更大的作用，形成连接东中西、沟通境内外的经济大通道，发挥主力军作用。要积极利用京津冀、长三角、珠三角、海峡西岸等经济区开放程度高、经济实力强、辐射带动作用大的优势，充分发挥深圳前海、广州南沙、珠海横琴、福建平潭等开放合作区作用，推进浙江海洋经济发展示范区、福建海峡蓝色经济试验区和舟山群岛新区建设，加大海南国际旅游岛开发开放力度。进一步加强上海、天津、宁波—舟山、广州、深圳、湛江、汕头、青岛、烟台、大连、福州、厦门、泉州、海口、三亚等沿海城市港口建设，强化上海、广州等国际枢纽机场功能。二是要提高京津冀区域协同发展水平。深入贯彻落实《京津冀协同发展规划纲要》，围绕把京津冀建设成为"以首都为核心的世界级城市群、区域整体协同发展改革引领区、全国创新驱动经济增长新引擎、生态修复环境改善示范区"的总体定位，统筹推进基础设施建设、产业转移接续、区域环境治理和民生改善等重点任务。通过疏解北京非首都功能，调整经济结构和空间结构，走出一条内涵集约发展的新路子，探索出一种人口经济密集地区优化开发的模式。深化改革，打破行政壁垒，构建开放的区域统一市场，建立区域统筹协调发展新体制，为推动全国区域协同发展提供经验。积极培育增长新动力，形成新优势，增强对环渤海地区和北方腹地的辐射带动能力，引领经济发展新常态，为全国转型发展和全方位对外开放作出更大贡献。三是要助力提升长江经济带支撑带动作用。进一步提升长三角地区作为长江经济带龙头的地位和作用，在城市群建设、新型工业化、信息化、农业现代化、绿色化以及改革开放等领域积极发挥示范带动作用。充分发挥长江黄金水道的航运功能，建成综合交通运输体系，支撑经济带高效运转，推进东部产业向中西部地区梯度转移，促进中西部优势产品借船出海走向世界。推进上中下游加强生态建设和环境保护，建设绿色生态廊道，显著改善长江生态环境。加快构建统一开放、有序竞争的全流域市场体系，把沿海发达地区积累的经济资本与中西部地区的发展空间相结合，使上下游地区形成各具特色、优势互补的经济态势。积极推进长江上游地区与云南、贵州合作，共同建设孟中印缅经济走廊，将长江经济带与孟中印缅经济走廊连接起来。

二、统筹推进城乡发展

发挥东部城市经济带动力强的优势，坚持工业反哺农业、城市支持农村和富农强农方针，促进城乡良性互动，缩小城乡发展差距，促进城乡居民共同富裕。促进城乡规划、基础设施、公共服务、产业发展、生态环境和管理体制一体化，强化产业联动和产业融合发展，积极引导工业向园区集中、人口向城镇集中，完善城乡一体化发展的体制机制和政策体系，率先构建新型工农关系和城乡关系，积极引导城镇优势公共资源向农村延伸，建立城乡一体化的基本公共服务制度，提高农村居民基本生活保障水平，按照生产发展、生活富裕、乡风文明、村容整洁、管理民主的要求，扎实推进新农村建设，率先在东部推进实现城乡二元分割向一体化发展转型。积极推进新型城镇化，大力推进城镇建设上水平，转变城市发展方式，推动产业和人口聚集，优化城市布局，加快城镇化进程，促进大中小城市和小城镇协调发展，走符合东部地区特点的新型城镇化道路。加快推进鲁西南、苏北、闽西北、粤西山区等东部欠发达地区发展，优化区域协调发展格局。

三、统筹推进主体功能区战略

全面落实主体功能区规划，健全财政、投资、产业、土地、人口、环境等配套政策和各有侧重的绩效考核评价体系。推进市县落实主体功能定位，推动经济社会发展、城乡、土地利用、生态环境保护等规划"多规合一"，形成一个市县一本规划、一张蓝图。区域规划编制、重大项目布局必须符合主体功能定位。对不同主体功能区的产业项目实行差别化市场准入政策，明确禁止开发区域、限制开发区域准入事项，明确优化开发区域、重点开发区域禁止和限制发展的产业。构建平衡适宜的城乡建设空间体系，适当增加生活空间、生态用地，保护和扩大绿地、水域、湿地等生态空间。

四、统筹推进陆海全面发展

东部地区要以提升海洋在国家发展全局中的战略地位为前提，以充分发挥海洋在资源环境保障、经济发展和国家主权维护中的作用为着力点，通过海陆资源开发、产业布局、交通通道建设、生态环境保护等领域的统筹协调，促进海陆两大系统的优势互补、良性互动和协调发展，增强国家对海洋的管控与利用能力，建设海洋强国，构建大陆文明与海洋文明相容并济的可持续发展格局。以保障国家战略资源安全和维护国家主权权益为出发点，以统筹陆海资源开发利用规划为核心，以沿海陆地资源利用技术为依托，以创新海洋科技为动力，以提高海洋能源、海洋矿产资源、生物资源、海水资源、滨海土地及海岛资源开发利用水平为重点，统一谋划东部沿海陆地资源和海洋资源开发的强度与时序，统筹近海资源开发与深远海空间拓展，统筹管辖海域资源开发与国际海域资源利用，着力提高海洋资源控制能力和综合开发水平。

第六节　组　织　保　障

东部地区要充分发挥市场配置资源的决定性作用，不断激发市场活力。同时，要更好发挥政府作用，加强和改善宏观调控，有效引导社会资源，合理配置公共资源。

一、切实加强规划引导

东部地区要率先发展，各级政府责任重大，任务艰巨，必须进一步解放思想，加快职能转变，创造性开展工作，抓紧编制东部地区率先发展的总体规划和专项规划，发挥规划的引导作用。要积极探索，勇于创新。进一步健全绩效考核制度，依靠有效的制度和良好的作风保证工作到位。加强对规划落实情况的监督检查，严格执行党风廉政建设责任制，加强行政权力运行监督。

二、进一步完善区域政策

要遵循社会主义市场经济规律，加快政府职能转变，加快制度创新，调整完善区域政策，健全激励约束机制，提高区域政策的精准性。要明确政府推进规划实施的重点领域和责任。产业发展、结构调整等领域的目标任务和预期性指标，主要依靠市场主体自主行为实施，政府要进一步强化在市场监管方面的责任，切实维护公平公正的市场秩序。公共服务领域的目标任务和约束性指标，要强化政府责任，有效运用公共资源确保实现。

三、调整完善政绩考核

加快制定并完善有利于推动东部地区率先发展、加快转变经济发展方式的绩效评价考核体系和具体考核办法，弱化对经济增长速度指标的评价考核，强化对结构优化、民生改善、资源节约、环境保护和基本公共服务等目标任务完成情况的综合评价考核，考核结果作为各级政府领导班子调整和领导干部选拔任用、奖励惩戒的重要依据。

第六章

加快贫困地区脱贫致富

我国要在 2020 年全面建成小康社会，其中加快贫困地区脱贫致富是全面建成小康社会中需要攻坚克难的重点领域，也是我国全面建成小康社会进程中的短板。以此，需要对贫困地区进行科学界定，以便国家和地方能够精准发力，有针对性地解决贫困地区的特殊问题，化解贫困地区脱贫致富的难题，确保贫困地区能够与全国同步全面建成小康社会。

第一节　贫困标准比较

贫困标准的确定是甄别贫困人口和贫困地区的关键环节，贫困标准并不是一成不变的，而是随着经济社会发展而不断调整变化的。

一、国际贫困标准的确定

1990 年，世界银行为了比较各国的贫困状况，对各国的国家贫困标准进行了研究，发现在 34 个有贫困标准的发展中国家和转型经济国家中，贫困标准从每年 200 多美元到 3500 美元不等（按 1985 年购买力平价将各国货币表示的贫困标准换算成美元），而且贫困标准与各国居民收入水平成高度正相关。其中，12 个最贫困国家的国家贫困标准集中于 275 ~ 370 美元，其中间值按 1993 年购买力换算后为每月 32.74 美元或者每天 1.08 美元，世界银行将每天 1.08 美元作为国际通用赤贫标准，用于比较各国的极端贫困状况，这就是国际贫困标准"1 天 1 美元"的来源。世界银行采用最近发布的"国际比较计划"（ICP）和在 116 个国家所做的 675 项住户调查（时间跨度为 1981~2005 年）结果，重新计算了极贫人口的人数，也就是人们常说的绝对贫困人口人数。该估算反映了对国际可比价格数据所做的改进，更加准确地反映出发展中国家的生活成本，并制定了每天 1.25 美元（按 2005 年的 PPP 美元计）的新贫困线。2015 年，世界银行宣布，按照购买力平价计算，将国际贫困线标准从此前的一人一天 1.25 美元上调至 1.9 美元。按照这一标准，全球贫困人口约 7.02 亿，占全球总人口的约 9.6%①。

二、我国贫困标准的制定依据和演变

我国农村贫困标准是在 1985 年、1990 年、1994 年、1997 年由国家统计局农村社会经济调查总队根据全国 6.7 万个农村住户调查分户资料测定。其他年份则使用农村居民消费价格指数进行更新。1997 年，中国采用了世界银行推荐的确定贫困线的基本方法——马丁法。具体步骤如下：

（1）确定最低营养需求。最低营养需求是指维持人体生存所必需的营养需求。根据营养学家建议，中国采用每人每日 2100 大卡热量作为最低营养需求。

（2）计算食物贫困线。利用全国农村住户调查数据，根据穷人的实际消费价格和消费结构计算出能获得最低营养需求的食物支出，以该食物支出作为食物贫困线。

（3）计算非食物贫困线。采用世界银行的马丁法，利用计量方法找到低非食物贫困线和高非食物贫困线。

（4）计算贫困线。食物贫困线 + 低非食物贫困线 = 低贫困线。达到低贫困线的农户，只能得到基本食物消费和一些农户愿意牺牲基本食物消费来换取的最必需的非食物消费。在 1997 年测定的低贫困线中，农户食物消费支出份额高达 85%，这表明，低贫困线确实是一条极端贫困线。食物贫困线 + 高非食物贫困线 = 高贫困线。达到高贫困线的农户可以获得基本食物消费以及与基本食物消费同等重要的非食物消费。

这种确定农村贫困线的方法，优点是集中了人们的基本生活需求中最重要的部分——食物消费，同时以合理的比例考虑了衣着、住房、交通、

---

① 资料来源：世界银行相关数据。

燃料、用品以及医疗、教育、娱乐、服务等消费，而且比较简单，容易操作，其评估结果与其他比较复杂的方法估计的结果很接近。应该指出的是，衡量贫困的标准不是一成不变的，在不同时期会进行不断调整。1985年，国家统计局确定农村人口最低生活标准是年人均206元。到1995年，把通货膨胀、物价上涨的因素考虑在内，这个标准被调整为530元。这就是当时确定的没有解决温饱人口的标准，也可以称为我国的绝对贫困的标准。在2000年"八七"攻坚计划完成时，贫困标准已经调整为625元。2001年为630元/人年，2002年为627元/人年，2003年为637元/人年，2004年为668元/人年，2005年为683元/人年，2006年为693元/人年，2007年为785元/人年，2009年为1196元/人年，2010年为2300元/人年（2010年不变价），此后每年根据物价指数调整贫困线，2014年调整为2800元/人年，在此标准以下，我国大约有7017万贫困人口，要在2020年之前实现全部脱贫（见表6-1）。

表6-1　　　　　　　　我国农村贫困状况

年份	贫困线（元/人）	贫困发生率（%）	贫困规模（万人）
1978	100	30.7	25000
1980	130	26.8	22000
1981	142	18.5	15200
1982	164	17.5	14500
1983	179	16.2	13500
1984	200	15.1	12800
1985	206	14.8	12500
1986	213	15.5	13100
1987	227	14.3	12200
1988	236	11.1	9600
1989	259	11.6	10200
1990	300	9.4	8500
1991	304	10.4	9400
1992	317	8.8	8000
1993	—	—	—
1994	440	7.7	7000
1995	530	7.1	6540
1996	—	—	—

续表

年份	贫困线（元/人）	贫困发生率（%）	贫困规模（万人）
1997	640	5.4	4962
1998	635	4.6	4210
1999	625	3.7	3412
2000	625	3.5	3209
2001	630	3.2	2927
2002	627	3	2820
2003	637	3.1	2900
2004	668	2.8	2610
2005	683	2.5	2365
2006	693	2.3	2148
2007	785	1.6	1479
2008	1196	4.2	4007
2009	1196	3.8	3597
2010	2300	17.27	16566
2011	2536	12.7	12238
2012	2673	10.2	9899
2013	2736	8.5	8249
2014	2800	7.2	7017
2015	3000	5.7	5575

资料来源：《中国农村住户调查年鉴》，中国统计出版社 2015 年版；同时参考了 2015 年国民经济和社会发展统计公报数据。

各国的贫困标准与各国的实际情况相适应。各国的贫困标准与各国的生活水平有明显的相关关系，与政府确定可行的扶贫策略和目标有极大的关系。"中国贫困人口确定的标准不是国际通行标准，也不是相对贫困的标准，而是从中国实际出发确定的最低生活标准，即维持简单再生产和基本生存的标准。"① 中国采用较低的贫困标准，在当时为政府集中扶贫资源，持续、大规模地扶持未解决基本温饱问题的农村贫困人口，实施不发达地区社会经济发展措施和开展对特困人口的救济、救灾工作提供了目标依据。事实证明，对该标准以下人口实施的扶贫政策是行之有效的。

---

① 引自《国务院扶贫开发领导小组办公室主任高鸿宾答记者问》，中国扶贫网，2001 年 6 月 19 日。

第二节　我国贫困地区的界定

任何人口过程及其影响因素，都属于一定历史范畴，其发生和演变都有时间阶段性，而且都离不开特定的地理空间，其过程和组合类型均具有鲜明的地域差异。在一般情况下，如果单独考察个体农村人口的行为活动，不考虑其所处地理环境条件，则很难得出合理结果，为此我们需要排除因个人或家庭特殊原因而导致的贫困现象。在考察农村贫困状况时，必须从农村这个大背景来看，即从宏观的、一般性因素来看，由于我国范围内的地理环境及社会经济发展具有明显的区域差异性，所以使得形成贫困的因素往往具有区域性。贫困区域的确定，是为了充分利用区域自然、社会经济资源，进行脱贫和发展，并在外部力量支持下，合理开发，积极治理、有效保护区域资源与环境，正确处理人口、资源、环境三者关系，逐步建立生产发展、生活适宜、经济效益、生态效益都较为合理的自下而上的生存、发展环境，尽快解决区域贫困问题。

一、我国贫困地区界定的演变过程

1984 年，中共中央发布了《关于帮助贫困地区尽快改变面貌的通知》，确定了 18 片地区为国家的主要贫困地区，并在全国范围内对各贫困地区进行了普查和统计（见表 6 - 2）。在国家统计局组织的全国性调查中，确定了以人均年纯收入为指标作为衡量贫困程度的标准。因此，我国农村扶贫的标准是以贫困县标准为主的。"划定贫困县的主要目的是为了集中力量、保证重点，防止有限的扶贫资金分散使用。"[1] 1986 年、1994 年和 2012 年，国家曾经三次划定和调整国家重点扶持的贫困县。1986 年划定国家重点贫困县的标准是：以县为单位，1985 年农民年人均纯收入低于 150 元的县；对少数民族县，标准适当放宽到 200 元；对井冈山、延安等在建立新中国过程中作出巨大贡献的革命老区，标准放宽到

---

[1]　引自《国务院扶贫开发领导小组办公室主任高鸿宾答记者问》，中国扶贫网，2001 年 6 月 19 日。

300 元。① 1986 年确定了 328 个县为国家贴息贷款的贫困县。此后，各省区市又根据本地区的情况，确定了 371 个县为各省区的贫困县，总计 699 个县，约占全国总县数的 1/3。人均年纯收入 200 元以下的人口总数为 1.25 亿，占农村总人口的 14.8%。其中有 4000 万人年人均纯收入不足 150 元，占农村人口总数的 4.4%。

表 6-2   18 片贫困地区在东、中、西部分布情况

经济地带	贫困区数	贫困地区名称	涉及的省、自治区
东部	2	沂蒙山区	鲁
		闽西南和闽东北地区	闽、浙、粤
中部	5	努鲁尔虎山区	辽、蒙、冀
		太行山区	晋
		吕梁山区	晋、冀
		大别山区	鄂、豫、皖
		井冈山和赣南地区	赣、湘
西部	11	定西干旱地区	甘
		西海固地区	宁
		陕北地区	陕、甘
		秦巴山区	川、陕、鄂、豫
		武陵山区	川、湘、鄂、黔
		西藏地区	藏
		滇东南山区	滇
		横断山区	滇
		九万大山山区	桂、黔
		乌蒙山区	川、滇、黔
		桂西北地区	桂

资料来源：《中国农业年鉴》(1989)，中国农业出版社 1990 年版，第 125 页。

---

① 1986 年 9 月，国务院贫困地区经济开发领导小组在第三次全体会议上专题研究新增 10 亿元专项贴息贷款的分配问题和管理暂行办法。会议决定：这项贴息贷款分配的标准为：1995 年全县农民人均纯收入 150 元以下的县；1985 年全县农民人均纯收入 150~200 元的革命老区县和少数民族自治县；井冈山、赣南、闽西南、武陵山、大巴山、大别山、太行山和沂蒙山等对革命贡献大、影响大的革命老根据地中，1985 年全县农民人均纯收入 200~300 元的县，以及内蒙古、青海、新疆等少数民族贫困县。参见李周主编：《中国反贫困和可持续发展》，科学出版社 2007 年版，第 128 页。

1994 年，国家在制定"八七"扶贫攻坚计划时，对国家直接扶持的重点贫困县进行了较大幅度调整。调整的标准是"四进七出"，即 1992 年全县年人均纯收入低于 400 元的列入国家重点贫困县，超过 700 元退出贫困县行列。国务院在向各省、自治区、直辖市人民政府和国务院各部委发出的《关于列入（国家"八七"扶贫攻坚计划）贫困县的通知》中分省列出 592 个贫困县。我国贫困地区和贫困人口可以说基本上集中分布于六大地区，即东、西部接壤地带；东部丘陵山区；黄土高原丘陵沟壑区；青藏高原高寒山区；西南喀斯特山区和内蒙古干旱区（如云南的滇南山区、横断山区和乌蒙山区，陕西的秦巴山区、黄河沿岸的石山区）。贵州的贫困县主要集中在乌蒙山区的黔东南、黔西南、黔南三个民族自治州；四川省（含重庆）的乌蒙山区的三个民族自治州，川北、川东北的秦巴山区，川东南的武陵山区；甘肃省的贫困县主要分布于高山区、石山区、干旱片区；河北省的太行土石山区、燕山沿线、黑龙港流域和坝上风沙高原区；山西省的太行山区、吕梁山区和晋西北黄土高原丘陵地区；内蒙古的乌兰察布盟、伊克昭盟、赤峰和哲里木盟的高原沙化区；广西的桂西北山区；新疆的和田与博尔塔拉蒙古自治州两个干旱地区；湖北的鄂东南幕阜山区、鄂东北大别山区、鄂西南武陵山区和鄂西北秦巴山区；江西的赣南、井冈山和上饶地区；安徽的大别山区、库区和淮河地区的行蓄洪区；青海的青南高寒牧区、东部干旱山区。1994 年确定的 8000 万贫困人口中，有5700 万分布在这 592 个贫困县中，基本上将没有解决温饱的贫困人口包括进去了。

2011 年中共中央和国务院联合颁布了《中国农村扶贫开发纲要（2011～2020 年）》，随后，2012 年国务院扶贫办调整了国家扶贫开发工作重点县名单，其中调出 38 个，调入 38 个，总数仍为 592 个（见表 6 - 3）。

表 6 - 3　　　　　　　**2012 年我国 592 个国家级扶贫工作重点县名单**

省份	数量	国家扶贫开发工作重点县名单
全国	592	
中部	217	
西部	375	
民族八省区	232	

中国区域发展研究

续表

省份	数量	国家扶贫开发工作重点县名单
河北	39	行唐县、灵寿县、赞皇县、平山县、青龙县、大名县、魏县、临城县、巨鹿县、新河县、广宗县、平乡县、威县、阜平县、唐县、涞源县、顺平县、张北县、康保县、沽源县、尚义县、蔚县、阳原县、怀安县、万全县、赤城县、崇礼县、平泉县、滦平县、隆化县、丰宁县、围场县、海兴县、盐山县、南皮县、武邑县、武强县、饶阳县、阜城县、（涿鹿县赵家蓬区）
山西	35	娄烦县、阳高县、天镇县、广灵县、灵丘县、浑源县、平顺县、壶关县、武乡县、右玉县、左权县、和顺县、平陆县、五台县、代县、繁峙县、宁武县、静乐县、神池县、五寨县、岢岚县、河曲县、保德县、偏关县、吉县、大宁县、隰县、永和县、汾西县、兴县、临县、石楼县、岚县、方山县、中阳县
内蒙古	31	武川县、阿鲁科尔沁旗、巴林左旗、巴林右旗、林西县、翁牛特旗、喀喇沁旗、宁城县、敖汉旗、科尔沁左翼中旗、科尔沁左翼后旗、库伦旗、奈曼旗、莫力达斡尔族自治旗、鄂伦春自治旗、卓资县、化德县、商都县、兴和县、察哈尔右翼前旗、察哈尔右翼中旗、察哈尔右翼后旗、四子王旗、阿尔山市、科尔沁右翼前旗、科尔沁右翼中旗、扎赉特旗、突泉县、苏尼特右旗、太仆寺旗、正镶白旗
吉林	8	靖宇县、镇赉县、通榆县、大安市、龙井市、和龙市、汪清县、安图县
黑龙江	14	延寿县、泰来县、甘南县、拜泉县、绥滨县、饶河县、林甸县、桦南县、桦川县、汤原县、抚远县、同江市、兰西县、海伦市
安徽	19	潜山县、太湖县、宿松县、岳西县、颍东区、临泉县、阜南县、颍上县、砀山县、萧县、灵璧县、泗县、裕安区、寿县、霍邱县、舒城县、金寨县、利辛县、石台县
江西	21	莲花县、修水县、赣县、上犹县、安远县、宁都县、于都县、兴国县、会昌县、寻乌县、吉安县、遂川县、万安县、永新县、井冈山市、乐安县、广昌县、上饶县、横峰县、余干县、鄱阳县
河南	31	兰考县、栾川县、嵩县、汝阳县、宜阳县、洛宁县、鲁山县、滑县、封丘县、范县、台前县、卢氏县、南召县、淅川县、社旗县、桐柏县、民权县、睢县、宁陵县、虞城县、光山县、新县、商城县、固始县、淮滨县、沈丘县、淮阳县、上蔡县、平舆县、确山县、新蔡县

· 82 ·

续表

省份	数量	国家扶贫开发工作重点县名单
湖北	25	阳新县、郧县、郧西县、竹山县、竹溪县、房县、丹江口市、秭归县、长阳县、孝昌县、大悟县、红安县、罗田县、英山县、蕲春县、麻城市、恩施市、利川市、建始县、巴东县、宣恩县、咸丰县、来凤县、鹤峰县、神农架林区
湖南	20	邵阳县、隆回县、城步县、平江县、桑植县、安化县、汝城县、桂东县、新田县、江华县、沅陵县、通道县、新化县、泸溪县、凤凰县、花垣县、保靖县、古丈县、永顺县、龙山县
广西	28	隆安县、马山县、上林县、融水县、三江县、龙胜县、田东县、德保县、靖西县、那坡县、凌云县、乐业县、田林县、西林县、隆林县、昭平县、富川县、凤山县、东兰县、罗城县、环江县、巴马县、都安县、大化县、忻城县、金秀县、龙州县、天等县
海南	5	五指山市、临高县、白沙县、保亭县、琼中县
重庆	14	万州区、黔江区、城口县、丰都县、武隆县、开县、云阳县、奉节县、巫山县、巫溪县、石柱县、秀山县、酉阳县、彭水县
四川	36	叙永县、古蔺县、朝天区、旺苍县、苍溪县、马边县、嘉陵区、南部县、仪陇县、阆中市、屏山县、广安区、宣汉县、万源市、通江县、南江县、平昌县、小金县、黑水县、壤塘县、甘孜县、德格县、石渠县、色达县、理塘县、木里县、盐源县、普格县、布拖县、金阳县、昭觉县、喜德县、越西县、甘洛县、美姑县、雷波县
贵州	50	六枝特区、水城县、盘县、正安县、道真县、务川县、习水县、普定县、镇宁县、关岭县、紫云县、江口县、石阡县、思南县、印江县、德江县、沿河县、松桃县、兴仁县、普安县、晴隆县、贞丰县、望谟县、册亨县、安龙县、大方县、织金县、纳雍县、威宁县、赫章县、黄平县、施秉县、三穗县、岑巩县、天柱县、锦屏县、剑河县、台江县、黎平县、榕江县、从江县、雷山县、麻江县、丹寨县、荔波县、独山县、平塘县、罗甸县、长顺县、三都县

续表

省份	数量	国家扶贫开发工作重点县名单
云南	73	东川区、禄劝县、寻甸县、富源县、会泽县、施甸县、龙陵县、昌宁县、昭阳县、鲁甸县、巧家县、盐津县、大关县、永善县、绥江县、镇雄县、彝良县、威信县、永胜县、宁蒗县、宁洱县、墨江县、景东县、镇沅县、江城县、孟连县、澜沧县、西盟县、临翔区、凤庆县、云县、永德县、镇康县、双江县、沧源县、双柏县、南华县、姚安县、大姚县、永仁县、武定县、屏边县、泸西县、元阳县、红河县、金平县、绿春县、文山市、砚山县、西畴县、麻栗坡县、马关县、丘北县、广南县、富宁县、勐腊县、漾濞县、弥渡县、南涧县、巍山县、永平县、云龙县、洱源县、剑川县、鹤庆县、梁河县、泸水县、福贡县、贡山县、兰坪县、香格里拉县、德钦县、维西县
陕西	50	印台区、耀州区、宜君县、**陇县**、**麟游县**、**太白县**、**永寿县**、**长武县**、旬邑县、**淳化县**、合阳县、澄城县、蒲城县、白水县、富平县、延长县、延川县、宜川县、洋县、西乡县、勉县、宁强县、略阳县、镇巴县、留坝县、佛坪县、**衡山县**、定边县、绥德县、米脂县、佳县、吴堡县、清涧县、子洲县、汉滨区、汉阴县、石泉县、宁陕县、紫阳县、岚皋县、镇坪县、旬阳县、白河县、商州县、洛南县、丹凤县、商南县、山阳县、镇安县、柞水县
甘肃	43	**榆中县**、**会宁县**、麦积县、清水县、秦安县、甘谷县、武山县、张家川县、古浪县、天祝县、庄浪县、静宁县、环县、华池县、合水县、宁县、镇原县、安定区、通渭县、陇西县、渭源县、临洮县、漳县、岷县、武都区、文县、宕昌县、康县、西和县、礼县、两当县、临夏县、康乐县、永靖县、广河县、和政县、东乡县、积石山县、合作市、临潭县、卓尼县、舟曲县、夏河县
青海	15	大通县、湟中县、平安县、民和县、乐都县、化隆县、循化县、泽库县、甘德县、达日县、玛多县、杂多县、治多县、囊谦县、曲麻莱县
宁夏	8	盐池县、同心县、原州区、西吉县、隆德县、泾源县、彭阳县、海原县
新疆	27	巴里坤哈萨克自治县、乌什县、柯坪县、阿图什市、阿克陶县、阿合奇县、乌恰县、疏附县、疏勒县、英吉沙县、莎车县、叶城县、岳普湖县、伽师县、塔什库尔干塔吉克自治县、和田县、墨玉县、皮山县、洛浦县、策勒县、于田县、民丰县、察布查尔锡伯自治县、尼勒克县、托里县、青河县、吉木乃县

注：**黑体字加粗**为集中连片特殊困难地区范围内的国家扶贫开发工作重点县。

本次名单调整由各省（区、市）根据自身实际情况内部微调，各省（区、市）调入和调出县区数量相同，总数保持不变。共有 9 个省（区、市）对名单进行微调，12 个省（区、市）名单不变。调整后的国家扶贫开发工作重点县位于中部地区的有 217 个，西部地区有 375 个，其中属于集中连片特殊困难地区范围内的国家扶贫开发工作重点县有 440 个。具体调整如下：

河北省调出涉县、广平县、宽城县、东光县、献县、孟村县，调入行唐县、新河县、平乡县、威县、饶阳县、阜城县。

内蒙古自治区调出托克托县、和林格尔县、清水河县、固阳县、达尔罕茂明安联合旗、克什克腾旗、准格尔旗、鄂托克前旗、杭锦旗、乌审旗、伊金霍洛旗、多伦县，调入阿鲁科尔沁旗、科尔沁左翼中旗、科尔沁左翼后旗、莫力达瓦达斡尔族自治旗、鄂伦春自治旗、卓资县、兴和县、阿尔山市、科尔沁右翼前旗、突泉县、苏尼特右旗、正镶白旗。

黑龙江省调出杜尔伯特蒙古族自治县，调入海伦市。

安徽省调出长丰县、枞阳县、无为县、霍山县、泾县，调入颍东区、砀山县、萧县、灵璧县、泗县。

广西壮族自治区调出平果县、南丹县、天峨县，调入上林县、昭平县、富川县。

海南省调出陵水县，调入临高县。

四川省调出雅江县、新龙县，调入甘孜县、德格县。

陕西省调出彬县、子长县、安塞县、吴起县、府谷县、靖边县，调入澄城县、富平县、勉县、留坝县、佛坪县、石泉县。

青海省调出尖扎县、玉树县，调入玛多县、曲麻莱县。

二、贫困地区划分方法

自 1979 年邓小平同志提出小康奋斗目标后，党的历次重要会议都对小康问题做出了具体设计和部署。1987 年，党的十三大报告提出："第一步，实现国民生产总值比 1980 年翻一番，解决人民的温饱问题。这个任务已经基本实现。第二步，到 20 世纪末，使国民生产总值再增长一倍，人民生活达到小康水平。第三步，到 21 世纪中叶，人均国民生产总值达到中等发达国家水平，人民生活比较富裕，基本实现现代化。"

2000 年 10 月，党的十五届五中全会公报指出："我们已经胜利实现了现代化建设的前两步战略目标，经济和社会全面发展，人民生活总体上达到了小康水平。这是中华民族发展史上一个新的里程碑"，"从新世纪开始，我国将进入全面建设小康社会，加快推进社会主义现代化的新的发展阶段"。2012 年党的十八大对中国人民郑重承诺："综观国际国内大势，中国发展仍处于可以大有作为的重要战略机遇期。我们要准确判断重要战略机遇期内涵和条件的变化，全面把握机遇，沉着应对挑战，赢得主动，赢得优势，赢得未来，确保到 2020 年实现全面建成小康社会宏伟目标。"紧扣全面建成小康社会的宏伟目标，我国编制实施了"十三五"规划。

总体小康既是低水平的小康，也是初步的小康。2000 年年底，我国人均 GDP 只有 800 多美元，属于中下收入国家的水平。按照"十三五"规划，到 2020 年，我国人均 GDP 将达到 1 万美元左右。按 20 世纪 90 年代中期国家统计局会同国家计委和农业部制定的《全国人民小康水平的基本标准》《全国农村小康生活水平的基本标准》和《全国城镇小康生活水平的基本标准》来衡量，虽然全国小康的实现程度已达 95.6%，但是如果分地域和按人口看，情况就不是那么乐观了。据统计，到 2000 年年底，在全国除市辖区以外的 2000 多个县级单位中，未达温饱线的占 22.8%，居温饱线和小康线之间的占 63.2%，居小康线和比较富裕线之间的占 13.7%，达到比较富裕线的只占 0.3%。从人口看，2000 年全国基本达到小康水平的只占 74.84%，接近小康水平的占 12.82%，还有 12.34% 的人口未达到温饱和小康。一些已经脱贫的，生产和生活条件还很脆弱，很容易返贫。2008 年根据国家统计局的贫困标准，我国农村还有 4007 万贫困人口，而按照世界银行的贫困标准，中国还有 1.5 亿~2 亿贫困人口，脱贫致富的任务十分艰巨。如果按照 2300 元（2010 年不变价）的标准，2015 年我国贫困人口还有 5575 万人左右。

只有在 2020 年前使贫困人口实现初步小康，即使这部分贫困人口达到 2000 年全国实现总体小康的水平，才可以说全国实现了全面建设小康社会的目标。因此，将没有达到 2000 年全国实现初步小康水平的贫困县作为扶持重点，稳定解决扶贫对象温饱并实现脱贫致富，是全国实现全面建设小康的难点和重点。

20 世纪 90 年代中期，国家统计局等有关部门联合制定了《全国人民小康水平的基本标准》《全国农村小康生活水平的基本标准》和《全国城镇小康生活水平的基本标准》。随后，国家统计局等部门联合建立了"全面建设小康社会监测指标体系"和"农村全面小康进程监测评估体系"。

由于统计数据的限制，不能运用上述两个体系对 2008 年全国 2000 多个县的小康水平与 2000 年全国实现初步小康水平进行比较。但是，在"全国农村全面小康进程监测评估体系"中，农民可支配收入是权重最大的指标（占 20%），由于取消了农业税，农民可支配收入大致等同于农民人均纯收入。农民人均纯收入指标是目前反映我国地区经济发展和农民实际收入状况的最具有总体性、可比性和不可替代性的综合性指标，是衡量我国地区全面小康进程和农村全面小康实现程度的两个最重要的指标，已经被多年的实践所验证了的具有适用性和可操作性的指标。因此，出于数据的可得性和连续性的考虑，本文分别选取 2000 年实现总体小康时的全国农民纯收入作为贫困地区扶持标准。

根据《中国农村住户调查年鉴》，考虑到物价上涨因素，2000 年全国实现总体小康时的农民纯收入（2253.4 元）相当于 2008 年时物价水平的 2857 元。2008 年，全国有 502 个县低于这一标准。扣除市辖区和西藏的县，共有 424 个县。也就是说，从农民人均纯收入角度来看，2008 年尚有 424 个县低于 2000 年全国总体实现小康时的水平，这些县是我国全面建成小康社会的重点和难点。

第三节 我国贫困地区分布与主要类型

我国贫困地区绝大部分分布在自然条件十分恶劣的地区，大部分属于"一方水土难以富裕一方人"，甚至是"一方水土难以养活一方人"的地区。本章划定的贫困地区与《中国农村扶贫开发纲要（2011～2020 年）》中确定的六盘山区、秦巴山区、武陵山区、乌蒙山区、滇桂黔石漠化区、滇西边境山区、大兴安岭南麓山区、燕山—太行山区、吕梁山区、大别山区、罗霄山区等集中连片特困地区在空间上具有较高的吻合性。

一、我国贫困地区分布

根据确定的 2000 年全国实现总体小康时的人均 GDP 和农民纯收入划

分出来的县，可以看出从空间形态上这些县主要分布在我国的中西部地区，特别是西部地区分布更为集中，部分中部省份和东北地区省份的贫困县在空间上呈现出离散分布的状态。

如果将本书提出的贫困县与当前国家 592 个国贫县的图形进行比较，则可以发现两者之间具有如下特点。一是在空间上具有较高的重合性，特别是对于西部集中连片较大的贫困地区来说，两者之间在空间上的重合度很高，而且按照本书所确定的贫困县往往都是分布在国家 592 个国贫县集中连片分布的核心区内。二是本书中确定的贫困县在中部、东北等部分省份在空间分布呈现离散化的状态。比如在安徽、江西、黑龙江等省份，本书提出的贫困县在空间上基本呈现离散化的分布状态，而按照国家 592 个国贫县的分布，在这些地区则是集中连片分布。三是贫困地区呈现自东向西、由北向南逐步增多的趋势。与国家 592 个国贫县的空间分布相比，本书中提出的贫困县更多是集中在西南部地区，这在一定程度上也说明西南部地区是我国今后扶贫攻坚的重点和难点地区，其他区位条件相对较好，位于平原地区的贫困县基本上已经摆脱或初步摆脱了贫困。

二、我国主要的集中连片贫困地区

从我国贫困县（旗、市）的空间分布来看，贫困县绝大部分都分布在山区或高原山区，特别是群山连绵区，呈现集中分布的状态。除去呈现离散分布的县之外，我国集中连片分布或基本呈现集中连片分布的贫困县共计 373 个可以分为如下几个片区。在贫困片区划分的时候，本书参考了《全国主体功能区规划》《全国生态功能区划》以及我国对贫困地区传统的划分，所取贫困地区的名字除了表明贫困的核心区外，如果其周边地区也有连片的贫困地区，也同时将毗邻贫困地区一并纳入此区域进行表述。

（一）乌蒙山地区

乌蒙山区主要包括黔西、滇北和川东南地区的集中连片贫困地区，共计 35 个县级行政单元。该区域的部分地区属于国家主体功能区规划中的桂黔滇等喀斯特石漠化防治区，也是我国传统的十八片集中连片贫困地区之一。该区域属于乌蒙山区，而且在部分地区存在一定程度的石漠化现象，地方经济社会发展、居民脱贫致富和生态保护的多重压力很大。尽管国家对这一区域进行了长期的扶贫开发，但是由于当地生产生活条件恶劣，目前仍然是我国主要的集中连片贫困分布区之一，也是我国今后扶贫开发的重点和难点（见表6-4）。

表6-4　　　　　　　乌蒙山区集中连片贫困地区分布情况

省	县（35）
黔西（10）	大方、黔西、赫章、威宁、水城、纳雍、织金、普定、六枝、镇宁
滇北（16）	绥江、永善、盐津、大关、威信、振雄、彝良、鲁甸、巧家、会泽、禄劝、寻甸、武定、永仁、牟定、马龙
川东南（9）	甘洛、马边、越西、美姑、雷波、喜德、昭觉、金阳、布托

（二）滇黔桂川毗邻地区

滇黔桂川毗邻地区主要包括桂西北、黔南、川南和滇北的集中连片贫困地区，共计58个县级单元，其中以黔西南、黔南、黔东南和滇北最为集中。这一区域由于降水量大而且集中，植被破坏较大，水土流失严重，生态比较脆弱，是我国主体功能区划中滇黔桂等喀斯特石漠化防治区。此外，在川南和滇北生态较好地区，还是我国主体功能区划中川滇森林生态及生物多样性功能区。这一区域还是我国少数民族比较集中的区域，分布有布依族、苗族、侗族、彝族、藏族等多个少数民族。这一区域高山丘陵多，平原低坝少，农民人均耕地少，生产生活条件比较恶劣，是我国长期以来扶贫开发的重点地区，也是我国今后扶贫攻坚的重点地区和难点地区（见表6-5）。

表6-5　　　　　　　滇黔桂集中连片贫困地区分布情况

省	县（58）
桂西北（16）	三江、融水、罗城、都安、大化、巴马、东兰、凤山、凌云、乐业、田林、西林、隆林、那坡、德保、靖西
黔南（30）	关岭、普安、晴隆、兴仁、贞丰、安龙、册亨、望谟、罗甸、紫云、长顺、平塘、独山、荔波、从江、榕江、黎平、锦屏、天柱、三穗、镇远、施秉、黄平、合江、剑河、雷山、麻江、贵定、丹寨、三都
滇东南（12）	泸西、丘北、广南、富宁、西畴、砚山、麻栗坡、马关、红河、元阳、金平、绿春

（三）秦巴山区

秦巴山区贫困带主要包括鄂西北、陕南、宁南、甘南、青东的集中连片贫困地区，共计29个县级单元。这一区域也是我国主体功能区规划中限制开发区域中的秦巴生物多样性功能区和中共中央（1984）19号文中提出的秦岭、大巴山贫困片区，还有一部分属于我国南水北调中线工程的水源地及其上游地区。这一区域由于高山丘陵多，基础设施建设比较滞后，基础设施建设的成本高，难度大，人均耕地资源少，虽然经过长期的扶贫开发，目前此区域仍然是我国贫困人口相对集中的区域，也是今后我国扶贫开发攻坚的重点区域和难点区域（见表6-6）。

表6-6　　　　　　　秦巴山区集中连片贫困地区分布情况

省	县（29）
鄂西北（5）	郧西、郧县、竹溪、竹山、房县
陕南（18）	洛南、丹凤、商南、山阳、镇安、宁陕、石泉、汉阴、旬阳、紫阳、岚皋、镇坪、留坝、佛坪、洋县、西乡、镇巴、宁强
陇东南（6）	西和、礼县、两当、康县、宕昌、文县

（四）六盘山及陇中南地区

六盘山及陇中南地区主要包括宁南地区、陇东地区、陇中和陇南地区的集中连片贫困地区，共计45个县级行政单元。这一区域是国家主体功能区规划中的甘南黄河重要水源补给生态功能区，还包括了我国扶贫开发最早的"三西"地区。这一区域主要包括六盘山区及陇中南山区，绝大部分为山地丘陵区，尽管我国对此区域进行了长期的扶贫开发，取得了一定的成效，但是由于此区域生产生活条件比较恶劣，扶贫开发的任务十分艰巨，目前仍然是集中连片贫困分布地区，而且面积较大，扶贫任务仍然十分艰巨，仍然是我国今后扶贫攻坚的重点和难点地区（见表6-7）。

表6-7　　　　　　六盘山及陇中南集中连片贫困地区分布情况

省	县（45）
宁南地区（6）	同心、海原、西吉、彭阳、隆德、泾源

续表

省	县（45）
陇东地区（13）	泾川、灵台、庄浪、静宁、环县、合水、正宁、宁县、镇原、张家川、清水、秦安、甘谷
陇中（19）	古浪、天祝、皋兰、榆中、会宁、通渭、陇西、渭源、临洮、漳县、岷县、临夏、康乐、永靖、广河、武山、东乡、和政、积石山
陇南（7）	合作、临潭、卓尼、舟曲、迭部、碌曲、夏河

（五）横断山区

横断山区主要包括川西和滇西的主要贫困连片地区，共计62个县级单元。这一区域山高坡陡，水流湍急，森林覆盖率较高，是我国主体功能区规划中川滇森林生态及生物多样性的功能区。这一区域还是我国少数民族比较集中的区域，分布有藏族、傣族、景颇族、白族、普米族、彝族、傈僳族、独龙族、怒族等多个少数民族。这一区域长期以来是我国扶贫开发的重点区域，也是今后我国扶贫开发攻坚的重点区域和难点区域（见表6-8）。

表6-8 横断山区集中连片贫困地区分布情况

省	县（62）
川西（26）	石渠、德格、色达、阿坝、壤塘、甘孜、炉霍、金川、白玉、新龙、道孚、丹巴、小金、巴塘、理塘、雅江、泸定、乡城、稻城、得荣、木里、若尔盖、松潘、黑水、茂县、理县、
滇西（36）	贡山、维西、宁蒗、玉龙、永胜、兰坪、剑川、鹤庆、洱源、漾濞、云龙、泸水、永平、巍山、南涧、景东、云县、凤庆、昌宁、施甸、龙陵、梁河、盈江、陇川、永德、镇康、耿马、双江、沧源、西蒙、澜沧、孟连、江城、普洱、墨江、镇沅

（六）武陵山区

武陵山区主要包括渝东南、黔东、鄂西南和湘西的集中连片贫困地区，共计42个县级行政单元。武陵山区是我国长江中上游地区重要的水源涵养地和生物多样性保护区。区内高山峻岭多，森林覆盖率高，生态环境好。武陵山区特殊的地理位置和复杂的自然条件造就了多种类型的生态系统和丰富的物种多样性，陡峻的山地和复杂多变的自然环境，使之成为第四纪冰川时期生物的优良避难地，现存的珍稀、濒危和特有物种极其丰富。武陵山区已被世界自然基金会列为中国 17 个生物多样性关键区域之一，也是全球 200 个生物多样性关键区域之一。该区域是我国少数民族分布比较集中的区域，区内分布有苗族、布依族、侗族、瑶族等多个少数民族。该区域长期以来是我国扶贫开发的重点区域，也是今后我国扶贫开发攻坚的重点区域和难点区域（见表 6 – 9）。

表 6 – 9　　　　　　　　武陵山区集中连片贫困地区分布情况

省	县（42）
渝东南（1）	酉阳
黔东（11）	道真、正安、务川、沿河、德江、印江、思南、松桃、石阡、江口、万山
鄂西南（9）	巴东、建始、利川、恩施、咸丰、宣恩、来凤、鹤峰、五峰
湘西（21）	桑植、龙山、永顺、保靖、古丈、沅陵、泸溪、凤凰、辰溪、麻阳、芷江、新晃、会同、通道、城步、新宁、邵阳、隆回、新邵、新化、安化

（七）吕梁山区

吕梁山区主要包括晋西和陕东的集中连片贫困地区，共计 18 个县级行政单元。吕梁山区在我国主体功能区规划中也是我国黄土高原丘陵沟壑水土流失防治区。这一区域在历史上就是我国扶贫开发的重点区域，经过长期的扶贫开发，目前已经取得了比较大的成效，除了核心区外，其他大部分的县已经摆脱或初步摆脱了贫困（见表 6 – 10）。

表 6 – 10　　　　　　　　吕梁山区集中连片贫困地区分布情况

省	县（18）
晋西（18）	神池、五寨、奇岚、静乐、兴县、临县、方山、娄烦、石楼、永和、隰县、汾西、大宁、吉县、绛县、垣曲、夏县、平陆

（八）太行山区

太行山区主要包括晋东和冀西的集中连片贫困地区，共计 19 个县。

太行山区也是目前有的研究中所称的环京津贫困带中的部分区域。这一区域整体生态环境较好，承担着京津地区重要生态屏障功能，部分森林边缘区存在水土流失和沙漠化治理的任务。长期以来，该区域是我国扶贫开发的重点区域，经过长期的扶贫，该区域的扶贫开发成效明显，除了核心贫困区仍然呈现集中连片分布之外，周边大部分县都已经摆脱或初步摆脱贫困（见表6－11）。

表6－11　　　　　　　　太行山区集中连片贫困地区分布情况

省	县（19）
晋东（10）	天镇、阳高、广灵、浑源、灵丘、繁峙、玉台、沁县、平顺、壶关
冀西（9）	围场、沽源、康保、张北、尚义、阜平、曲阳、唐县、顺平

（九）大小兴安岭南麓

大小兴安岭南麓地区主要包括蒙东和黑龙江的相对集中连片区域，共计18个县级行政单元。此区域的部分地区属于国家主体功能区规划中的大小兴安岭森林生态功能区和东北三江平原湿地生态功能区。此区域大部分处于大小兴安岭的南麓，大部分属于林区到农区的过渡带，生态环境较好。长期以来，这一区域也是国家扶贫工作的重点区域，经过长期的扶贫开发，此区域的扶贫成效比较明显，有不少原来集中连片的贫困地区目前已经呈现出离散化的趋势（见表6－12）。

表6－12　　　　　　　大小兴安岭南麓集中连片贫困地区分布情况

省	县（18）
蒙东（4）	科尔沁右翼前旗、科尔沁右翼中旗、扎赉特旗、突泉县
黑龙江（14）	延寿、泰来、甘南、克东、拜泉、绥滨、饶河、桦南、桦川、孙吴、望奎、兰西、青冈、明水

（十）南疆地区

南疆地区主要包括南疆三地州的集中连片贫困地区，共计17个县级行政单元。这一区域既有山地丘陵，还缺乏水源，部分地区是我国主体功能区规划中的塔里木河荒漠生态功能区。这一区域是整个新疆地区贫困最为集中的地区，也是新疆少数民族集聚区，是将来推进扶贫工作的重点区域（见表6－13）。

表6－13 南疆集中连片贫困地区分布情况

省	县（17）
南疆（17）	乌什、柯坪、阿图什、阿克陶、阿合奇、乌恰、疏附、英吉沙、莎车、岳普湖、和田市、和田县、墨玉、皮山、洛浦、策勒、于田

（十一）罗霄山区

罗霄山区主要包括赣南的集中连片贫困地区，共计16个县级行政单元。赣南地区主要是山区，主要是南岭北麓、罗霄山、武夷山西麓等地，山地丘陵多，交通不便。这一区域还是我国革命老区分布比较集中的区域，在历史上为国家作出了巨大贡献。此区域是国家扶贫的重点区域，经过国家的长期扶贫开发，此区域的集中连片贫困地区在面积上已经呈现明显的缩小趋势，只剩下核心少数的贫困县呈现集中连片分布状态（见表6－14）。

表6－14 罗霄山区集中连片贫困地区分布情况

省	县（16）
赣南（16）	莲花、赣县、上犹、安远、宁都、于都、兴国、会昌、寻乌、石城、吉安、遂川、万安、永新、乐安、广昌

（十二）三江源地区

三江源地区是我国长江、黄河和澜沧江的源头，承担着非常重要的水源涵养和生物多样性保护的功能，此区域的集中连片贫困地区主要集中在玉树藏族自治州的6个贫困县级行政单元。由于此区域地处高原，生态环境相对比较脆弱，生产生活条件十分恶劣，畜牧超载比较严重。此区域包括的县级行政单元不是太多，人口也较少，但是面积较大，属于典型的地广人稀的区域。尽管国家对此区域进行了长期的扶贫开发，但是此区域仍然属于集中连片贫困地区，是今后国家扶贫开发攻坚的重点和难点区域（见表6－15）。

表 6 – 15   三江源地区集中连片贫困地区分布情况

省	县（14）
青南（14）	曲麻莱、治多、称多、玉树、杂多、囊谦、同仁、贵南、泽库、玛多、甘德、达日、班玛、久治

（十三）琼中地区

琼中地区主要包括五指山周边的集中连片贫困地区，共计 4 个县级行政单元。作为我国少有的陆地热带区域，此区域部分地区是国家主体功能区规划中的海南岛中部热带雨林生态功能区。此区域也是我国黎族、苗族分布比较集中的区域。长期以来，此区域也是国家扶贫开发的重点区域。但是受海南整个经济发展的影响，目前仍有 4 个县级行政单元是集中连片分布的贫困地区。随着海南旅游岛规划的实施以及国家扶贫力度的不断加大，此区域有望能够在较短的时期内摆脱贫困（见表 6 – 16）。

表 6 – 16   琼中地区集中连片贫困地区分布情况

省	县（4）
琼中（4）	白沙、琼中、五指山、保亭

三、主要贫困地区分类

我国贫困地区独特的自然地理、生态环境、历史进程、民族文化、经济区位等原因，生态脆弱地区、少数民族地区、山区、边境地区、革命老区等是贫困人口集中分布的典型区域。贫困地区在空间布局上有着显著的空间重叠特性，这主要表现为贫困地区与生态脆弱地区的高度重叠性、贫困地区与主体功能区格局下的限制和禁止开发区域的高度重叠性、贫困地区与少数民族地区的高度重叠性、贫困地区与资源富集地区的高度重叠性、贫困地区与边境地区的高度重叠性以及贫困地区与革命老区的高度重叠性。

（一）按老少边穷特殊类型贫困地区分类

长期以来，我国形成了老少边穷等特殊类型的贫困地区，为了促进老少边穷地区的发展，国家针对老少边穷地区出台了一系列专门的针对性政策。通过将本研究划定的贫困地区范围与我国传统的老少边穷特殊类型地区进行对比可以发现，本研究中提出的贫困地区范围与我国传统的老少边穷特殊类型地区具有高度的重合性，特别是与国贫县在空间分布上具有很高的重合性。

1. 老少边穷特殊类型集中连片贫困地区

通过将本研究中提出的贫困地区与我国传统的老少边穷地区进行对比发现，本研究中提出的贫困地区范围与我国传统的老少边穷范围在县域这个层面上具有很高的重合性，特别是与国家扶贫开发工作重点县具有很高的重合性。通过对比，可以发现重合度较高的有乌蒙山地区、桂黔滇毗邻地区、秦巴山区、六盘山及陇中南地区、横断山区、武陵山区、吕梁山区、太行山区、赣南地区、南疆地区、三江源地区、琼中地区，这些地区属于老少边穷类型的集中连片贫困地区。

2. 其他地区

与上述地区相比较而言，大小兴安岭南麓地区与老少边穷的重合度稍微低一些，特别是与国家扶贫开发工作重点县的重合度相对较低，大小兴安岭南麓地区则从总体上与老少边穷地区的重合度都较低。并且从贫困地区空间分布来看，大小兴安岭地区的贫困县在分布上开始呈现出离散化的状态，因此，从与老少边穷地区耦合度的角度来看，将大小兴安岭分为其他地区。

（二）按生态脆弱和生存条件情况分类

国家"十一五"规划纲要明确划定的22片限制开发区域中，就有滇、黔、桂等喀斯特石漠化防治区、川滇干热河谷生态功能区、甘南黄河重要水源补给生态功能区、四川若尔盖高原湿地生态功能区、藏西北羌塘高原荒漠生态功能区等生态脆弱与国家生态保障区域是贫困人口集中分布的地区。此类贫困地区生态环境脆弱、经济发展的资源环境承载能力不强、大规模集聚经济和人口条件不够好并关系到全国或较大区域范围的生态安全，因此，大规模的工业化和城镇化不是此类贫困地区发展的主要任务，其发展的功能定位应是保护优先、适度开发、引导超载人口逐步有序转移，逐步成为全国或区域性的重要生态平衡与生态保障区域。

1. 生态脆弱型集中连片贫困地区

通过将本研究中提出的贫困地区与我国提出的限制开发区域、山区、丘陵和平原县进行对比，可以发现本研究中提出的贫困地区与上述生态脆弱地区具有较高的重合性。根据比较结果，按照不同地区的生态重要性，本研究认为对于生态脆弱性集中连片贫困地区，今后在扶贫开发的过程中要重点推进生态移民，在条件适宜地区同时推进就地移民。在对比中可以发现，限制开发区县的数量占据50%以上的地区有秦巴山区、吕梁山区、三江源地区和琼中地区，按照国家的主体功能区规划，这些地区属于重要的生态保护区，按照本研究划分的贫困地区范围，这些地区又是集中连片贫困地区，这些地区是集生态保护与集中连片贫困的特征为一体的地区。

2. 生存条件待改善型集中连片贫困地区

除了上述地区之外，还有乌蒙山区、桂黔滇毗邻地区、六盘山及陇中南地区、横断山区、武陵山区、太行山区、大小兴安岭南麓、赣南地区、南疆地区，在这些地区中，尽管限制开发区的县数没有超过50%，但是大多也是山区、丘陵区，只有极少数的平原区，生态环境也比较重要，但是这些地区从总体来看还是有适宜集聚人口和产业的空间，可以通过不断改善当地的生产生活条件，促进人口向中心城镇集聚，推进脱贫致富，因此，此类地区可以被分类为生存条件待改善型集中连片贫困地区。

四、主要贫困地区的扶贫方式分类

从我国主要集中连片贫困地区的分布来看，主要集中在山区、林区、石山区、高寒区、水土流失区、干旱区等生产生活条件比较恶劣的地区，有不少还分布在国家主体功能区规划中的限制开发区内，对于这些地区的扶贫开发，往往要采取就地扶贫与异地扶贫相结合的方式才能收到较好的效果。对于列入国家主体功能区规划中限制开发区域、国家重要的水源涵养区、国家重要的生物多样性保护区以及其他在国家层面具有重要生态意义的区域，要以异地扶贫开发为主，逐步缓解此类区域的资源缓解承载压力，实现扶贫开发与生态保护的结合。对于生态条件较好的其他地区，以就地扶贫为主，结合毗邻地区的中心城市建设，按照"点状开发"和"内聚外迁"的模式，促进人口和产业向中心城市和主要的发展轴带集中，实现扶贫开发与城镇化和工业化相结合（见表6-17）。

表 6 - 17　　　　　　　　我国主要贫困地区及主要的扶贫方式

主要贫困地区	主要的扶贫方式
乌蒙山地区	就地扶贫与异地扶贫相结合。对石漠化分布较多的地区，如黔西，以异地扶贫为主，对石漠化较轻的其他地区，以就地扶贫为主
桂黔滇毗邻地区	就地扶贫与异地扶贫相结合。对纳入国家主体功能区限制开发区的桂黔滇等喀斯特石漠化防治区，以异地扶贫为主，对石漠化较轻的其他地区，以就地扶贫为主
秦巴山区	就地扶贫与异地扶贫相结合。对于列入国家主体功能区限制开发区的秦巴生物多样性功能区和南水北调中线工程水源地及其上游地区，以异地扶贫为主，对其他地区，以就地扶贫为主
六盘山及陇中南地区	就地扶贫与异地扶贫相结合。对于列入国家主体功能区限制开发区的甘南黄河重要水源补给生态功能区，以异地扶贫为主，对其他地区，以就地扶贫为主
横断山区	就地扶贫与异地扶贫相结合。对列入国家主体功能区限制开发区中的川滇森林生态及生物多样性的功能区，以异地扶贫为主，对其他地区，以就地扶贫为主
武陵山区	就地开发为主。结合区域中心城市和主要轴线建设，促进人口和产业向中心城市和主要轴线集中
吕梁山区	就地扶贫与异地扶贫相结合。对列入国家主体功能区限制开发区中的黄土高原丘陵沟壑水土流失防治区，以就地扶贫和异地扶贫相结合为主。
太行山区	就地开发为主。结合区域中心城市建设，促进人口和产业向中心城市集中
大小兴安岭南麓	就地扶贫与异地扶贫相结合。对列入国家主体功能区规划限制开发区的大小兴安岭森林生态功能区和东北三江平原湿地生态功能区，以异地扶贫为主，对其他地区，以就地扶贫为主
赣南地区	就地开发为主。结合区域中心城市建设，促进人口和产业向中心城市集中
三江源地区	异地扶贫为主。三江源地区是我国的高原水塔，承担着非常重要的水源涵养与生态保护的任务
琼中地区	就地扶贫与异地扶贫相结合。对列入国家主体功能区规划限制开发区中的海南岛中部热带雨林生态功能区，以异地扶贫为主，对其他地区，以就地扶贫为主

第四节　我国主要贫困地区致贫成因分析

我国贫困地区致贫成因较多，但是区位偏远、自然条件恶劣是主要原因和最根本原因。我国贫困地区大部分属于"一方水土难以致富一方人"或"一方水土难以养活一方人"地区。恶劣的自然条件、滞后的基本公共服务、敏感的生态环境等多种因素往往相互交织，使得贫困地区脱贫任务十分艰巨。

一、生产生活条件十分恶劣，自然灾害多

从我国集中连片贫困县的分布来看，目前的贫困地区大部分都分布在山区和高原区，生产生活条件十分恶劣，泥石流、滑坡、石漠化、水土流失、涝灾、旱灾、冻灾等自然灾害频发。早先处于平原地区，由于人多地少而造成集中连片贫困地区，经过国家的扶贫开发和自身的发展，自身发展的基础条件得到很大改善，青壮年中外出务工人员增多，此类区域大部分已经摆脱或初步摆脱了贫困。当前剩余的集中连片贫困地区大部分主要集中在生产和生活条件十分恶劣，自然灾害频发的地区。从本研究所列举的 11 个集中连片贫困地区的空间分布来看，这些地区几乎全部分布在山区和高原区。由于这些地区生产生活条件十分恶劣，致使对区域指向不是十分明显的工业很难到此类地区发展，而且按照我国目前的财税体制，工业往往能够给地方政府带来丰厚的财税收入，而此类地区的农业、林业、牧业则基本上既不能给当地政府带来财税收入，也很难给当地的农户、林户、牧户带来较多的收入。

二、基本公共服务滞后，自我发展能力弱

当前我国集中连片贫困地区主要集中山区、高原区的现实决定了这些区域的基础设施建设比较滞后，再加上长期以来我国基本公共服务区域之间的巨大差距，落后地区特别是贫困地区的基本公共服务发展十分滞后，教育、卫生等基本公共服务在质和量上都存在严重不足，贫困地区青壮年

缺乏必要的劳动培训，致使劳动力素质低下，只能从事简单的体力劳动或别人不愿从事的脏累差或危险性工作，自我发展能力弱。贫困地区基本公共服务特别是教育十分滞后。在集中连片贫困地区，由于交通不便，居民居住分散，教育设施十分落后，师资力量薄弱，使得贫困地区的儿童和青少年在一开始就在教育上与发达地区拉开了巨大的差距，并由此形成恶性循环。贫困家庭物质资本一般只能维持简单再生产，遇到灾害、市场风险和家庭变故时就返贫。根据作者参与的相关课题调研，极少数居住在深山区的居民，他们的住所仍然为权权房、茅草房、地坑窑洞、靠山窑洞等十分简陋的住所，几乎没有收入来源，生活十分贫困。

三、生态环境保护任务重，缺乏足够的生态补偿资金

从目前我国集中连片贫困地区的空间分布来看，集中连片贫困地区的分布与我国重要生态功能区的分布在空间呈现高度的一致性。很多集中连片贫困地区往往也是我国重要的森林生态功能区、草原湿地保护区、沙漠化治理区、石漠化治理区、生物多样性保护区、水源涵养区等各类生态功能区。此类区域由于生产生活条件恶劣，农业、林业、牧业的生产效益非常低下，在我国农业长期以来是弱势产业，仅仅依靠农业难以脱贫致富，对于这些处于山区高原区的集中连片贫困地区来说更是如此。为了加强生态环境保护，国家对于此类地区有碍于生态环境保护的经济开发活动进行了种种限制，比如开展了天然林保护工程、生态林保护工程、三北防护林工程、长防林工程、退耕还林工程、退牧还草工程等众多的生态环境保护工程，这些工程对于推进这些地区的生态环境保护起到了非常重要的作用，但是由于我国生态补偿机制不健全，各类工程对于农户、林户、牧户的补偿标准非常低，很多甚至都不能达到原来从事农业生产时的收入，而且补偿的期限也不长，使得这些地区的居民既很难依靠发展当地的农业、林业、牧业走向脱贫致富的路子，也很难依靠国家的生态补偿走向脱贫致富的路子。在国家对生态环境保护不断重视的形势下，这些地区就面临着脱贫致富和生态环境保护的双重压力。同时，根据国务院目前已经颁布了《全国主体功能区规划》，主体功能区规划中的限制开发区域和禁止开发区域与当前的集中连片贫困区域在空间上也呈现很大的一致性。这就意味着此类地区有碍生态环境保护的经济活动将会受到更为严格的控制。如何使

这些地区的居民能够在加强生态环境保护的同时，也能逐步走向脱贫致富的路子，与全国同步实现全面小康社会的伟大战略目标，成为今后扶贫攻坚的难点和重点。

四、远离经济中心，扶持力度不够

我国的集中连片贫困地区，目前基本上都远离我国的经济中心，甚至距离各自的省会城市都有较远的距离。按照当前我国的社会主义市场经济体制，除了沿海部分地区外，我国的行政中心与经济中心也呈现出高度的重合性，政府往往会选择区位条件好、发展基础好的地方作为行政中心，并且利用行政的力量将好的资源好的要素配置到行政中心，这种顺市场的调节作用进一步放大了经济发展中的"马太效应"，使得经济中心迅速膨胀，其他地区发展十分滞后。而集中连片的贫困地区，基本上都是远离经济中心的地区，不仅不能很好地接受经济中心的辐射，贫困地区的优质要素往往还会被吸引到经济中心去。从国家的扶持力度来看，我国尽管一致在政策上和宣传上对集中连片贫困地区高度重视，但是就具体的措施和实际行动来看，扶持的力度远远不够。我国的财税体制在很大程度上制约了落后地区的发展。在分税制之前，各地是"分灶吃饭"的财政，再加上国家顺市场的鼓励政策，优势地区得到迅猛发展，贫困地区面临自身发展能力弱、国家扶持政策少、财政转移少等多重压力，不仅在经济领域，而且在应该实现相对公平的社会领域与发达地区迅速拉开了巨大差距。在实行分税制之后，发达地区凭借其良好的产业基础，仍然有着丰厚的地方税收留成，贫困地区尽管得到了一定的国家转移支付，但是由于转移支付比例少，仅仅能够维持基层政权运转。目前，贫困地区基层政府工作人员的工资与发达地区同等级别的基层政府工作人员的工资相差几倍，由此可见地方财力的巨大差距。集中连片贫困地区的经济不可能与发达地区相类比，但是从公平正义的角度出发，政府基本公共服务领域在贫困地区和发达地区不应该有太大的差距，中央财政应该在这方面加大扶持力度，而目前来看，这方面的差距还很大。

第五节　我国扶贫开发思路

当前，我国正处在扶贫开发的关键时期，扶贫成效的好坏，直接关系到我国全面建成小康社会的宏伟目标。扶贫开发要瞄准关键地区和关键人群，精准发力，不断提升扶贫效果。同时要"输血"与"造血"并举，切实提高贫困地区的自我发展能力，让具备发展潜力的地区在国家扶持下加快发展，实现脱贫致富与生态保护的有机融合。

一、完善扶贫战略和政策，提高扶贫政策的针对性和有效性

新 10 年扶贫开发战略的顺利实施，对于确保我国实现全面建设小康社会的宏伟目标具有重要意义，而且经过长期的扶贫开发，比较容易脱贫的贫困人口和贫困地区大都实现了脱贫致富，剩下的贫困人口和贫困地区大都是扶贫开发的攻坚区和难点区，因此，我国新 10 年扶贫开发任务将会更加艰巨，难度也会更大。当然，随着我国农村社会保障体系的不断健全，一些极端贫困人群的基本生活保障将为农村的社会保障体系所覆盖，在这一大背景下，我国新 10 年扶贫开发的重点任务也会实现由保障贫困人口温饱问题向保障贫困人口温饱并实现贫困人口稳步致富转变，在新 10 年的扶贫开发过程中，将会形成贫困人口"基本生活靠最低保障，脱贫致富靠扶贫开发"的新机制。因此，不断完善扶贫战略和政策，提高扶贫政策的针对性和有效性，对于确保我国新 10 年扶贫战略的顺利实施具有重要意义。积极探索建立贫困人口识别机制、分类帮扶机制、动态监管机制，力争做到准确识别贫困人口，提高政策的针对性和有效性。对经过甄别的农村低保对象，力争做到应保尽保，通过救济式扶贫解决其基本生活问题；对农村具有劳动能力的扶贫对象，根据不同情况给予贷款贴息、产业扶持、转移培训等方面的扶持，通过开发式扶贫促其脱贫致富。通过救济式扶贫与开发式扶贫的有机结合，实现对贫困地区农村贫困人口既全面扶持，又做到因户施策，可大大提高扶贫政策的针对性和有效性。

二、稳步推进生态移民扶贫，注重扶贫与生态保护的结合

针对我国贫困地区与限制开发区域在空间上具有较高重合度的现实，要积极推进生态移民扶贫，实现扶贫开发与生态保护的良好衔接。生态移民是指为了保护和修复重点生态地区的生态而进行的移民，就生态移民扶

贫来说，是指将生活在重要生态功能区或自然条件十分恶劣地区不适合就地扶贫的居民搬迁出来进行扶贫的做法，这样做的目的，是为了更好实现扶贫开发与生态保护的结合，实现富一方群众与保护一方生态的双赢。目前，国务院已经颁布实施了国家主体功能区规划，对于规划中的限制开发区和禁止开发区内的贫困人口，今后要根据国家财力和贫困人口的实际情况，稳步推进生态移民扶贫，实现这些区域内人口的整体外迁。对生活在这些区域内暂时不外迁的居民来说，也要按照"点状开发"的开发模式，促进人口向生产生活条件较好的中心城镇集中，从而实现整体上的"内聚外迁"。需要推进生态移民的主要有三类：一是生活在自然条件恶劣、缺乏基本生存条件地区的贫困群众；二是生活在水源涵养林区、自然保护区等生态位置重要、生态环境脆弱地区的农牧民；三是受地质灾害威胁严重，需要避险搬迁的群众。上述区域有很多是国家主体功能区中的限制开发区或禁止开发区，是典型的一方水土很难养活一方人的地区，更难富裕一方人，因此，需要稳步推进生态移民，通过先行开展试点，以整村、整社整体搬迁为主，做到实施一个生态移民项目，解决一方人脱贫，改善一方生态环境，安置好一方群众，带动一方群众致富。

三、结合产业化扶贫，提高贫困地区的自我发展能力

产业化扶贫是增强贫困人口"造血"功能和提高自我发展能力的很好方式，也是推进贫困人口在脱贫基础上实现稳步致富的重要保障。我国要在 2020 年实现全面建设小康社会的宏伟目标，不仅要解决绝对贫困人口的贫困问题，还要保障这些人口能够稳步走向致富的道路，与全国人民一道分享我国经济社会快速发展的成果。实行产业化扶贫，还可以调动贫困人口参与脱贫致富的主动性，实现由以往被动扶贫向主动脱贫的转变，提高贫困人口的参与性、主动性和责任心。产业化扶贫，一是要积极发挥贫困地区的比较优势，积极推进贫困地区资源优势向产业优势转变。贫困地区在发展生态农业、特色农业、风俗旅游、红色旅游等方面往往具有独特的比较优势，但是由于缺乏战略投资者，资源、资本、管理和市场之间很难形成有效对接。贫困地区要结合国家的相关扶持政策，积极引进战略投资者，引进先进的管理模式，促进资源优势向产业优势的转变，培育符合国家产业导向的新的产业增长点。二是调整国家的相关财税政策，让贫困

地区在资源开发过程中能够得到更大收益。我国有不少贫困地区往往也是资源富集地区，如煤炭、石油、天然气、水电、有色金属、黑色金属矿产等，国家要调整相关财税政策，使这些贫困地区能够在资源开发过程中有更多的收益。

第七章

推进国家级开发区产业转型发展

我国国家级开发区类型多样，有国家级经济技术开发区、国家级高新技术开发区、国家级保税区、国家级边境经济合作区、国家级旅游度假区、国家级出口加工区等诸多类型，相互之间的功能定位有所不同，规模大小不一，发展差距也比较大。在我国各类国家级开发区中，国家级经济技术开发区和国家级高新技术开发区占据非常重要的位置。本章主要针对国家级经济技术开发区和国家级高新技术开发区这两种类型，重点分析这两类国家级开发区产业发展的现状特点、存在的问题、发展的思路和重点以及相应的对策。

第一节　国家级开发区产业发展的现状特点

开发区产业发展模式是否科学，不仅关系开发区本身的经济持续发展能力，同时关乎本土产业结构调整、升级以及国家经济整体竞争力的提高。经过几十年的快速发展，国家级开发区几乎都成了本地区现代制造业基地，同时也是当地高新技术产业的聚集地，成为所在城市中名副其实的经济增长极，其地均工业产值及投资密度都十几倍、几十倍于其他一般行政区。

一、开发区产业发展具有明显的"三为主"特点

国家级开发区在设立的初期就对其产业发展有了明确的方向，比如国家级经济技术开发区在产业发展方面就提出了"三为主，一致力"的产业

发展导向,即以发展工业为主,以利用外资为主,以出口创汇为主,致力于发展高新技术产业。国家级高新技术开发区(中国高新技术产业开发区)的产业发展导向则是建立和发展高新技术产业的基地,加速成果转化和科技创新创业的示范区,培养、造就高新技术企业和企业家的学校,用高新技术改造传统产业的辐射源,重点发展电子与信息技术、生物工程和新医药技术、新材料及应用技术、先进制造技术、航空航天技术、海洋工程技术、核应用技术、新能源与高效节能技术、环境保护新技术、现代农业技术、其他在传统产业改造中应用的新工艺、新技术等。

二、基本形成以制造业和高端服务业为主的产业结构

经过几十年的建设和培育,我国国家级开发区的产业已经得到长足发展,从一开始大张旗鼓地招商引资,到目前的择商选资,开发区的产业呈现不断高端化的特点,近期,开发区的高端服务业蓬勃发展,基本形成了以制造业和高端服务业为主的产业结构。我国开发区经历了经济特区→沿海开放城市→沿海经济技术开发区→沿海及内地经济技术开发区、高新技术产业开发区的发展过程,产业发展也在不断向中高端迈进。

开发区从开始设立到现在,都在大力发展先进制造业,坚持以新型工业化为导向,加快推进产业升级,力争将开发区建设成为先进制造业基地。在开发区招商引资的实践中,基本都在积极跟踪世界制造业发展的新趋势,培育新兴产业发展,促进产业升级换代,广泛运用高新技术和先进适用技术改造提升传统产业,进一步巩固传统产业的比较优势。大部分都结合国家的产业发展导向,特别是大力发展近期国家鼓励的战略性新兴产业,集中力量发展电子信息、装备制造、智能制造、精细化工、生物医药、新材料、新能源、软件等先进制造业,努力打造高新技术产业集群。

同时,遵循产业结构不断优化升级的发展规律,国家级开发区也在加快推进现代服务业发展,不断优化开发区内部的产业结构。现在,很多开发区都把积极推进服务业发展作为开发区产业结构调整的重要着力点,坚持制造业和服务业互动并进,把发展生产性服务业放在优先位置,突出发展金融服务、现代物流、科技研发、商务服务、信息咨询、"互联网+"等服务业。积极引进国际外包企业,部分具备条件的开发区大力承接软件

外包、业务流程外包，有的开发区正在积极申报国家服务外包示范区。总之，具有重大引领带动作用、知识技术密集、物质资源消耗少、成长潜力大、综合效益好的制造业和高端服务业已经成为国家级开发区产业的主体。

三、产业集群初具规模

产业集群（industrial cluster）是指集中于一定区域内特定产业的众多具有分工合作关系的不同规模等级的企业及其相关的各种机构、组织等市场行为主体，通过纵横交错的网络关系紧密联系在一起的空间集聚体，是介于一般市场交易和企业内部管理之间的一种新的空间经济组织形式。国家级开发区是我国集聚产业非常重要的空间平台，在国家级开发区内，往往都集聚了关联度很高的各类企业，有不少企业之间具有密切的生产分工联系，同时还有相应的研发机构、金融服务机构、咨询中介等相关联企业，开发区内部产业链条、产业集群、产业网络初具规模。

从产业结构和产品结构的角度看，产业集群实际上是某种产品的加工深度和产业链的延伸，在一定意义讲，是产业结构的调整和优化升级。从产业组织的角度看，产业群实际上是在一定区域内某个企业或大公司、大企业集团的纵向一体化的发展。如果将产业结构和产业组织二者结合起来看，产业集群实际上是指产业成群、围成一圈集聚发展的意思。也就是说在一定的地区内或地区间形成的某种产业链或某些产业链。产业集群的核心是在一定空间范围内产业的高集中度，这有利于降低企业的制度成本（包括生产成本、交换成本），提高规模经济效益和范围经济效益，提高产业和企业的市场竞争力。从产业集群的微观层次分析，即从单个企业或产业组织的角度分析，企业通过纵向一体化，可以用费用较低的企业内交易替代费用较高的市场交易，达到降低交易成本的目的。通过纵向一体化，可以增强企业生产和销售的稳定性。通过纵向一体化行为，可以在生产成本、原材料供应、产品销售渠道和价格等方面形成一定的竞争优势，提高其他企业进入壁垒。通过纵向一体化，可以提高企业对市场信息的灵敏度。通过纵向一体化，可以使企业联合进入高新技术产业和高利润产业等。

开发区产业集群化发展的主要目的有两个：一个是开发区在招商引资的时候可以结合自己的区域产业基础特征进行有针对性招商引资，避免全国开发区产业趋同，相互恶性竞争的局面；另外一个就是利用企业网络的外部性和自我强化的特征，提高开发区产业的竞争力，同时注意带动本土企业的网络化发展。

四、产业具有一定的研发能力和水平

在我国国家级经济技术开发区和高新技术产业园区，高新技术产业都占据较大比重，产业具有一定的研发能力和水平，尤其是在生产工艺方面表现更为突出。很多国家级开发区虽然以外资企业为主，但是十分重视引进消化吸收再创新工作。坚持引进与消化吸收再创新相结合，重在消化吸收再创新，把抓好消化吸收再创新工作作为开发区提高自主创新能力的核心内容和关键措施。鼓励企业重点抓好主导技术、关键技术、基础技术和成套技术设备的引进，加强对引进的技术、装备的技术方案、工艺流程、质量控制、检测方法、安全环保等方面的消化吸收，在此基础上进行改进、集成和提升的再创新，形成新技术、新工艺、新产品。构建富有效率的引进消化吸收再创新体系和模式，鼓励和引导企业与跨国公司建立技术战略联盟关系，参与跨国公司主导的技术研发活动，或通过合作研发设计、联合承包工程、配套协作制造等方式积极承接技术外溢，在消化吸收基础上实现再创新。

很多国家级开发区都在积极推进开发区从产业服务平台向创新发展平台转变，大力吸纳和引进有利于科技创新的资金、人才、科技成果、科研机构、先进设备和高科技项目等各类创新资源。发展较好的开发区则紧紧抓住跨国公司科技研发全球化、外资企业研发本土化的重大机遇，引进跨国公司研发机构，并通过配套协作、合作研发、购买专利等方式，积极促进国际国内创新资源集聚整合。很多开发区也在不断创新机制，鼓励政府机构、高等院校、科研院所、生产企业等在开发区内开展合作，促进产、学、研、银更加紧密结合。

国家级开发区还十分重视创新载体建设。按照业务特色化、服务标准化、管理信息化、机制市场化的要求，很多国家级开发区依托现有基础和优势产业，建设重大科技基础设施，设立研发中心、设计中心、创业中心、孵化中心、重点实验室等各类科技创新载体。不同类型的国家级开发区都在积极提高科技企业孵化器运行质量，扩大孵化器规模，提高孵化器效益。

第二节　我国开发区产业发展存在的问题

我国国家级开发区批复时间不一，发展的基础条件不同，区位条件各异，发展水平也是参差不齐。在一些发展条件较差的开发区，在产业发展方面还存在一系列问题，比如产业层次不高、技术水平不高、自主品牌缺乏、产业布局粗放、重复投资和无序竞争等。

一、产业层次不高

开发区的招商引资是头等大事，往往都作为首要的考核任务分解到不同的部门。在招商引资的时候，开发区往往不能很好地照顾到国家产业导向需求，在巨大的考核压力下，往往会对财政税收高、投资规模大但是能耗和污染排放较高的企业给予很多的优惠政策，致使部分国家级开发区的产业层次不高，产业发展比较粗放。比如在大连经济技术开发区，石油加工和化工原料及其制品业占据非常高的比重。还有，在开发区的起步阶段，由于远离主城区，发展基础并不好，在招商引资的时候，本着"捡到篮子就是菜"的思想，对产业没能进行较好的选择，一些技术含量低、占地面积大、污染排放高的企业也被引进到了园区，一些在当时看来具有一定技术含量的企业经过长期发展后目前也已经成为需要调整优化的对象。此外，在开发区的服务业中，传统服务业占据较大比重，甚至有的国家开发区里面已经布局了很多的房地产、酒店项目，政府机关也占据较大的用地空间。上述诸多因素都导致开发区产业层次不高，环境治理压力大，将来转型升级的任务很重。对于部分开发区，为了完成招商任务，花费巨大的精力发展工业，甚至第三产业比重在近几年反而出现了下降的现象。

二、技术水平不高

国家级开发区内的很多企业以外资企业为主，但是外资企业进入开发区往往是以"分厂经济"的模式进入开发区，其核心的研发设计中心往往还是依靠母公司，而不会一并入驻开发区。此外，由于开发区自身的"孤岛"效应，开发区和所在地之间的产学研结合不紧密，科研成果产业化水平低。在我国国家级开发区内部，虽然有不少技术含量高的企业，但大多没有自己的研发中心，主要是靠母公司的研发平台或者靠购买专利技术进行生产，转移到开发区的只是成熟的生产工艺。缺乏企业自身的研发平台，使得企业很难形成自身的核心竞争优势，并且在激烈的市场竞争中面临很大风险。在目前国家级开发区的新材料、新能源、生物医药等行业表现尤为明显，这些产业主要依靠母公司的研发技术，只是在开发区实现产业化，自身缺乏相应的研发平台，如果今后技术出现革新或产品市场出现变动将会面临很大风险。

三、自主品牌缺乏

国家级开发区"分厂经济"的特点决定了其贴牌生产多，自主品牌比较缺乏。从生产环节上看，国家级开发区的不少企业集中于传统制造业，如机械设备、服装纺织、交通设备等，甚至在具有较高技术含量的电子信息等产业领域，贴牌生产十分普遍，很多企业往往没有自己的品牌，也没有自主技术，只是按照"来样加工、来料加工"的模式进行生产。我国由于历史的原因，历来就缺乏商标及品牌的保护意识，从而造成了缺乏对品牌的有效保护。主要表现在两方面：一方面，缺乏对商标的保护。在国际市场上，我国许多很有市场前景的商标被国外公司抢先注册，产权落到他人之手。另一方面，与外商的合资中没有重视民族品牌的保护。跨国公司通过兼并或收购我国市场占有率高的本土品牌，将其放置高阁而培育自己的品牌占领中国市场，使我国许多有成长潜力的自主品牌被封杀。此外，由于长期计划经济体制的影响，还没有形成品牌建设的完整体制。同时政府相关部门观念没有及时转变，对企业自主品牌建设没有给予一定的关注和相关政策的扶持，没有积极地引导企业品牌建设，从而使一些企业在经济发展中失去了创建品牌的良机。

四、产业布局相对粗放

很多开发区在建设的初期阶段往往并没有对产业发展进行专门规划，

或者即使有规划也往往落实不严格，而是根据开发区基础设施建设情况和招商引资情况进行滚动式开发。这样就导致了开发区产业布局粗放问题，比如在有的国家级开发区就存在食品加工区与化工区、建材区毗邻甚至混合布局，部分企业存在圈地行为，个别企业圈占大量土地后怠工建设。还有部分开发区在引进产业的初期阶段缺乏前瞻性的规划，或者规划落实不严格，致使一些高排放、高能耗的低端产业入驻园区，现在想发展高端产业，但是又面临用地制约，原有产业的退出存在困难。在中西部园区，为了在招商引资方面取得更大成效，往往在单位面积投资强度方面控制不严，设置门槛不高，存在比较明显的用地粗放问题。

五、重复投资和无序竞争依然存在

园区内部产业之间、同一城市的不同园区之间，同类产业或产品存在重复投资和过度竞争问题。在国家级经济技术开发区和国家级高新技术产业园区内，主导产业雷同度非常高。绝大多数的国家级开发区都把目前国家鼓励发展的战略性新兴产业作为自己发展的重点，比如几乎每个国家级开发区都在积极发展电子信息、生物医药、光机电一体化等产业。这造成了部分企业"寻租"行为，为了降低自己的成本，部分企业通过"一女多嫁"向开发区施加压力，各开发区为了争夺项目互相压低土地价格的案例屡见不鲜。开发区之间的无序竞争给地方造成了不必要的内耗，致使国家资源低效利用和浪费。因此，在开发区的产业导向上国家要加强统筹管理和规划，完善对招商引资的评价标准和评价方法。

第三节　我国开发区产业发展的思路和重点

产业发展是我国国家级开发区建设的核心内容，要针对我国国家级开发区产业发展中存在的一系列突出问题，按照"布局集中、产业集群、发展集约"的原则，不断提升开发区的产业层次，促进开发区产业与属地产业之间的融合发展，把开发区产业结构调整作为当前推进结构调整和发展方式转变的重要切入点，促进我国国家级开发区产业更好更快发展。

一、加快提升产业层次，不断优化产业结构

要按照国家产业发展导向，不断提升国家级开发区内产业的结构层次，强力推进开发区产业发展由外延式扩张向内涵式提升转型，投资驱动向投资和创新双轮驱动转型，以先进制造业为主向先进制造业和高端服务业共同支撑转型，以经济发展为主向经济、社会、民生、资源、环境均衡协调发展转型，形成高新技术产业、高端服务业、高层次人才、高品质人居环境联动的良好局面，最终实现从以集聚高新技术产业为主要内容的工业园区到以集聚创新要素为主的综合功能区的战略性跨越。

提升国家级开发区的产业结构层次，首先，要在增量上提升。要加强国家级开发区的产业发展规划，严格按照国家的产业发展导向，结合开发区的自身特点，拟定产业发展导向目录，设定必要的产业进入门槛，加强对投资强度、能耗标准、污染控制标准的监管，对于不符合国家产业发展导向的企业，在择商选资的阶段就要将其排除在外面，确保开发区新增企业都是符合国家产业导向要求的高起点企业。尤其是要结合国家发展战略性新兴产业的要求，结合自身优势，拟定出符合自身特点、能够发挥比较优势的产业发展目录导向，采取综合措施积极引导扶持。

其次，要推进利用先进技术对已经入园的传统企业的改造力度，通过改造升级，提升开发区的产业层次，做好存量优化。大力发展信息技术，把信息技术融入到研发设计、生产、流通、管理、人力资源开发各环节，是利用信息化促进工业结构升级的重点。一是工业产品研发设计的信息化。加快推广应用计算机辅助设计、个性化定制等技术，将电子信息技术嵌入工业产品，促进产品的更新换代。二是工业生产过程自动化。在工业行业中推广应用电子信息技术，改进生产方式，提高效率，降低成本。三是企业和行业管理信息化。推广应用企业资源计划、业务流程管理等信息系统，强化生产经营各环节的管理，促进企业资源优化和产业链的合理化。四是产品流通和市场的信息化。推广供应链管理，加强产品市场营销的信息化建设，建立完善工业现代流通体系。在这一过程中，将实现产业的信息化和高附加值化。

最后，对于已经入园进区的部分高能耗、高排放、占地广的企业，如果改造升级难度很大，而且对周边企业影响又非常大，就要采取综合措

施，完善已经入园进区企业的退出机制，实施"腾笼换鸟"。在"腾笼换鸟"的过程中，要在新址选择、设备沉淀成本补助、就业员工安置等诸多方面给予帮助和扶持，为企业的退出提供便利。

二、提升自主创新能力，加强自主品牌建设

国家级经济技术开发区特别是国家级高新技术产业园区，要不断提升自主创新能力，加强自主品牌建设，通过大力发展高新技术产业、战略性新兴产业和高端服务业，提高产业和园区的竞争力。在开发区产业发展过程中，必须不断提升企业的自主创新能力，突出开发区内大企业（领军企业）在推进技术创新中的示范作用，强化其在整个产业链中的战略地位与关键作用，充分发挥高新技术龙头企业示范带动效应、规模经济效应、产业集聚效应、知名品牌效应，培育创新创业的活力群体和经济增长的潜力群体，为科技与经济的持续发展壮大力量，培植后劲。

以国家级开发区为依托，聚集国内外技术、人才、资金、科技成果、先进设备和高新技术项目等各类创新创业资源，加快创新创业体系建设和产业化步伐，加强与科研机构、金融机构、中介咨询等多领域合作。重点发展创新创业服务平台、生产力促进平台、公寓式科技企业孵化器，建成集高新技术企业孵化、科技信息服务、技术产权交易、科技学术交流、科技人才培训和科技风险投资等多功能为一体的国内一流的创新创业基地，使高新技术企业成为园区创新创业的主体。

通过提升自主创新能力，促进产品的高附加值化、智能化、系统化和网络化。通过电子商务和"互联网＋"技术，改进国家级开发区内企业的生产、消费、流通方式，加速企业的全球化进程，促进自主研发设计、生产、销售乃至服务一体化。将自主创新贯穿于园区内产业经营活动、产品的技术开发、设计、制造加工、市场销售、售后服务等产品全产业链。加快信息技术对传统产业的改造升级，信息技术加速传统产业的产业结构与组织结构调整，促进了不同产业的融合发展，把企业的物流、资金流、信息流进行优化，通过"互联网＋"统一协调管理，达到资源利用的高度统一，既提高了企业市场应变能力，又降低了生产成本，节约了人力，提高了工作效率。

面对国际市场的复杂形势和国内生产要素变化，国家级开发区要以加

速推进自主品牌建设为核心，加快推进产业转型升级步伐，切实增强抗风险能力和可持续发展能力。要加大研发设计投入，加强研发和设计队伍建设，大力推进原始创新和引进吸收再创新，为开发自主品牌提供科技支撑。要严格执行国际国内先进质量标准，全面加强质量管理，保持产品质量稳定，使国家级开发区内产业的产品具有高标准、高质量、高水平。要树立精品意识，大力培育和保护自主品牌，加大自主品牌营销宣传力度，扩大自主品牌国内外知名度。要进一步优化政策环境，充分发挥行业协会作用，充分利用专业展会平台，为企业自主品牌建设创造良好条件。在做好开发区内企业自主品牌创建工作的同时，也要注重开发区自身品牌的创建工作。

三、提高产业的关联度，大力打造产业集群

要充分利用国家级开发区内产业空间集聚的优势，大力打造产业集群，促进园区内产业集约化发展。统一进行产业规划，发挥开发区聚集功能和辐射作用，合理配置生产要素，推动和形成具有自身特色及优势的产业集群，延伸产业链条。要通过整合区域资源，营造有利于开发区优势产业集群成长的环境，加速产业集群的成长扩大。要以促进产业集群发展和培育优势产业集群为目标，从政策、体制、产业规划、投资结构调整、资源优化配置等多个角度提出保障开发区产业发展的对策。在坚持"三为主、两致力、一促进"的定位过程中，不仅强调结合区域优势发展主导产业，同时要注意为有一定条件的本土企业进入开发区创造条件。在土地价格、优惠政策上给予本土企业一定的支持。要构造内外互动、融合发展的产业生态系统，为开发区产业的持续发展，为本土产业的结构优化和升级作出贡献。

国家级开发区内的很多产业如加工制造业和高技术产业是产业关联性很强的产业，产业链条长，关联产业多。由于特殊的发展背景，目前，国家级开发区内的很多产业链条较短，集群化程度不高，今后应下大气力调整产业的组织结构，不断延伸产业链条，促进产业的集群化发展。以政府推动、企业主体、市场导向、中介协助为原则，以产业结构调整、优化升级与产业组织合理化为主线，努力建设具有国际、国内市场竞争力的产业集群，促进开发区产业结构战略性调整。

遵循产业发展客观规律，重视市场对资源配置的决定性作用，形成以开发区内中大型企业为集聚核心的卫星型集群结构，衍生出一系列为之服务的各种类型企业和不同产业之间的技术关联与产品配套的集群经济。发挥开发区内龙头企业的产业优势，构建起以龙头企业为核心的产业链，形成上、中、下游和其他相关产业相衔接、产供销一条龙的产业区域聚集形态，把单一产业形态变成产业集群，把点状企业连接成产业链，把产业链编织成产业"板块"。

通过培育产业链、形成产业集群和挖掘提升价值链，来提高开发区产业的整体竞争力，实现由单个企业的"节点"优势形成产业"链群"优势。首先，要积极发挥开发区内产业在空间上相对集聚的优势，发展壮大核心产业集群，促进产业链的纵向延伸，促进产业纵向分工的细化、深化和专业化。其次，随着开发区内主导产业链条的延长及其规模的扩张，还要加强主导产业与关联产业的横向联结，不断促进关联产业发展。

四、促进开发区产业与地方经济的融合发展，提升整体竞争力

要破除行政区划界限，促进开发区走出孤岛，带动周边中小企业和小微企业一块发展，使国家级开发区由嵌入性向根植性转变。在新的历史时期，要充分发挥国家级开发区的技术扩散、产业集聚、融合发展、创新驱动等方面的示范带动作用，切实肩负起提升所在地（所依托城市）自主创新能力、促进区域经济增长的重任，必须紧紧围绕国家级开发区的基本功能和定位，通过研发、孵化和高新技术产业化，加快实施"育苗"、"造林"工程。以培育科技型中小企业为重点，实施"育苗"工程，加速科技型中小企业群体发展。以发展创新集群为着力点，开展"造林"工程，推动产业集群向创新集群发展。在促进自身跨越式发展的同时，通过与所在经济的融合发展，带动区域经济结构调整和增长方式转变，实现又好又快发展。

通过促进国家级开发区与所在地企业的融合发展，可以发挥国家级开发区内外资企业多、技术能力强的外溢效应，把利用外资与带动民族工业发展结合起来，把开发区建成内外企业融合发展的重要平台。在已经规模化的国家级开发区，培育区域优势产业集群，为区域本土企业成为跨国公司供应商创造了更多的机会。促进本土企业加入跨国公司全球生产网络，

进而不断学习和升级，是保持开发区产业可持续发展能力的有效途径。通过培育区域优势产业集群，形成了集群技术学习网络，在降低学习成本的同时提高了集群知识和技术溢出的速度和密度，进而促进了本土企业技术能力和竞争能力的提高。跨国公司产品价值链的本土化延伸，同样能够降低跨国公司的生产成本，强化产品的竞争能力。这种内外结合的产业集群的竞争优势是迈克尔·波特提出的吸引高质量投资的"钻石模型"的四个因素之一，能有效地促进区域产业结构的优化升级，进而实现地方经济的腾飞。

第四节　促进开发区产业发展的对策

一、进一步完善工业化和信息化融合的政策

国家级开发区要以信息化带动工业化、以工业化促进信息化，走新型工业化道路，并且在走新型工业化道路方面发挥示范带动作用。国家级开发区要重点围绕改造提升传统产业，着力推动制造业信息技术的集成应用，着力用信息技术促进生产性服务业发展，着力提高信息产业支撑融合发展的能力，加快走新型工业化道路步伐，促进工业结构整体优化升级，发挥国家级开发区在"两化"融合方面的先导示范作用。

创新"两化"深度融合推进机制。建立和推广实施工业企业"两化"融合评估体系和行业评估规范，加快建立第三方开展企业"两化"融合评估的工作机制，引导企业开展自评估，充分运用评估结果加强对企业信息化的支持。健全企业信息化领导机构，建立职责清晰、协调有力、运转高效的企业信息化推进机制。鼓励企业监管机构建立信息化评级和考核体系，研究建立和推广企业信息化规划、项目管理规范、项目后评估方法和考核机制。建立定期沟通、协调行动的部门间协同推进工作机制，探索建立产学研用战略对话机制。

加大财政资金和金融支持力度。发挥技术改造专项资金、电子发展基金、中小企业发展资金等现有各类财政资金的引导和带动作用，整合资源，加大对信息化与工业化融合中共性技术开发、公共服务平台建设、试

点示范项目的支持。积极探索更有效的财政支持方式，加大对企业经营管理创新的引导和扶植，支持企业管理信息化建设。有条件的地方可设立信息化与工业化融合专项资金。鼓励银行创新中小企业贷款方式，支持面向中小企业的电子商务信用融资业务发展。鼓励地方政府建立信息技术应用项目融资担保机构，鼓励金融机构对中小企业信息技术应用项目给予支持。

二、细化战略性新兴产业的扶持政策

根据国务院《关于加快培育和发展战略性新兴产业的决定》，各国家级开发区要立足开发区产业基础，进一步细化和完善相关产业政策，从财税金融等方面出台一揽子政策加快培育和发展战略性新兴产业，重点培育和发展节能环保、新一代信息技术、生物、高端装备制造、新能源、新材料、新能源汽车等产业。国家级开发区要联合所在地政府，加快培育和发展战略性新兴产业，健全财税金融政策支持体系，加大扶持力度，引导和鼓励社会资金投入。

财政方面，在整合现有政策资源和资金渠道的基础上，国家级开发区可以探索设立战略性新兴产业发展专项资金，建立稳定的财政投入增长机制，增加中央财政投入，创新支持方式，着力支持重大关键技术研发、重大产业创新发展工程、重大创新成果产业化、重大应用示范工程、创新能力建设等。

税收方面，在国家级开发区全面落实现行各项促进科技投入和科技成果转化、支持高技术产业发展等方面的税收政策的基础上，结合税制改革方向和税种特征，针对战略性新兴产业的特点，研究完善鼓励创新、引导投资和消费的税收支持政策。

三、完善产业优化升级的政策

国家级开发区要把自主创新作为产业优化升级的重中之重，不断推动传统产业高技术化，高新技术产业化。建立企业科技投入激励机制，引导企业加强与科研机构在先进技术上的交流与合作，以先进技术改造提升传统产业的工艺、装备和管理水平，发挥龙头企业的带动作用，加强专业研发中心、重点实验室建设，提高开发区产业的科技研发水平。推进产、学、研一体化进程，提高企业自主创新能力。以科技创新推动高新技术产业和传统产业融合，促进产业结构优化升级实现由资源依赖向科技创新的转变。

国家级开发区还要把发展现代服务业作为产业优化升级的强力支撑。按照与新型工业化相配套、与城市化进程相同步、与城乡居民需求相适应的原则，在开发区内部加快构筑以生产型服务业为主体，以生活型服务业为补充的现代服务业体系。加大财政扶持资金投入力度，设立加快现代服务业产业培育和企业发展专项资金。

同时，对于已经填满企业的国家级开发园区，更是要完善产业升级方面的政策，加快"腾笼换鸟"进度。对于一些已经不适宜在园区继续发展的企业，制定一系列的优惠措施，尤其是在新址选择、企业沉淀成本补助、员工安置等方面给予必要扶持，帮助这些企业顺利退出开发区，为新产业的进入腾退发展空间。努力引进"环保达标好、科技含量高、资源消耗低、环境污染少、投资强度大、经济效益好"的项目，严把项目进区关。

四、加大科技创新扶持政策

加大科技创新扶持政策支持力度，是国家级开发区保持持久竞争力的关键因素。要按照国家要求，结合国家级开发区的实际，进一步落实细化自主创新体系、促进科技进步的优惠政策。在企业技术创新上，制定完善的政策，鼓励引导开发区企业与所在地以及国内外的大企业、院校合作，共同开发关键技术和配套技术，并将研发成果产业化。完善科技评价政策，加快建立开放、流动、竞争、协作的科研政策。完善对开发区引进项目、引进技术、引进资金、引进企业、引进人才的奖励政策。建立健全政策执行落实机制、信息反馈机制和督查机制，对现行有效政策的执行落实情况进行检查督促，确保政策严格执行和落实到位。

在企业科技平台建设政策方面，建议开发区为企业发展搭建科技平台，开发区管委会和所在地政府在政策上、资金上、税收上给予大力帮助与扶持，加快企业科技创新，推进企业科技进步，进一步提高开发区内企业的市场核心竞争力和综合经济实力。

第八章

我国国土功能分区管理的
理念与对策

国土功能分区管理作为空间发展规划的重要内容，是对异质化的国土实行分门别类的管理，目的在于妥善处理市场经济条件下经济发展与生态环境保护之间的矛盾，推进可持续发展战略的实施，它通过国家的宏观调控，协调了整体与局部、近期与远期、城市与乡村、经济发展与生态环境保护之间的利益冲突，是市场经济体制下一种重要的政府行为和公共干预手段。

第一节　国内外有关国土功能管理的做法

国外一般都比较重视国土规划（空间规划）工作，而且国土规划往往是制定其他相关规划的重要基础。其中，苏联的地域生产综合体规划是计划经济体制下国土规划的一种做法，日本的综合开发规划是市场经济体制下政府进行宏观调控的一种做法。

一、国外的做法

国土功能分区管理作为国土规划的重要内容之一，随着国土规划的不断深入而不断完善。国外的国土规划工作起步于 20 世纪初期，首先在苏联以及英国、德国等欧美国家兴起，随后在大多数发达国家和地区都得到很好的实践和应用。

（一）计划经济体制下的国土规划

计划经济体制下的国土规划主要是以苏联为典型代表。苏联国家计划委员会制定了改造自然计划，并在 1928 年编制"一五"计划，开始进行生产力布局。苏联的国土规划主要体现了地域生产综合体的理念，强调国家计划对各种生产资源配置的基础性作用。地域生产综合体的理念由 N. F. 亚历山大罗夫首次提出，后 H. H. 巴郎斯基和科洛索夫斯基等学者进一步丰富了地域生产综合体的理论，其核心是要根据基本生产过程的前向、后向、旁侧联系发展其他相关部门和相应的区域基础设施，从而形成地域生产综合体。按照地域生产综合体编制的规划，在计划经济体制下的确起到了促进区域发展的巨大作用，但是由于国家计划很难及时准确地反映市场供求状况，也产生了产业结构失衡、区际利益冲突等一系列问题。

（二）市场经济体制下的国土规划

在市场经济国家，市场发挥着配置资源的决定性作用，但是自由放任的市场经济也有失灵的时候，比如生产成本外部化问题、地区发展差距扩大问题、社会发展滞后等一系列问题是很难靠市场经济自身就能解决的。因此，大部分市场经济国家也十分注重发挥政府的宏观调控功能，以弥补市场缺陷。美国、德国、英国、日本等制定了不同空间尺度的国土规划（空间规划）或区域规划，以弥补市场经济的不足，其中以日本的全国综合开发规划最为典型。自 1961 年第一次全国综合开发规划制定以来，日本共制定了 6 次全国综合开发规划，这些规划在解决过密、过疏化问题，推进经济发展多元化以及缩小地区间收入差距等方面都取得了较好成效，如表 8 - 1 所示。

表 8 - 1　　　　　　日本的 6 次全国综合开发规划基本情况

次序	内阁决定时间	背景	基本目标	开发方式
一全综	1962 年	1. 经济发展进入高速增长期； 2. 城市过大化问题，收入差距的扩大； 3. 所得倍增计划（太平洋沿岸地带构想）	地区间的均衡发展	据点开发：分散工业，使开发据点与东京等既有大集聚地相连接，通过交通通信设施使之有机连接，促进连锁性开发，实现地区间的均衡发展

续表

次序	内阁决定时间	背景	基本目标	开发方式
二全综	1969 年	1. 高速经济增长； 2. 人口产业向大城市集中； 3. 信息化、国际化和技术的快速进展	创造丰富的环境	大型项目开发：通过开发新干线、高速道路等网络通道，推进大型项目开发，纠正国土利用的错误倾向，解决过密化、过疏化以及地区差距问题
三全综	1977 年	1. 稳定的经济增长； 2. 人口产业出现向地方分散的迹象； 3. 国土资源、能源等短缺	人类居住综合环境的整备	定居构想：在抑制人口和产业向大城市集中的同时，振兴地方，应对过密、过疏化问题，在努力谋求全国国土均衡利用的同时营造适合人类居住的综合环境
四全综	1987 年	1. 人口及各种功能向东京集中； 2. 由于产业构造的急剧变化等而引起的地方就业问题恶化； 3. 真正意义上的国际化的进展	多极分散型国土的构建	交流网络构想：为了构建多极分散型国土，在充分发挥地区特色的同时，努力推进地方发展；在国家指导方针的指引下，在全国推进骨干交通、信息通信体系建设；通过国家、地方、民间团体的多方合作形成多样的交流机会
五全综	1998 年	1. 地球时代（地球环境问题，大竞争，与亚洲各国的交流）； 2. 少子老龄化时代； 3. 高度信息化时代	多极型国土结构形成的基础建设	参与和协作：通过多样主体的参加和地区联合促进发展，包括创建不同居住区域、改造大城市、构建地区协作轴和广域国际交流圈
六全综	2008 年	1. 国土开发基本完成； 2. 经济萧条和少子老龄化日益严峻	优化地区间的资源配置，实现均衡发展	将更大的区域单元作为国土战略的主体，探索"广域区自立发展模式"

资料来源：根据日本国土交通省有关资料整理。

（三）国外国土规划内容的演变

19 世纪初期，国土规划的中心内容是城市，目的是为了促进人口和产业向重点城市集聚，国土功能主要划分为城市和乡村，并且城市成为国土规划的核心内容。第二次世界大战之后大部分国家步入经济高速增长期,为了应对战后城市重建、地区差距扩大、大城市地带人口过密、国土利用失衡等一系列问题,针对国土功能中出现的问题,划分出了经济过度膨胀和经济十分落后的问题地区,其主要目的侧重于缩小区域发展差距,这些理念在日本、德国等国家的国土规划中得到明显体现。20 世纪 90 年代以来,为了缓解经济发展与生态环境保护之间的矛盾,德国、英国、法国、荷兰、日本等发达国家相继对国土规划的制度体系进行了改革或调整,开始侧重从经济社会与生态环境协调发展的角度进行国土功能分区管理,以更好地体现可持续发展的理念。国外国土规划功能分区是针对当时面临的主要问题而进行的,实行国土功能分区管理,其主要目的就是要妥善解决这些问题。

二、国内的做法

我国的国土规划和区域规划主要是在学习国外经验的基础上发展的,其中新中国成立初期主要是学习苏联的经验,改革开放以后主要是学习日本以及欧美等发达国家的经验。半个多世纪以来,随着我国不同发展时期国民经济和社会发展提出的重大任务,国土开发与区域发展研究的方向和具体领域也不断变化,如图 8 - 1 所示。

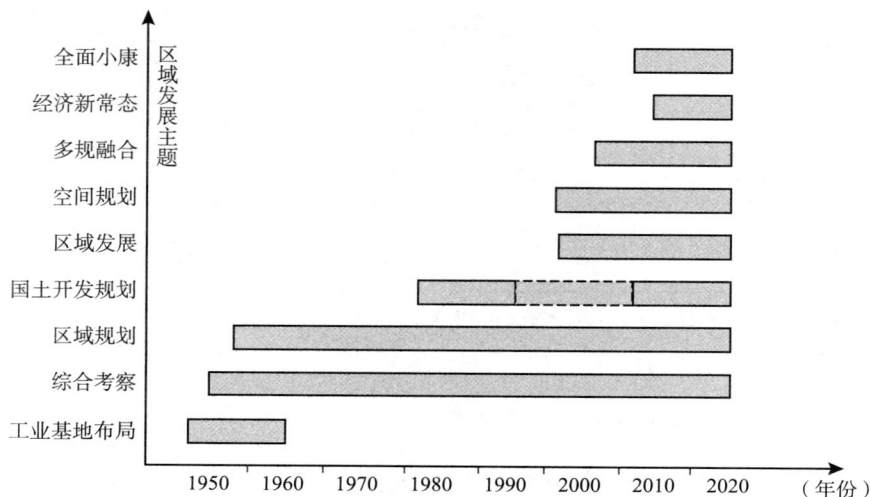

图 8 - 1 我国区域发展研究主题演变

（一）学习苏联经验的阶段

新中国成立后的一段时期内，我国主要是学习苏联的经验，当时虽然还没有国土规划的概念，但是当时编制国民经济和社会发展五年计划的内容涵盖了国土规划的不少内容。新中国成立以后，我国的国家建设是在"一穷二白"的基础上进行的，国家的主要任务是发展生产力，当时与国土有关的工作主要是大规模综合考察和工业基地布局，其中"156 项"和"三线"是当时的重点。20 世纪 50～60 年代初，国土开发的任务是矿产资源开发及工业建设布局，以苏联援建的"156 项"为中心，在中国内地进行生产力布局。60 年代中期到 70 年代初期，国土开发的任务主要是以"三线"建设为中心的工业布局。同时，农业区划及其研究工作开始进行。

（二）学习日本国土规划经验的阶段

1978 年改革开放后，中央领导人出访西欧考察时，发现西欧国家特别重视国土整治工作。1981 年由中共中央书记处做出了关于"搞好我国的国土整治"的决定，引起当时国家建委领导的高度重视，并举办了由各省市建委领导和有关部门领导参加的国土整治研究班，拉开了我国国土规划的序幕。20 世纪 90 年代以后，随着区域协调发展战略的实施，减少区域差距，协调区域发展成为大家关心的重点。当时认为搞好国土规划，就是要对国土空间的开发、利用、治理和保护加强综合协调和规划管理，要把经济发展与人口、资源、环境在地域空间的综合协调作为国土规划的中心任务。1985～1987 年，参照日本的经验，我国编制了《全国国土总体规划纲要》。此次的国土总体规划，是一个以摸清资源家底和加快发展为主要内容的规划，体现了按照全国一盘棋进行国土功能管理的理念。但是《全国国土总体规划纲要》未经国务院审批，只是以原国家计委内部文件形式下发参照执行，其中有关的国土功能管理理念没有发挥其作为其他相关规划制定依据的作用。此后，我国的国土规划工作开始走下坡路，直至一度销声匿迹。直到 2001 年 8 月，国土资源部将深圳市和天津市作为全国首批国土规划试点城市，正式拉开了我国第二轮国土规划的序幕。经过长期试点，2013 年，国土资源部颁布了经国务院批准的《全国国土规划纲要（2011～2030 年）》，明确了未来 20 年我国国土空间开发的总体方针、基本原则和战略目标。

（三）国土功能分区管理理念提出阶段

20 世纪 90 年代以后，由于国土规划工作的一度停滞，在此期间，我国的国民经济和社会发展计划（规划）或多或少地涵盖了国土规划的内容，在实际上代行了国土规划的部分职能。"十一五"规划首次提出要根据资源环境承载能力、现有开发密度和发展潜力，统筹考虑未来我国人口分布、经济布局、国土利用和城镇化格局，将国土空间划分为优化开发区域、重点开发区域、限制开发区域和禁止开发区域四类主体功能区，以规范国土空间开发秩序，形成合理的空间开发结构。这是我国首次明确提出要进行国土功能分区管理，并作为今后其他相关规划和政策制定的基本依据。2010 年，我国正式颁布了《全国主体功能区规划》，其在很大程度上行使了国土规划的功能，是我国新时期具有十分重要意义的空间规划，为今后我国国土功能分类管理提供了新理念和新思路。2016 年，"十三五"规划指出，要强化主体功能区作为国土空间开发保护基础制度的作用，加快完善主体功能区政策体系，推动各地区依据主体功能定位发展。

第二节　我国国土功能管理存在的问题

在《全国主体功能区规划》颁布实施之前，我国尚未有真正意义上的国土规划，由于在空间上缺乏作为上位规划的国土规划的约束，我国国土功能管理很不规范，不同规划在国土空间和国土功能定位上存在相互冲突的情况，严重影响了规划的权威性和可操作性。

一、国土功能管理没有发挥应有的作用

在市场经济成熟的国家，国土规划作为政府管理经济社会的必要手段，在规划体系中具有绝对的权威，并作为制定其他相关规划的重要依据。20 世纪 80 年代国土规划被引入我国，从理论上讲，国土规划作为高层次、战略性、综合性的空间规划，应该作为编制其他相关规划的依据，但是由于我国在 80 年代编制的《全国国土总体规划纲要》没有经过国务

院审批，没有在实践中发挥其应有的作用。事实上，在我国，国民经济和社会发展五年计划（规划）一直占据着主导地位，具有很高的权威性，国土规划只能成为国民经济和社会发展计划（规划）体系中的重要组成部分，而经济社会发展计划（规划）又很少从空间上对整个国土的功能进行明确定位，致使我国国土功能管理长期以来很不规范，其在实践中发挥的作用也十分有限。

二、不同规划的国土功能定位缺乏必要的衔接

目前中国的规划（计划）十分繁多，政府各职能部门大部分都有自己的规划，其中影响比较大的是国民经济和社会发展规划（发展改革部门牵头组织编制）、土地利用规划（国土资源部门牵头编制）和城市规划（城市建设部门牵头编制），在这三个规划中，都或多或少涵盖了国土功能的内容，相互之间既有区别，也有重复的部分。大多数规划都从单一任务出发，缺乏有效的衔接协调机制，较少顾及全国空间结构的长期均衡。由于缺少必要的空间（国土）规划作为上位规划，中国不同规划之间有关国土功能定位问题的冲突时有发生，产生了"依规打架"的现象，这大大降低了规划的权威性和公信力。

三、国土功能管理长期以来重发展轻保护

我国在改革开放初期开始着手编制《全国国土总体规划纲要》，当时面临的主要任务是加快发展，尽管在编制过程中也十分强调要在开发的同时加强生态保护，如对北京曾建议严格控制作为首都重要污染源的首钢等重化工业的扩建，将其转移到唐山滨海地区去发展。但主体内容仍然是以开发为主，如当时通过将全国划分为东、中、西三大经济地带，把沿海和沿长江作为一级开发轴线，把沿海的长三角、珠三角、京津唐、辽中南、山东半岛、闽东南以及长江中游的武汉周围和上游的重庆—宜昌一带均列为综合开发的重点地区，至今仍具有现实意义。在京津唐国土规划研究中提出将工业和城市的发展方向向滨海地区推进，天津市重点开发滨海新区，也是符合客观规律的。但是对于我国大多数生态敏感地区的生态保护，整个国土规划关注的还是较少，尤其是缺少实际有效的措施来加强生

态环境保护。

四、国土功能管理缺乏有效的配套政策

我国国土面积广阔，地域差异很大，很有必要结合不同地区的特点，进行分门别类的国土功能分区管理。在改革开放初期的《全国国土总体规划纲要》编制过程中，也十分强调国土规划一定要根据不同地区的地域特点进行编制，要充分发挥地区比较优势，这可以说是我国最早进行国土功能分区管理的理念。但是在我国条条管理（行业管理）和块块管理（区域管理）相互交织的管理体制下，很难按照国土功能分区进行分门别类地管理，致使国土功能分区管理缺乏有效的配套政策做支撑，更缺少相应的监管问责体系，造成规划出现了"规划规划，纸上画画，墙上挂挂"的尴尬局面。

第三节　我国国土功能分区管理的战略思路

国家新的国土开发理念改变了过去重开发轻保护、重建设轻控制的状况。在新一轮规划突出空间规划的背景下，发展规划涵盖了国土规划的部分内容，加强了国土空间开发与保护，弥补了我国国土规划长期缺位的问题。在对不同国土空间经济发展和资源环境承载力进行研究的基础上，首次提出了优化开发区域、重点开发区域、限制开发区域和禁止开发区域四类主体功能区的概念，力图通过国土功能分区管理的理念推进可持续发展。

一、国土功能分区管理的主要原则

（一）政府主导原则

国土功能分区管理就是要通过国土功能分区，制定分门别类的政策，以弥补市场经济的缺陷。在进行国土功能分区管理的过程中，政府应该发挥主导作用，从全国整体效益最高的角度，进行合理的国土功能分区。对

于优化开发区域和重点开发区域，政府要在产业准入门槛、排污标准制定等方面发挥主导作用，积极引导企业节能降耗和技术升级。对于限制开发区域和禁止开发区域，由于生态环境具有"非排他性"和"非竞争性"特征，属于典型的公共物品，政府要在生态环境保护方面发挥主导作用，如制定相应的生态补偿政策、财政转移支付政策、生态移民政策、特色产业扶持政策等，并加强对限制开发区域生态建设的监督管理。

（二）发挥比较优势的原则

国土功能分区管理，就是要遵循自然规律，根据不同地区的实际情况，坚持发挥比较优势的原则，这是国土功能分区管理的主要目的之一。比如有的地区事关全国乃至更大范围的生态安全，如果对这些地区进行经济开发，开发成本和开发收益远远不能抵偿开发后的生态修复投入，对于这类地区，搞好生态保护就是发挥其最大的比较优势。而对于某些区域优势明显、发展基础雄厚的地区，在这里开展经济活动的效率高，对于这类地区，开展高密度的经济活动就是发挥这些地区的比较优势。如果每个地区的比较优势都得到了最大发挥，那么从全国来看，也就实现了整体效益的最大化。

（三）均衡发展的原则

国土功能分区管理，要坚持均衡发展的原则。这里的均衡发展，不仅仅是传统观念上的缩小区域经济发展差距，而是要体现以人为本的均衡发展观念，重点缩小区域之间和城乡之间包括义务教育、公共卫生、社会保障等在内的基本公共服务的差距，使每个人都能够享有享受政府基本公共服务的机会。中央财政要继续加大对限制开发区域和禁止开发区域的转移支付力度，优化转移支付结构，提高一般性转移支付比重，体现国家构建主体功能区等政策的要求，改进资金分配和管理方法，有效缓解地区间人均财力差距不断扩大的趋势，促进地区间包括义务教育、公共卫生、社会保障等在内的基本公共服务水平的均等化。

（四）县级为基本政策单元原则

国土功能分区管理，要坚持县级为基本政策单元的原则。目前，为了简化财政管理层次，国家正在积极推进省以下财政体制管理方式创新。要在总结不同省份试点经验的基础上，积极推动省直管县的财政体制管理方式改革试点，大力推进乡镇财政管理体制改革试点，即乡财县管，形成"强县、弱市、虚乡"的财政发展格局。这样，县就将成为我国最基本的财政基层单元。以县级作为基本的政策单元进行国土功能分区，有利于国家各项财政政策的落实。特别是对于限制开发区域和禁止开发区域的生态环境建设来说，财政资金在初始阶段甚至相当长的时期内都将发挥主要作用，以县为基本单元，有利于落实限制开发区域和禁止开发区域的资金安排。

二、国土功能分区管理的主要思路

根据国家对主体功能区域的分类，可以初步了解我国典型主体功能区域的基本现状及其空间分布。从中可以发现，我国的优化开发区域和重点开发区域主要分布在沿海或沿江等区位条件和经济基础好的地区，限制开发区域主要分布在我国西部自然环境相对恶劣的地区。通过将这些区域划分为不同的主体功能区域，能更好地发挥它们的比较优势，从整体上获得更大的收益，如表 8 - 2 所示。

表 8 - 2 我国典型主体功能区域基本状况

类型		人口		面积	
		数量（万人）	占全国比重（%）	数量（km²）	占全国比重（%）
优化开发区域	京津冀	6981	5.34	183651	1.91
	长三角	5325	4.07	52844	0.55
	珠三角	2714	2.08	54692	0.57
	小计	15020	11.49	291187	3.03
重点开发区域	山东半岛	3939	3.01	73329	0.76
	辽东半岛	3062	2.34	96926	1.01
	中原地区	3909	2.99	57415	0.6
	江汉平原	3098	2.37	58141	0.61
	长株潭地区	3960	3.03	96909	1.01
	闽东南地区	2506	1.92	55425	0.58
	成渝地区	9690	7.41	210951	2.2
	关中地区	2463	1.88	74679	0.78
	北部湾沿岸地区	2037	1.56	72706	0.76
	小计	34664	26.51	796481	8.31

类型		人口		面积	
		数量 （万人）	占全国 比重（%）	数量 （km²）	占全国 比重（%）
限制 开发区域	森林生态功能区	8720	6.67	1445264	15.05
	草原湿地生态功能区	1069	0.82	716709	7.47
	荒漠化防治区	6107	4.67	1874778	19.53
	水土流失防治区	13986	10.7	693016	7.22
	小计	29882	22.85	4729767	49.27
禁止 开发区域	国家级自然保护区	243（个）	—	894400	9.32
	国家级森林公园	565（个）	—	110000	1.15
	国家级重点风景名胜区	187（个）	—	92700	0.97
	国家地质公园	138（个）	—	4800	0.05
	世界自然文化遗产	31（个）	—	—	—
	小计	1164（个）	—	1101900	11.48
总计		79566	60.85	6919335	72.09

注：限于禁止开发区域的人口数据资料的可得性，此表只标明了禁止开发区域的个数，在总计中不含禁止开发区域的人口数据。

资料来源：在《国家"十一五"规划纲要》基础上参考国家环保总局《全国生态功能区划（征求意见稿）》、水利部《国家级水土流失重点防治区名单》以及《中华人民共和国行政区划简册2006》等有关资料后汇总计算。

（一）优化开发区域

优化开发区域是指国土开发密度已经较高、资源环境承载能力开始减弱的区域，如京津冀、长江三角洲、珠江三角洲地区等。这些区域凭借其良好的区位条件和雄厚的产业基础，再加上国家的各项优惠政策，成为支撑我国经济发展的主要区域。但是，由于这些区域的国土开发密度很高，资源环境承载力开始减弱，引发了一系列的生态环境问题，亟须改变传统的经济增长方式。对于优化开发区域，要把提高经济增长质量和效益放到首位，加快产业结构升级，积极推行清洁生产和绿色发展模式，提高技术含量，提升参与全球分工与竞争的层次，使其继续成为带动全国经济社会发展的龙头和我国参与经济全球化的主体区域。

（二）重点开发区域

重点开发区域是指资源环境承载能力较强、集聚经济和人口条件较好的区域，如辽东半岛、山东半岛、闽东南地区、中原地区、江汉平原、长株潭地区、关中地区、成渝地区、北部湾沿岸地区等。重点开发区域发展潜力巨大，是我国今后产业和人口的主要集聚区，政府要不断完善其基础设施建设，加快改善其投资创业环境，提高区域产业配套能力，为重点开发区域承接优化开发区域和国际产业转移以及限制开发区域和禁止开发区域的人口转移创造条件，使其逐步成为未来支撑我国经济发展和人口集聚的重要空间载体，同时也要妥善处理发展与保护的关系，减少经济发展对生态环境的不利影响，避免优化开发区域发展过程中出现的一系列生态环境问题。

（三）限制开发区域

限制开发区域是指资源环境承载能力较弱、大规模集聚经济和人口条件不够好并且关系到全国或较大区域范围生态安全的区域。国家"十一五"规划纲要列举了22片典型的限制开发区域，并明确了这些限制开发区域的功能定位与发展方向。这些限制开发区域大体可以分为森林生态功能区、草原（湿地）生态功能区、荒漠化（沙漠化和石漠化）防治区和水土流失严重区四大类。这些区域，要坚持保护优先、适度开发、点状开发，因地制宜的发展资源环境可承载的特色产业，加强生态修复和环境保护，引导超载人口逐步有序转移，建立相应的生态补偿、财政转移支付、特色产业扶持政策，使其逐步成为全国或区域性的重要生态功能区。

（四）禁止开发区域

禁止开发区域是指依法设立的各类自然保护区域。国家"十一五"规划纲要中列举了五大类禁止开发区域，主要包括国家级自然保护区（243个）、世界文化自然遗产（31处）、国家重点风景名胜区（187个）、国家森林公园（565个）和国家地质公园（138个），总面积约1.1亿公顷。禁止开发区域都有明确的空间范围，也有相应的法律法规或条例规范禁止开发区域的活动。对于禁止开发区域，要依据法律法规和相关规划实行强制性保护，控制人为因素对自然生态的干扰，严禁不符合主体功能定位的开发活动，逐步成为保障全国生态安全、改善区域生态环境质量的生态功能核心区。

第四节　保障措施

一、制定分门别类的政策

为了避免以前规划"纸上画画、墙上挂挂"的尴尬局面，现行的以构建主体功能区为主要内容的国土功能分区管理，必须配套相应的支撑政策。从我国现行的政策来看，还不适应构建主体功能区的要求，迫切需要调整和完善，只有这样，才能切实推进主体功能区建设。要针对不同的主体功能区，制定相应的财政政策、投资政策、产业政策、土地政策和人口管理政策等配套政策，只有加快推进这些政策的制定和完善，才能保障我国国土功能分区管理的正常进行。"十三五"规划纲要明确提出，要根据不同主体功能区定位要求，健全差别化的财政、产业、投资、人口流动、土地、资源开发、环境保护等政策，实行分类考核的绩效评价办法。重点生态功能区实行产业准入负面清单。加大对农产品主产区和重点生态功能区的转移支付力度，建立健全区域流域横向生态补偿机制。设立统一规范的国家生态文明试验区。建立国家公园体制，整合设立一批国家公园。

二、完善绩效评价和政绩考核体制

目前，我国采取按行政区为主要空间单元与以经济指标为主要内容的绩效评价和政绩考核体制。这种绩效评价和政绩考核体制，主要关注一个行政区范围内的经济总量、财政税收、产业结构、利用外资、对外贸易等经济因素，而对行政区内的生态环境保护、资源消耗、自主创新以及行政区间的经济联系等关注不够，这就迫使一些地区开展与其自身条件不相适应的经济活动，忽视对生态环境的保护。进行国土功能分区管理，构建主体功能区，就是要改变传统的绩效评价和政绩考核体制，丰富对发展内涵的理解和认识，引导各级政府按照全国主体功能定位分别履行好发展经济、保护生态环境和提供公共服务的职责。对优化开发区域，要重点强化资源消耗、自主创新等体现经济发展质量方面的评价；对重点开发区域，要重点强化经济增长、质量效益、工业化和城镇水平等体现经济发展规模和效益方面的评价；对限制开发区域和禁止开发区域，要体现保护生态环境也是发展的观念，突出对生态环境保护等方面的评价。

三、综合采用经济、法律和必要的行政手段

要综合采用经济、法律和必要的行政手段，切实推进以主体功能区为主要内容的国土功能分区管理。对于优化开发区域和重点开发区域，主要依靠市场的力量，政府要在节能降耗、减少污染排放等方面制定相应的标准，积极引导企业走新型工业化道路。在市场经济体制条件下，限制开发区域和禁止开发区域的生态保护建设除了必要的法律和行政手段外，也需要积极发挥市场的力量，通过市场的力量来推进限制开发区域的生态保护建设。一方面，要在限制开发区域资源环境可承载的前提下，通过适度开发、点状发展，因地制宜地发展特色产业，不断改进经济增长方式，建立起资源节约型和环境友好型的社会经济体系。另一方面，对于限制开发区域，要制定严格的法律法规来保护区域生态环境，并将其纳入到当地国民经济和社会发展规划之中，通过综合运用经济、法律和必要的行政手段，实现限制开发区域人与自然的和谐发展。

四、探索动态调整和相对稳定相结合的长效机制

为保障国土功能分区管理的科学性，要根据主体功能区建设的进展，适时进行评估，探索建立动态调整机制，分阶段、有重点地明确和调整主体功能区的政策范围。其中有的重点开发区域经过一段时间的建设，可能要进入优化开发区域的行列。而限制开发区域和禁止开发区域的生态建设具有建设周期长和见效慢的特点，则要建立相对稳定的长效机制，这也是限制开发区域和禁止开发区域实现"限（禁）得住、稳得住、生态好、能致富"的重要保障，因此，要建立中央和地方财政对限制开发区域和禁止开发区域生态保护经济补助的长效机制，保持限制开发区域和禁止开发区域有关政策实施的连贯性。

第九章

实施主体功能区战略

2010 年年底，国务院印发了新中国成立以来第一部全国性空间开发规划，即《全国主体功能区规划》，2011 年年初，国家"十二五"规划纲要专门对未来五年推进主体功能区建设的任务作了具体部署，这标志着主体功能区已经从规划编制进入到规划实施的关键时期。2016 年年初，国家"十三五"规划纲要指出要强化主体功能区作为国土空间开发保护基础制度的作用，加快完善主体功能区政策体系，推动各地区依据主体功能定位发展。主体功能区战略的实施，是使我国经济社会真正走上科学发展轨道的一项带有根本性的重要举措，将对我国区域发展、生态环境保护、基本公共服务均等化等产生重要影响。

第一节　实施主体功能区战略的重要意义

我国国土空间广阔，区域之间差异很大，当前发展面临的生态保护和环境治理压力很大，尤其是在十八大提出美丽中国的概念后，强调把生态文明建设放在突出地位，并把生态文明建设融入经济建设、政治建设、文化建设、社会建设各方面和全过程，这就需要规范国土空间开发秩序，形成合理的空间结构。

一、实施主体功能区战略是对国土空间进行分类管理的重大创举

实施主体功能区战略，推进形成主体功能区，是对国土空间进行分类

管理的重大创举。我国国土空间广袤，类型多样，区域差异很大，国家对区域发展如何做到区别对待、分类指导，一直是一个难题。我国一直在探索如何针对不同国土类型进行差别化管理的方式和方法，比如对生态脆弱地区、粮食主产区、集中连片贫困地区、资源枯竭型城市、库区、林区等特殊类型地区，国家相继出台了一系列针对性的政策进行扶持帮助。但是对全国整个国土空间进行分类管理，在主体功能区规划之前，还没有先例。20世纪80年代，原国家计委、原国家建委也在国家和省等不同层面开展过国土规划，形成了很有价值的研究成果，但是当时开展的国土规划研究成果并未能上升为国家战略。主体功能区规划将我国国土空间分为以下几种主体功能区：按照开发方式，分为优化开发区域、重点开发区域、限制开发区域和禁止开发区域；按照开发内容，分为城市化地区、农产品主产区和重点生态功能区；按照层级，分为国家和省级两个层面。今后，国家将针对不同的主体功能区进行分类管理，这是我国对全国整个国土空间按照不同类型进行差别化管理的重大创举，对于提高区域调控的针对性、有效性、主动性都具有非常重要的意义。

二、实施主体功能区战略是推进区域科学发展的重大举措

对于区域发展，目前存在一些误区，不少地方将区域发展理解为区域经济发展，将区域经济发展理解为区域经济增长，将区域经济增长理解为区域GDP增长或区域财政收入增长，将区域GDP增长理解为GDP增长规模和速度，存在着不顾客观条件、不计代价单纯追求经济增长而忽视资源环境承载能力的现象。不少地方都在比拼GDP增速和GDP总量，为了提高GDP增速和增加GDP总量，不少地方不惜以牺牲生态和环境的巨大代价，大上项目，上大项目，并由此引发一系列的不良后果。尤其是对于重点生态功能保护区，在进行GDP大比拼的过程中，对当地、周边甚至更大区域范围的生态都产生了严重的不良影响。区域作为一个复杂地域综合体，在发展过程中需要解决的问题涉及经济、生态、资源、环境、社会等方方面面，而且地域差异性很大，很难采用一种模式。区域科学发展，就是要按照科学发展观的理念针对不同区域类型谋划区域发展，就是要在区域发展过程中更好地遵循经济规律、自然规律和社会规律。主体功能区提出了保护和扩大自然界提供生态产品能力的过程也是创造价值的过程，保

护生态环境、提供生态产品的活动也是发展的新理念。主体功能区的实施，将会使城市化地区、农产品主产区以及重点生态功能区都得到与其主体功能区相适应的科学发展。

三、实施主体功能区战略是国家进行区域化宏观调控的重要基础

我国区域差异非常明显，国家在进行宏观调控的时候如何能够对区域发展做到区别对待、分类指导，一直是一个难题。划分主体功能区类型，实施主体功能区战略，为政府按照不同的主体功能区域类型履行经济调节、市场监管、社会管理和公共服务等宏观调控奠定了较好的区域基础，有助于在规划层面从根本上解决我国区域调控中的"一刀切"现象。一是为我国按照区域类型制定政策奠定了基础。政策的针对性、有效性与其适用范围密切相关，如果适用的空间范围过大，就往往会因为较大空间范围内的异质性而削弱政策的针对性和有效性，难以与复杂多样的具体情况相适应。推进形成主体功能区，按照不同的主体功能区域类型制定差别化的政策，可以为各项政策提供一个统一公平的适用平台，也可以因以基本空间单元相对较小的主体功能区作为政策适用对象而大大增强区域政策的针对性、有效性和公平性。二是为我国按照区域类型进行绩效评价和政绩考核奠定基础。以往，我国的绩效评价和政绩考核区域性不强，基本上是全国参照统一的绩效评价和政绩考核模式。比如对于农业地区、重点生态功能区或生态脆弱地区，同样考核生产总值的增长速度、财政收入、招商引资、进出口等，既不公平、也不科学。按照主体功能区调整完善我国的绩效评价和政绩考核，可以大大提高其针对性和适用性。

第二节 实施主体功能区亟须树立四大理念

主体功能区规划是我国第一部空间开发规划，是战略性、基础性、约束性的规划，既是规划体制改革的一件大事，也是国土空间开发的一件大事，是国土开发空间思路、开发模式的重大转变，是国家区域调控的重大创新，对未来经济社会发展将产生重大影响。

一、树立上位空间规划的理念，理顺主体功能区规划与相关规划的关系

我国规划种类多，层次多，有综合规划、行业规划、区域规划等不同类型，并且在国家、省、地级市、县甚至乡镇村都有不同层级的规划，但是不同类型的规划往往是并行的，相互之间协调衔接难度大，不同类型的规划之间既有内容上的相互重复，也有观点上的相互不一致甚至冲突，即所谓我国规划中经常存在的"依规打架"现象。之所以出现规划中的"依规打架"现象，就是因为我国缺乏上位空间规划，致使不同类型的规划之间在协调和衔接的环节缺乏规范。"依规打架"现象的存在，不仅在很大程度上影响了规划的科学性和可操作性，而且也影响了我国规划的权威性和严肃性。主体功能区规划作为基础性、战略性、约束性规划，在很大程度上承担了上位空间规划的功能。主体功能区规划作为我国第一部国土空间开发规划，在规范空间开发秩序方面，应该成为制定其他相关规划的基础，而且对其他相关规划具有约束作用。主体功能区规划的颁布实施，有助于完善我国规划体系和从制度上解决我国相关规划的相互衔接问题，有助于解决长期以来存在的"依规打架"现象。

二、树立针对类型区制定区域政策的理念，推进主体功能区政策与相关区域政策的衔接

如何实现"区域政策产业化"和"产业政策区域化"之间的有效衔接，是困扰我国产业政策和区域政策的长期问题。特别是在我国正在积极构建并不断完善社会主义市场经济体制的大背景下，国家更加注重按照产业类型制定政策调控经济发展，在这种情况下，如何制定区域政策以及如何提高区域政策的针对性就显得格外重要。长期以来，我国是按照西部、东北、中部、东部等不同的板块类型调控区域发展和制定区域政策的，但是由于板块空间过大、内部异质性太强而往往导致区域政策面面俱到，针对性不强。主体功能区是按照不同区域类型来调控区域发展和制定区域政策，这就大大提高了区域政策的针对性和有效性。为了推进主体功能区规划的实施，针对主体功能区中提出的优化开发区、重点开发区、限制开发

区和禁止开发区四种类型，国家分别从财政、投资、土地、人口、产业、环境、民族、应对气候变化等不同领域提出了差别化的政策。这种按照不同类型从不同领域制定的差别化政策，与我国以往按照东部、西部、中部、东北等大的区域板块制定的区域政策，可以说具有很强的针对性。在实施主体功能区规划的过程中，需进一步厘清其与既有相关区域政策之间的关系，特别是在财政、投资、土地、人口、产业、环境、民族、应对气候变化等领域，以及传统的"老少边穷"、资源枯竭型城市、库区、林区等问题地区，使主体功能区政策与区域政策有效衔接。

三、树立按照区域类型调控区域发展的理念，推进主体功能区战略与区域发展总体战略的衔接

对于如何推进区域协调发展，党的十七届五中全会首次提出了要实施主体功能区战略和区域发展总体战略两大战略，这也是国家"十二五"规划中区域协调发展的两大战略。区域发展总体战略是以跨省域的区域板块为基本空间单元的发展战略，而主体功能区战略是以类型区为基本空间单元的发展战略，目前这两者是并行存在、相互补充的两大区域发展战略。区域发展总体战略是我国历史上东部沿海开放、西部开发、东北振兴、中部崛起等区域发展战略的延续，具有高度的战略性，但是也应该看到，这种跨省域的大空间区域板块由于内部异质性太强，往往导致区域政策针对性不强，而且还往往会造成位于不同板块的同类型地区之间的相互攀比，出现相同类型的区域却享受不同政策的尴尬局面，比如同样的老工业基地，可能会因为老工业基地位于东北、西部、中部或东部等不同板块而享受不同的政策。而主体功能区是按照不同的类型区制定区域政策的，按类型区制定的区域政策更具有针对性，因此，从长远来看，按照不同区域类型制定区域政策和调控区域发展是未来的方向。

四、树立促进区域科学发展的理念，促进区域生态文明和物质文明的双发展

主体功能区规划是我国在区域发展领域贯彻落实科学发展观的具体举措，在区域发展中，尊重自然和经济发展规律的理念得到很好的体现，在

限制开发区域和禁止开发区域中，首次对仅强调物质财富增长的 GDP 说不，而是兼顾生态保护和环境治理。这种区域科学发展的理念，是我国经济发展到一定阶段的必然产物，也是保持我国区域持续健康发展的必然产物。在我国很多重要的生态保护区、生态敏感区，长期以来由于过分强调 GDP 增长，对当地的生态造成了很大的破坏，引发了一系列的生态灾难。主体功能区规划将此类地区列入了限制开发区域或禁止开发区域，突出强调此类地区的生态功能，在配套政策和绩效考核上，也是突出此类地区的生态功能，提出了"保护好生态也是发展"的理念，为此类地区的持续健康发展树立了科学的理念。同时提出了不同区域之间要逐步实现政府基本公共服务的均等化的目标，生态保护地区将能通过国家的财政转移支付、生态补偿等渠道获得国家更多的财政支持，从而实现当地生态文明和物质文明的双发展。区域是一个复杂综合体，区域发展，除了要处理好区域内部问题之外，还要处理好区域之间的问题，还要进行相关的制度建设。区域科学发展，是对区域均衡发展、非均衡发展以及区域协调发展的进一步深化和升华，应当逐步上升为国家战略，指导我国未来的区域发展。

第三节　实施主体功能区战略的重点

我国已经进入实施主体功能区战略的关键时期，要紧紧围绕主体功能区在规范空间开发秩序、细化区域政策、完善政绩考核等方面的功能，促进城市化地区、农产品主产区以及重点生态功能区健康发展。

一、实现主体功能区规划上位空间规划的功能

主体功能区规划作为我国颁布实施的第一个全国性的空间规划，是一个战略性、基础性、约束性规划，是编制其他各类空间规划的基本依据，是制定区域政策的基本平台，对各类开发活动具有约束力。因此，推进主体功能区战略的实施，首先就是要发挥其作为战略性、基础性、约束性的上位空间规划功能，从规划层面彻底解决我国规划在空间领域"依规打架"的现象。考虑到我国在规划领域普遍存在专项规划和区域规划先行，综合规划或上位规划滞后的现象，要发挥主体功能区规划作为上位空间规

划的功能，亟须解决的就是加快我国国土空间规划的立法，在法律层面明确主体功能区规划的法律地位、相关的责任主体、应承担的法律责任、管理机制、责任追究等事项，为主体功能区建设提供法律保障。目前全国主体功能区规划虽经国务院颁布实施，但是还没有法律基础，其他专项规划早已有规划的法律基础，如国土规划、城乡规划等，而且已经形成较长的编制期，各类专项规划和区域规划的主体内容早已确定并通过修编不断完善，在这种局面下，如果没有法律基础，要想发挥主体功能区规划的战略性、基础性和约束性的作用，面临很多困难。要通过立法，明确凡具有空间规划内容和开发活动的规划，在编制、修编的过程中，要充分遵循主体功能区规划中相关的内容，不能出现与主体功能区规划理念不一致甚至相冲突的内容。要抓紧研究《国土空间开发法》、《主体功能区法》等法律法案，适时提交全国人大审定。通过完善立法，建立健全以国民经济和社会发展总体规划为统领，以主体功能区规划为基础，以国土规划和土地利用规划、区域规划、城市规划等专项规划为支撑，形成各类规划定位清晰、功能互补、统一衔接的国家规划体系。

二、实现主体功能区作为区域政策基本平台的功能

实施主体功能区战略的重中之重在于政策的制定与贯彻落实，构建并实施与主体功能区要求相适应的政策体系，是推进主体功能区战略实施过程中最大的难点之一。主体功能区是我国在全国国土空间层面推进按照类型区制定并实施区域政策的重大尝试，这是对我国传统的按照板块区（东北、西部、中部、东部）制定政策的进一步深化和细化。在全国主体功能区规划中，一共列出了包括财政政策、投资政策、产业政策、土地政策、农业政策、人口政策、民族政策、环境政策、应对气候变化政策在内的九大政策体系，几乎涵盖了目前我国有关区域政策的主要内容。对于上述这些政策，全国主体功能区规划中主要是明确了政策方向和基本原则，具体操作性的政策措施和办法，需要在实施中由有关部门进一步深化和细化。在实施主体功能区战略的过程中，要尽快完成我国区域政策由板块区向类型区的转变。我国已经按照板块区形成了自成体系的区域政策，并建立了相应的管理机构，而按照主体功能区提出的相关政策目前还停留在政策导向层面，还未进一步细化，不利于贯彻执行。因此，需要相关政策部门在

较短的期限内尽快细化出可执行的与主体功能区相适应的政策体系，形成我国以类型区为主，以板块区为辅的区域政策体系。我国原有的针对老少边穷、资源枯竭型城市、库区等特殊类型地区的政策，也要尽快实现与主体功能区政策的衔接与整合。

三、着力推进国土空间三大战略格局

为了实现全面建成小康社会的宏伟目标，建设富强民主文明和谐的社会主义现代化国家，实现中华民族永续发展和伟大复兴，全国主体功能区规划分别从城市区、农业区和生态区三个角度提出要着力构建我国国土空间的三大战略格局。这三大战略格局是实施主体功能区战略需要推进的重点内容。一是构建"两横三纵"为主体的城市化战略格局。建设以陆桥通道、沿长江通道为两条横轴，以沿海、京哈京广、包昆通道为三条纵轴，以国家优化开发和重点开发的城市化地区为主要支撑，以轴线上其他城市化地区为重要组成部分的城市化战略格局。二是构建"七区二十三带"为主体的农业战略格局。构建以东北平原、黄淮海平原、长江流域、汾渭平原、河套灌区、华南和甘肃新疆等农产品主产区为主体，以基本农田为基础，以其他农业地区为重要组成的农业战略格局。三是构建"两屏三带"为主体的生态安全战略格局。以青藏高原生态屏障、黄土高原—川滇生态屏障、东北森林带、北方防沙带和南方丘陵山地带以及大江大河重要水系为骨架，以其他国家重点生态功能区为重要支撑，以点状分布的国家禁止开发区域为重要组成的生态安全战略格局。这三大战略格局都是在充分参考我国已有专项规划和区域规划的基础上进一步提炼形成的，是对我国已有专项规划和区域规划的进一步概括和提升，要将这三大战略格局进一步贯彻落实到相关的专项规划和区域规划之中，推进规划内容的顺利实施。

四、建立与主体功能区相适应的绩效评价和政绩考核体系

建立与主体功能区相适应的绩效评价和政绩考核是主体功能区战略顺利实施的重要保障，也是引导各类型区科学发展的重要导向。主体功能区战略能否顺利实施，主体功能区的主要目标能否实现，关键在于能否建立健全有利于推进形成主体功能区的绩效评价和政绩考核体系。要按照主体

功能区的理念，强化对各类区域提供基本公共服务、增强可持续发展能力等方面评价基础上，按照不同类型主体功能区的定位，实行与其主体功能相适应的差别化绩效考核评价办法，并将此办法纳入各级组织部门的干部考核办法之中。对优化开发的城市化地区，强化经济结构、科技创新、资源利用、环境保护等的评价。对重点开发的城市化地区，综合评价经济增长、产业结构、质量效益、节能减排、环境保护和转移人口市民化等。对限制开发的农产品主产区和重点生态功能区，分别实行农业发展优先和生态保护优先的绩效评价，不考核地区生产总值、工业等指标。对禁止开发的重点生态功能区，全面评价自然文化资源原真性和完整性保护情况。不同类型的绩效评价结果和政绩考核结果，要成为今后调整完善相关区域政策和干部调整的重要依据，并将其作为综合评价该地区经济社会发展情况的重要依据之一。

第四节　将发展生态经济作为主体功能区战略实施的切入点

"十三五"时期是我国推动主体功能区基本形成的关键时期，根据全国主体功能区规划，我国重点生态功能区总面积约386万平方公里，占全国陆地国土面积的40.2%。重点生态功能区面临着生态保护、经济发展、民生改善等多重压力，是我国转方式、调结构的难点，这些重点生态功能区如何实现经济发展与生态保护的兼顾，关系到我国全面建成小康社会宏伟目标全局。

一、树立生态文明的发展理念

生态文明是在科学发展观指引下一种新的文明形态，生态文明作为对农业文明和工业文明的超越，代表了一种更为高级的人类文明形态，是指人类遵循人与自然和谐发展这一客观规律而取得的物质与精神成果的总和，是指人与自然和谐共生、良性循环、全面发展、持续繁荣为基本宗旨的发展理念。生态文明认为人与自然都是生态系统的组成部分，而且生态也是宝贵的资源和财富。生态文明致力于构造一个以环境资源承载力为基础、以自然规律为准则、以可持续经济社会政策为手段的环境友好型社会，这就要求在生产方式上实现资源→产品→再生资源的循环利用，在生活方式上应主动以实用节约为原则，鼓励适度消费和绿色消费，崇尚精神和文化的享受。

二、构建循环生态的产业体系

运用生态学规律来指导经济活动，按照清洁生产的方式，对资源及其废弃物实行综合利用，把经济活动组成一个"资源→产品（废弃物）→再生资源"的反馈式流程，具有能循环、高效率、少（零）排放的特点，从而达到资源节约增效和生态环境保护的目标，形成以高效生态农业为基础、环境友好型工业为重点、现代服务业为支撑的循环高效产业体系。一是要按照高效、生态、特色的原则，大力发展高效生态农业；二是要坚持走新型工业化道路，积极发展环境友好型工业，以园区为载体，大力普及循环经济和绿色生产，提升产业整体素质；三是要按照市场化、产业化、社会化的方向，重点发展生产性服务业，积极发展消费性服务业，加快构建结构合理、功能完备、特色鲜明的现代服务业体系；四是强化人才和科技支撑，加强各类专业技术人才培育，加大技术研发和产业化投入力度，为建设循环高效的产业体系提供人才和科技保障。

三、建立集约利用资源的开发模式

树立生态也是资源的理念，积极探索资源集约节约和持续利用的有效途径，完善资源开发保护的长效机制，推进土地、水、矿产和海域资源高效利用。按照生态也是资源的理念，推进生态资源产权界定工作，建立使用生态资源付费制度，推进生态补偿机制建设。同时，在保护生态的前提下，积极推进生态衍生资源以及与生态资源具有密切联系的相关资源的开发利用。在资源开采环节，要大力提高资源综合开发和回收利用率，同时要加强对资源开发地的生态修复治理，尽可能减少生态破坏；在资源加工环节，要大力提高资源利用效率，尽可能减少废物排放甚至实现零排放；在资源废弃物产生环节，要大力开展资源综合利用；在再生资源产生环节，要大力回收和循环利用各种废旧资源；在社会消费环节，要大力提倡绿色消费。

四、营造优美宜人的生态环境

随着人们生活水平的不断提高，人们对优美宜人生态环境的需求不断增加，要在发展经济的同时，保持生态系统的良性循环，为人民的生产和生活创造优美宜人的环境。优美宜人的生态环境，不仅是一个地区闪亮的名片和日益升值的财富，而且能够提升一个地区的品位和形象，为当地高品位招商引资发展高端产业、吸引人口、资金和技术等要素聚集提供良好的平台，也是体现以人为本、建设和谐社会的重要方面。一方面要积极推进生态建设，增强生态产品提供能力。加强对森林、草原、湿地、滩涂、水域等重点生态功能区的保护，维护其生态功能，强化生态安全屏障功能。另一方面，要加强环境治理。坚持预防为主、综合治理，严格执行环境保护标准，加强污染物达标排放和总量控制，切实扭转环境不断恶化的态势。加快推进规划环评工作，规范发展排污权交易、环境税征收等内容，先行在部分行业和区域进行探索试点。

五、形成规范有序的空间开发格局

要按照主体功能区的发展理念，依据不同区域的功能定位、资源环境承载能力、现有开发强度以及未来开发潜力，统筹考虑生态保护、经济布局和人口分布，优化空间开发秩序和格局，形成集约开发区、控制开发区和核心保护区合理布局的总体框架，引导城市地区、农村地区和生态地区协调发展。对于集约开发区，要按照"点状开发"的原则，着力发展生态产业和循环经济，促进产业的集中布局和集约发展。控制开发区主要包括承担水源涵养、水土保持、防风固沙和生物多样性保护的重点生态功能区，可因地制宜发展农副产品生产和加工、观光休闲农业等产业，在资源环境承载能力相对较强的特定区域，适度发展低消耗、可循环、少排放的生态工业。核心保护区主要包括有代表性的自然生态系统、珍稀濒危野生动植物物种的天然集中分布地、有特殊价值的自然遗迹所在地和文化遗址等，要严格限制各类开发建设活动，稳定生态系统结构，维持生态服务功能，构筑生态安全屏障。

六、创新综合配套的体制机制

建立健全产业发展、财政税收、资源环境、土地利用、绩效评价、监管考核等方面的综合配套体制机制，为生态经济发展提供制度上的保障。一是研究制定有利于生态经济发展的激励机制，通过政策引导和资金支持，鼓励企业推行循环经济和清洁生产，同时，对发展循环经济和清洁生产的重大关键技术实行联合攻关，并加快推广应用；二是制定落后产能和技术逐步淘汰机制，对于浪费资源、污染环境的生产和生活消费行为逐步加以约束、淘汰乃至禁止，制定各部门、领域和地区分工合作、统筹协调的工作机制，建立经济、法律和行政手段相结合、市场竞争和政府引导相结合的规范化和制度化环境；三是选择部分重点地区推进生态文明建设综合配套改革试点，选择如三江源地区、南水北调中线水源区等具有特殊生态地位的地区，开展生态文明建设综合配套改革试点，总结经验，适时推广；四是建立与发展生态经济相适应的绩效评估和政绩考核体制，建立具有示范和引导作用的奖惩标准和办法，为生态经济发展营造良好的氛围。

第五节　实施主体功能区战略的重要保障

在《全国主体功能区规划》中，一共列出了包括财政政策、投资政策、产业政策、土地政策、农业政策、人口政策、民族政策、环境政策、应对气候变化政策在内的九大政策体系，完善了绩效考核评价体系，明确了国务院有关部门和省级人民政府的职责，这是实施主体功能区规划的重要保障。

一、建立有利于推进主体功能区规划的财税体制

财税政策可以说是推进主体功能区规划最为核心的政策，省级层面的主体功能区规划公布较迟，也与国家有关主体功能区的具体政策不明确有关。主体功能区规划中提出的基本公共服务均等化目标，最为核心的也是要有一个与之相适应的财税体制。基本公共服务不同于非基本公共服务，

可以引入竞争机制，扩大购买服务，实现提供主体和提供方式的多元化。基本公共服务只能依靠公共财政，提供方也是各级政府部门，只有这样，才能保障基本公共服务的公益性、普惠性和公平性。我国在部分基本公共服务领域引入市场机制后引发了一系列的问题，这为我国今后推进基本公共服务均等化提供了深刻的教训。实施主体功能区规划，推进基本公共服务均等化，就要明确公共服务的范围和标准，按照《关于推进中央与地方财政事权和支出责任划分改革的指导意见》要求，加快完善公共财政体制，保障基本公共服务支出。通过建立与基本公共服务均等化相适应的财税体制，为主体功能区中的生态功能区和农业地区的基本公共服务建立稳定充足的资金来源渠道，才能确保基本公共服务均等化目标的实现。

二、建立有利于推进主体功能区规划的管理体制

推进实施主体功能区规划，最基本的前提是要有一个与之相适应的管理体制。长期以来，中央和地方政府的财权和事权一直不太明晰，再加上推进实施主体功能区规划还要妥善处理与推进四大板块区发展之间的关系，主体功能区的实施任务仅仅落在发展改革委相关司局，在推进过程中会面临很大的困难。要实现主体功能区规划中提出的推进基本公共服务均等化和保护生态环境的理念，需要合理划分中央与地方管理权限，健全地方政府为主、统一与分级相结合的公共服务管理体制。在厘清基本公共服务管理责任的过程中，一定要发挥地方政府的主导性作用，结合服务型政府建设，进一步明确地方政府在提供基本公共服务方面的责任，增强地方政府的服务意识，切实扭转地方政府重经济建设、轻基本公共服务以及忽视生态环境保护的观念，明确地方政府在推进基本公共服务和生态环境保护领域的责权利，理顺中央政府和地方政府之间的管理体制。

三、建立有利于推进主体功能区规划的绩效考核体制

推进实施主体功能区规划，最重要的保障是要有一个与之相适应的绩效考核体制。在管理体制和财税体制都建立后，还要建立相应的绩效考核体制，按照不同类型的主体功能定位，实时监测并考核与其主体功能相匹配的绩效进展情况，并对相关部门在推进主体功能区规划实施进程中的缺

位、越位、错位现象进行行政问责。强化主体功能区实施过程中的绩效考核和行政问责，不仅是推进主体功能区规划实施的重要保障，也是转变政府职能和提高政府公信力的重要举措。尤其是针对生态功能区和农产品主产区，相关的绩效考核体制调整一定要到位，并且要强调根据绩效考核进行相应的行政问责。在建立有关推进主体功能区规划实施绩效考核体制和建立行政问责制度的时候，要坚持公开、公正的原则，保障并畅通相关利益群体的诉求渠道，高度重视舆情民意，对于在推进主体功能区规划实施领域的不作为或乱作为行为坚决启动行政问责，确保主体功能区规划的顺利实施。

第十章

完善区域协调发展的体制机制

要促进区域协调发展，必须有相应的体制框架和机制安排。所谓区域协调发展体制，就是指为了促进区域协调发展而进行的制度安排。所谓区域协调发展机制，就是指促进区域协调发展各构成要素之间相互作用的机理及其功能。对于区域协调发展，体制机制和政策措施是相辅相成的，区域协调机制的发挥依靠相应的体制安排，区域协调发展体制的建立是为了更好地发挥区域协调机制的作用。

第一节 政府作用与市场作用对区域协调发展的影响

构建相应的体制机制是促进区域协调发展的动力和保障，而处理好市场和政府的关系，则是构建区域协调发展体制机制框架的核心。促进区域协调发展，首先要充分发挥市场配置资源的决定性作用，促进生产要素在区际间的自由流动，促进区域比较优势的充分发挥，实现生产效率的最大化和整个国民福利的最大化，这是构建区域协调发展体制机制的基本前提。即区域协调发展是以整个国民经济福利最大化为前提的，区域协调发展不能以牺牲发达地区的快速发展为代价。但同时也要看到，发挥市场的作用可以实现生产效率的最大化，但是不能实现分配领域的公平化，而完善社会保障体系，推进基本公共服务均等化，必须要发挥政府公共财政的作用，这样才能维护社会公平正义，实现区域协调发展。

一、市场作用对区域协调发展的影响

在完善的市场经济体制下，生产要素可以实现区际间的自由顺畅流动，优质生产要素会向区位条件好、投入产出高的区域集聚，从而实现生产效率的最大化和整个社会财富的最大化，由于各种生产要素的组成比例不会因为区域的不同而有很大差别，所以市场作用可以使不同区域之间生产要素总量差别很大，但是人均差别并不一定太大。根据福利经济学第一定理，在不存在外部性、公共产品提供、垄断及信息不完全这些问题的前提下，市场可以对资源实现最优配置，但是在实际中，上述前提都是现实存在的，所以市场在解决区域生态环境、基本公共服务、基础设施等问题时也有自己的不足。

（一）发挥市场作用可以提高生产效率，实现社会财富的最大化

发挥市场作用可以实现资源的最优配置，提高生产效率，从而实现整个社会财富的最大化，这是推进区域协调发展的基本前提。我国改革开放以来的快速发展，在很大程度上得益于市场的作用。促进区域协调发展，其前提是发展，只有实现又好又快发展，才能够把整个国民福利"蛋糕"做的尽可能大，每个人分到的蛋糕才有可能实现最大化。区域协调发展，绝不能以牺牲发达地区的快速发展为代价，那样就本末倒置，得不偿失了。从我国区域发展的实际来看，妨碍区域又好又快发展的很重要因素就是市场作用的发挥受到行政的或其他因素干扰，使得生产要素在区域间自由顺畅流动受到限制，资源无法合理配置，区域经济比较优势和活力发挥不出来，生产效率也很难提高。因此，在实际工作中，必须打破行政区域分割，促进全国统一市场体系的发育，这是推进区域协调发展的基本前提。

（二）完善的市场经济体制可以在一定程度上缩小区域之间的人均指标差距

有人认为，发挥市场的作用只会产生区域发展中的"马太效应"，拉大区域发展差距，不利于区域协调发展。其实这种理解是不全面的，完善的市场经济体制可以在一定程度上缩小区域之间的人均指标差别。因为在完善的市场经济体制下，生产要素可以在不同区域之间实现顺畅流动，而

从宏观的角度看，资金、劳动力、技术等之间要有一个相对稳定的比例关系才能形成生产力，而这一比例关系并不会因为区域的不同而有很大的差别。区域条件好、投入产出高的区域在集聚大量资金、技术的同时，也会集聚大量的人口，区位条件差、投入产出低的区域不仅资金、技术总量小，而且其人口数量也少。这样，尽管不同区域之间在总量上有很大差别，但人均指标的差别则不会太大。实际上，尽管国外发达国家不同区域之间的总量差别很大，但是人均经济指标却很少有超过2倍差距的。而在我国，由于要素的区域间自由流动还不顺畅，特别是劳动力，虽然可以实现区域间的自由流动，但是直到目前为止，都无法实现区域间自由顺畅的体制性流动，造成我国不同区域之间不仅总量相差很大，而且人均量也相差很大。

（三）市场可以在生产领域发挥很好作用，但是却不能妥善处理分配领域的公平性问题

发挥市场的作用可以提高生产效率，实现社会财富的最大化，即把"蛋糕"做到最大，但是，这只是区域协调发展的一个前提，促进区域协调发展除了强调生产领域的效率外，还要强调分配领域的公平性。如果只是把"蛋糕"做到最大，而只有少部分人分享"蛋糕"，其他人无论是从机会上还是结果上都无法分到大小适宜的"蛋糕"，那就与区域协调发展的目标背离了。政府部门和专家学者之所以对区域协调问题如此关注，除了在生产领域市场作用发挥不充分之外，另外一个非常重要的原因就是社会分配领域还存在诸多不公平。由于社会分配领域的诸多不公平，目前已经引发了很多的社会矛盾，影响了区域协调发展与社会和谐稳定。从政府提供的基本公共服务来看，区域之间的差别也非常大。社会保障不仅存在巨大的地区差别，而且还存在着巨大的人群差别，并且社会保障在不同地区之间流转困难。促进区域协调发展，推进基本公共服务均等化，必然要充分发挥政府公共财政为公众的作用，这样才能维护社会公平正义，缩小区域差别。

（四）市场发挥作用存在一定的前提条件

根据福利经济学第一定理，在不存在外部性、公共产品提供、垄断以及信息不完全这些问题下，市场才能对资源实现最优配置。而在现实社会

中，上述假设都是不存在的。在促进区域协调发展的过程中，上述问题则可能成为区域协调发展的障碍。比如外部性问题，在我国，生态环境存在很大的外部性，而且内部化面临诸多困难，于是河流的上游地区往往不考虑河流下游地区的用水需求，以邻为壑，大量在自己的下游地区发展污染性的产业，导致河流下游地区深受污染的危害。目前我国的大江大河和主要湖泊大都存在有水皆污的现状，"三江三湖"的治理虽然投入巨资，但总体效果并不理想。再如公共产品的提供，无论是质和量上在区域之间都存在巨大差别。我国垄断行业大多为全民所有制企业，但其所获得的超额利润有很大一部分被垄断企业自身所独享，而没能用到为全民谋福利的社会事业发展上或促进落后地区发展上。还有，由于信息的严重不对称，我国的农畜产品在不同区域之间销售时不仅面临多次重复检测，而且还在质量上屡屡出现严重问题。上述问题的解决，不能仅依靠市场的力量，而是要发挥政府的作用，弥补市场作用的不足。

二、政府作用对区域协调发展的影响

区域协调发展除了强调生产领域提高效率外，还强调分配领域实现公平，而上述两点，特别是分配领域，都需要发挥政府的作用。即使在国外市场经济非常发达的国家，也非常注重发挥政府的作用。政府作用可以弥补市场作用的不足，从公平正义的角度促进区域协调发展，既要强调发展，也要强调以人为本，能够让全体人民共享发展成果。当然，如果政府进行不当干预，出现"缺位、错位、越位"的现象，则可能对区域协调发展产生严重不利影响。

（一）政府担负着在分配领域实现相对公平的责任

就实现分配领域相对公平而言，政府有着不可推卸的维护社会公平的职责。如何将"蛋糕"做得更大，需要发挥市场的作用，如何公平地分配蛋糕，则需要发挥政府的作用，政府需要制定公平的"蛋糕"分配原则，确保每个人能够在"蛋糕"分配的机会上和结果上实现相对公平。政府基本公共服务应该实现相对均等化，政府提供的基本公共服务不能因为地域的不同或人群的不同而存在很大的质和量的差别。如社会保障要实现"广覆盖、保基本、小差别、能流转"，社会保障是政府利用国家财富为居民谋福利的一种举措，是政府让所有居民能够共享发展成果的行为，因此，社会保障一定要体现公平性，不能够因地域的不同或人群的不同而有太大差别，而且社会保障账户能够在不同地域和不同行业之间顺利流转。

（二）　政府担负着弥补市场不足的责任

政府除了担负着捍卫国家主权、提供社会服务的职能外，还有弥补市场不足、实施宏观调控的功能。这一点在国外发达的市场经济国家也得到明显体现，当他们受到经济危机或宏观经济失调时，政府都会积极动用各种措施来进行宏观调控。在促进区域协调发展领域，政府更应该发挥积极作用，弥补市场作用在促进区域协调发展领域的不足，重点协调区域之间生态建设、环境治理、基础设施建设等重大问题，这些内容大都具有外部性或公共品特性，仅靠市场的作用是不够的。

（三）　政府的不当干预可对区域协调发展产生危害

政府作为国家的行政机关，具有很大的行政权力，如果在促进区域协调发展过程中出现"越位、缺位、错位"现象，则可能会对区域协调发展产生严重的不利影响。一是政府对经济领域的干预上，一般应以间接干预为主，政府通过制定相关标准或规则，动用汇率、利率、准备金等间接的政策工具来干预经济。二是应该由中央政府或省级政府对经济进行间接干预，市县乡政府不宜对经济进行过细过多的干预，以减少政策的地域性差别。对于社会领域，政府则应发挥主导性作用，努力提高政府提供公共服务的效率和质量。而在现行的体制机制下，政府具有自己的利益需求，对经济领域的干预往往存在很多的"越位"现象，沿用计划经济体制下的手段干预经济的现象还非常多。而对社会领域的干预则又存在很多的"缺位"现象，政府在提供基本公共服务完善社会保障方面存在明显不足。比如在劳动力流动上，虽然我们希望实现劳动力在不同区域之间的自由顺畅流动，但是我国在计划经济体制下形成的限制劳动力流动的各种措施直到目前都没有得到彻底消除，使得劳动力只能实现区域间的自然流动，而体制性的流动则异常困难。再如当前因人群不同而差别非常大的社会保障，不仅缺乏公平性，而且呈现被制度化和法律化的趋势，不仅不利于促进区域协调发展，而且与构建公平的社会保障目标不一致。

（四）政府对区域协调的干预需要克服一定的成本

需要进一步指出的是，政府担负着校正"市场失灵"的职责，但并不存在一种必然的逻辑来说明政府就一定能够校正"市场失灵"，因为政府有效发挥作用的前提是要克服交易成本。事实上，在区域协调发展问题上，政府不是一个单一的主体，它涉及行政级别不同的政府主体（纵向维度）以及利益各异的同级政府及政府不同部门（横向维度），存在着不同层级和不同行政区划政府间的不同利益的冲突，这就构成了区域协调发展中政府发挥作用面临的交易成本，若不能有效克服这种交易成本，政府尤其是各级地方政府不但不能有效履行其应有职责，反而有可能成为阻碍要素自由流动及区域协调发展的政府，我国改革开放以后曾出现过的"诸侯经济"现象就是典型例证。因此，怎样协调不同层级及区划政府之间的利益，是克服阻碍政府有效发挥作用的关键，也是建立区域协调发展机制的重要内容之一。

三、发达国家在促进区域协调发展中市场与政府的作用

在国外快速发展的过程中，也都普遍面临着区域发展差距不断扩大的问题，为了加强区域管理，促进区域协调发展，国外很多国家非常注重充分发挥看不见的手——市场配置资源的决定性作用，同时，也十分注重发挥看得见的手——政府在调节区域发展方面的积极作用，综合利用经济、法律和行政力量，在区域综合开发、财政转移支付和提供资金支持等方面发挥积极作用。

（一）积极发挥市场配置资源的决定性作用

发达国家大都建立了要素能够充分自由流动的统一大市场，包括劳动力、资金、技术、信息的相互流动十分顺畅，甚至在某些经济体中，要素的跨国界流动都十分顺畅，比如欧盟地区。面对主要是因为自然禀赋差异而造成的区域差异，也倾向于通过市场手段、借助市场机制来解决。政府在经济领域所起的作用就是构建完善的市场体制，消除影响市场发育的体制性障碍，充分发挥市场的决定性作用。在促进区域协调发展时，也尽可能地采取间接的措施来促进落后地区发展。比如利用金融、货币政策促进

落后地区经济发展，利用社会福利政策帮助落后地区的低收入者，利用教育、科研和职业培训政策提高落后地区人口素质等。

（二）更好发挥政府的干预作用

在完善的市场经济体制下，政府对经济的干预也比较规范。一是政府有明确的干预目标区域。政府干预主要是针对区域问题比较集中的问题区域。具体来说，主要是落后区、过度膨胀区、萧条区等。二是明确政府干预的领域。政府干预主要是在社会事业、基础设施建设、财政转移支付、就业培训等领域，而很少对经济领域进行直接干预。三是规范政府干预的手段。干预方式从以直接的财政援助为主日益转向以创造公平竞争的外部环境为主，不至于严重损害公平的市场竞争。其中中央政府的财政转移支付是推进区域协调发展政策中最基础、最重要的手段。日本地方财政的最终收入中，来自中央的财政转移支付所占比例大体上稳定在40%左右。主要形式是中央财政向地方拨付国库补助金，以及支持欠发达地区的各项基础设施建设，此外，按一定比例分配普通交付税也是财政转移支付的一种形式。比如日本成立北海道开发管理行政主管部门，负责北海道地区的发展规划、基础设施建设、产业的空间布局、大型区域开发项目，加大中央国库对北海道地区开发建设的补助比例，促进了北海道地区经济社会的快速发展。

第二节　我国区域协调发展中存在的体制机制障碍

我国区域协调发展中存在的体制机制障碍大部分是我国由计划经济向市场经济转化过程中形成的，虽然我国目前已经建立起比较健全的市场经济体制，但是我国的区域管理模式是在传统的计划经济体制下逐步演变过来的，很多体制机制性的内容与市场经济的需求仍有差距。

一、区域协调发展中存在的体制性障碍

（一）财税体制对区域协调发展的障碍

从国外发达国家推进区域协调发展的经验来看，国家的财税体制起到

了至关重要的作用。中央政府通过一定的财政税收制度设计，能够充分发挥均衡地区间人均可支配财力的作用，从而对促进区域协调发展发挥关键性作用。但是，我国的一些财政税收制度实际上非但没有起到平衡地区差距的作用，反而加剧了区域间的不平衡，起到了逆向调节的作用。

我国早期的税收优惠政策对区域协调发展具有逆向调节作用。为了促进经济特区、沿海开发城市等重点地区的发展，改革开放以来相当长的时期内，我国的税收优惠实行的是"以区域性为主、行业性为辅"的政策。处在这些地区的内外资企业，除在所得税方面可以享受优惠税率和定期减免税外，还可在进口环节享受减免增值税优惠，在进出境货物环节享受减免关税的待遇。而且，外资企业比内资企业享有幅度更大、期限更长的税收优惠。历史地看，这些区域性税收优惠政策对打开改革开放事业新格局，吸引外资和促进对外贸易、发展高新技术产业均起到了积极的推动和示范作用。但是，从区域协调发展的角度看，这些不同区域差别对待的税收政策，造成了不同区域间的不公平竞争，进一步弱化了欠发达地区对外资等投资主体的吸引力、企业自身的积累和业务拓展能力，造成了欠发达地区对外开放的滞后性，致使其陷入"贫困陷阱"，难以走向良性循环的发展道路。而经济特区、沿海开放城市凭借优越的区位、优惠的政策迅速发展起来，使区域发展呈现明显的极化现象。直到《企业所得税法》实施，我国才实现了内资、外资企业统一并适当降低企业所得税税率，统一和规范税前扣除办法和标准，统一税收优惠政策，逐步开始建立"产业优惠为主、区域优惠为辅"的新税收优惠体系，从而一定程度地减少了过去税收优惠政策在区域发展方面的逆向调节作用。同时，由于不同区域间的经济基础条件差异，即使是一些名义上区域无差异的税收优惠政策，也会变成事实上不利于区域协调发展的税收优惠，比如外资税收优惠、乡镇企业及个体私营企业税收优惠、国有经济税收负担差异，也往往因为外资企业、乡镇企业及个体私营企业主要集中在东部地区，国有企业主要集中在中西部地区和东北地区而造成区域实际税赋的不同。

财政转移支付制度不规范。财政转移支付是中央政府支出的一个重要部分，是地方政府预算收入的重要组成部分。财政转移支付制度的主要功能包括：弥补财政纵向失衡，弥补财政横向失衡和缩小地区差距，引导地方政府行为，以满足中央政府的政策目标。因此，财政转移支付制度是均衡地方财力和促进区域间均衡发展的重要手段。但是，由于受历史等因素影响，我国现行的财政转移制度主要侧重于优先考虑纵向平衡和调控地方政府行为，体现了一定的"效率优先、兼顾公平"的原则，还没有充分发挥弥补财政横向失衡的作用。目前，我国转移支付主要包括税收返还和体制补助或上解、一般性转移支付、专项转移支付、其他转移支付。在转移支付的各种形式中，只有一般性转移支付才真正具有均等化的意义，对缩小地区间人均可支配财力差距具有直接的促进作用，但其在转移支付中所占比例偏低，没有发挥应有的作用。再加上省级以下地方政府间转移支付制度建设滞后，进一步加大了欠发达地区基层政府的财政困难，加剧了区域间社会事业及公共服务等方面的差距。

（二）户口管理体制严重影响了劳动力的自由流动

我国地区间人口与经济分布失衡，是造成区域间人均收入、居民生活水平和基本公共服务失衡的重要方面。从国际经验看，经济分布与人口分布应当基本均衡。我国区域间人口与经济分布的失衡，主要是由于劳动力自由流动还存在制度障碍。从理论上说，劳动力迁移是经济增长和产业结构升级的自然结果，同时，劳动力迁移也会对经济增长和地区差距产生影响。我国目前各种社会福利及其他相关政策大都与户口制度挂钩，目前正在逐步与居住证制度挂钩，而且社会福利在不同区域、不同人群之间有着巨大差异，不能在国家层面统筹和省际之间流转，这严重制约了劳动力的自由流动。虽然从表象上来看，人口的自然流动不存在障碍，但是体制性流动的障碍没有实质性突破。

（三）缺乏有利于推进区域协调发展的规划体制

我国规划种类和层次繁多，每级政府和不同的政府部门都有自己不同类别的规划。目前对于区域发展具有较大影响的除了土地利用、城镇体系规划以及国民经济和社会发展五年规划外，还有各类区域发展规划，以及目前国家正在积极实施的主体功能区规划，对于这些规划，除了土地利用规划和城镇体系规划具有法律基础外，其他规划大都没有法律基础。除此之外，我国的规划在制定的科学性和执行的有效性等方面还存在较多问题，在发挥协调区域发展方面的作用十分有限。主要问题包括以下几点。一是区域规划类型层次众多，缺乏有效的衔接协调。目前，我国区域层面的规划管理权分属从中央到地方的不同层级政府的不同部门，不同类型的区域规划缺少衔接，造成各种规划有的内容交叉重复，有的内容又互相矛盾，甚至出现"依法打架"或"依规打架"的现象，既影响了规划的权威性，也给规划的执行制造了很大困难。二是区域规划内容受地方利益影响较大。在我国目前政府及行政官员的政绩考核体系尚不完备的情况下，大部分地方主导的区域规划纷纷上升为国家规划，并且都重点关注能带来较大"政绩"的产业投资项目、资源开发项目、重大基础设施建设等内容，对教育、医疗卫生、文化等社会事业和公共服务、环境生态项目等事关地区长远可持续发展等方面的内容关注较少，社会领域和基本公共服务等内容恰恰是区域协调发展需要推进的重点内容。三是区域规划协调功能较弱。目前的区域规划重开发建设，轻协调均衡，对各类开发建设的空间布局协调、开发建设与国土资源保护利用、生态环境保护、区域产业分工等方面协调关注不够，因此，区域规划在实践中并没有起到有效促进区域协调发展的功能。

（四）政绩考核体制

我国在政治上高度集中，政绩考核体制会对各级政府和行政官员产生极为重要的影响，而推进区域协调发展，目前还主要依靠各级政府发挥积极推动作用。虽然我国目前在形式上扩大了广大民众、非政府机构参与区域协调发展规划的渠道，但是广大民众、非政府机构在推进区域协调发展政绩考核方面的话语权和参与权很小。在这种情况下，自上而下的政绩考核体制则会对区域协调发展产生极为重要的影响。与政治上的中央高度集中相比，我国在改革开放以后，经过财税体制改革，赋予了地方政府以较大的经济自主权。在政府职能转变不到位的情况下，这种较高的经济自主权使得地方政府具有很强的趋利性。再加上目前的政绩考核偏重经济和财政考核内容，又进一步强化了地方政府的趋利性。于是，地方政府就产生大上特上能够产生巨额 GDP 或财政收入的项目和极力保护本地市场的冲动，产生市场分割、招商引资的恶性竞争和过度的重复建设，而这与推进区域协调发展中在生产领域发挥比较优势和发挥效率的目标相冲突。另外，政绩考核体制中对事关民生的社会保障领域、生态环境领域考核的弱化或缺失，再加上广大民众参与政绩考核机会的缺失，使得政府对社会保障和生态环境形式上重视，实践上轻视，严重制约了社会保障和生态环境建设的发展，而这恰恰是推进区域协调发展中需要政府重点推进的领域。

在现实生活中，一些贫困落后地区的政府可以花费巨资修建豪华的标志性建筑，而对事关民生的社会保障事业和生态环境建设漠不关心，这就是当前政绩考核体制下的结果。政绩考核体制与推进区域协调发展目标的不一致甚至逆向，成为推进区域协调发展的很大障碍。

二、影响区域协调发展的机制性障碍

（一）市场机制不健全，地方保护和市场分割严重

自从改革开放以来，我国一直致力于市场经济体制建设，努力发挥市场在配置资源方面的决定性作用。经过长期的努力，我国目前已经初步建立起具有中国特色的社会主义市场经济体制，市场在配置资源方面的作用不断加大，市场机制也在不断完善之中。但是也应该看到，由于相应的体制改革还有待进一步深化，充分发挥市场机制的体制环境还有待进一步完善，我国的市场机制还不健全。在政府职能转变不到位、政府绩效考核及评价体系不健全和财税体制改革不到位的情况下，地方政府具有强烈的追求 GDP 增长和财政收入最大化的动力，热衷于通过直接投资项目建设或者以各种优惠条件吸引外来投资和支持本地企业发展，政府对微观经济活动的干预很深，具有较强的"企业化"行为倾向。从实践看，地方政府在投资项目和招商引资时，并没有充分考虑本区域的禀赋条件和比较优势，而是纷纷热衷于投资产值及利税较大的汽车、钢铁、水泥、化工等项目，热衷于建设各种开发区和工业园区，对于资源约束条件、环境承载能力和区域分工布局等考虑较少，导致了产业结构趋同、部分行业产能严重过剩、地区经济分割和保护主义盛行、经济社会难以协调。由于我国经济发展水平的提高，大部分传统市场已经由以前的短缺转变为过剩，地方保护的内容已由保护当地资源为主转变为以保护当地市场为主，保护手段由直截了当的硬性行政规定为主转变为隐形手段为主，保护范围从产品市场逐渐扩大到了要素市场。政府在不合理激励下的区域间过度竞争，降低了资源空间配置效率，阻碍了市场机制平衡区域发展作用的发挥，加剧了区域间经济社会发展的不协调。

（二）区域合作机制不健全

新中国成立以后，特别是改革开放以后，我国成立了层次不等数量众

多的区域合作组织，但是我国的区域合作机构大多属于非制度化的、松散型的协调协商组织形式，如市长联系会议、经济协调会等。由于缺乏相应的体制机制，地方政府的利益取向成为决定区域合作是否成功的关键。在现有条件下，地方政府还难以摆脱本区域 GDP、财政收入、吸引投资及就业等政绩指标的约束，因此，区域合作总体上还停留在表面层次，难以越过行政区划界限开展深层次的区域合作，有不少区域合作组织自生自灭了。存续下来的区域合作组织也大多停留在召开联席会议、相互参观拜访、信息互通上，大多还流于形式，区域合作机制缺乏规范化和系统化，具有一定的随意性。

（三）区际利益关系不协调

区际利益关系不协调主要体现在由于资源价格形成机制不健全、生态补偿机制不健全而造成不同区域之间在资源开采加工过程之中以及生态环境建设时存在过大的利益差距而造成的不协调。在计划经济时期，我国为了实行赶超型的经济发展战略，优先发展重化工业，制订了较低的资源型初级产品价格体系以增加资本积累，形成了"生态无价、原料低价、产品高价"的价格形成体系。这种价格形成体系直接影响了各个区域之间经济利益初次分配格局。不过，在计划经济体制下，中央政府通过再分配，大体维持了区域间利益的相对平衡。改革开放后，随着社会主义市场经济体制的不断推进，我国采取了渐进式的价格体制改革路径，逐步放开了政府对价格的控制，普通消费品的价格已经基本完全放开。但是，由于受到历史和资源性产品行业管理体制等方面的制约，资源性产品价格改革滞后，资源价格存在扭曲，使得资源开采地区的移民搬迁、土地复垦、生态治理、利益分享等都面临一系列问题，对推进区域协调发展不利。合理的资源价格除了能够反映开采成本、市场供需和稀缺程度外，还要能够将资源开采的外部成本内部化，弥补资源代内和代际补偿价值以及生态价值。我国资源产品价格形成机制存在问题主要有以下几个方面：第一，资源性产品价格市场化程度较低。我国对大部分资源性产品采取政府定价为主的方法，价格不能充分反映市场供求关系和资源稀缺程度，总体上，资源性产品价格偏低，缺乏对投资者、经营者和消费者的激励和约束作用。第二，资源性产品价格构成不完整。目前，我国对自然资源实行以生产成本为基础加上行业平均利润定价，这种生产成本并不是严格意义上的开发成本，尚未包括开发而引起的资源破坏和环境修复成本，导致了资源的无序开发和低效率使用，粗放型的经济发展方式始终难以得到转变。第三，生态补偿机制不健全。因为在我国不少重要资源开采地区，大都是国有企业代表国家进行开采，资源开采地所获收益较小，而且等资源开采完毕或濒临完毕的时候，这些企业又往往会层层下放给资源所在地进行管理，使得资源开采地面临生态治理、企业下岗工人转岗安置等一系列问题，因此需要在资源一开始开采的时候就要建立相应的资源补偿机制和替代产业发展机制。资源的开发补偿不仅仅需要弥补资源直接开发成本，还需要弥补资源代内和代际补偿价值以及生态价值。但是，目前我国的资源税费制度还不能充分补偿资源的代内和代际补偿价值以及生态价值。以矿产资源为例，国家制定的矿产资源企业的税费包括6项8种：所得税、增值税、资源税、资源补偿费、矿业权使用费用和矿业权价款。存在的问题包括：一是资源补偿费征收标准较低。以煤炭为例，只占到煤炭销售收入的1%或稍高一点，远低于西方国家体现资源所有者权益的权利金10%左右的比例。二是资源补偿费主要用于矿产资源勘查，而且多级政府共享，并没有起到资源补偿的作用。三是矿业权使用费收取标准偏低。采矿权使用费存在着有偿、无偿取得的双轨制。四是对矿业城市和当地居民的补偿较为缺乏。尽管我国的资源税属于地方税，但是资源税税率由中央决定。并且是从量计征，征收标准较低。资源补偿费中央与普通地方的分配比例为5∶5，中央与自治区为4∶6。总的来说，资源型城市和当地居民获得的资源补偿十分有限，难以实施经济转型和实现资源型城市的可持续发展。资源性产品价格形成机制不健全，资源性产品价格偏低和资源开发补偿不足，一方面导致高耗能、高污染、低效率的生产方式难以转变，经济发展方式转变"知易行难"；另一方面，由于欠发达地区要素禀赋优势是资源，现行的价格体系使欠发达地区在区际贸易中处于不利地位，无法顺利实现自身的资本积累和产业升级，不利于区域协调发展。

第三节　建立有利于促进区域协调发展的体制

建立有利于区域协调发展的体制，就是需要进一步完善我国的财政税收、人口管理、发展规划、政绩考核等制度性安排，为区域协调发展创造相应的制度环境。

一、建立有利于区域协调发展的财税体制

从推进政府基本公共服务均等化和使广大民众共享发展成果的角度看，建立有利于区域协调发展的财税体制，是推进区域协调发展的核心。推进有利于区域协调发展的财税体制，要针对当前我国制约区域协调发展的财税体制中的主要问题，重点突破，逐步推进。一是要逐步提高资源税税率，一方面通过资源税税率的调整协调资源开采地区与资源加工地区的利益分配格局，使资源开采地区能够充分分享资源开采的成果，并要预留出适当的接续产业发展扶持基金以备后用；另一方面要预留适当的生态环境修复基金，并要实现资源开采与生态保护环境治理的同步进行，避免资源枯竭后资源型企业外迁或破产后生态环境治理缺乏必要的资金来源渠道，促进资源开采地区的生态环境保护和自我发展能力。还有，要结合国家正在推进的资源枯竭型城市转型试点工作，解决资源枯竭型城市的历史遗留问题，加大对资源枯竭地区的生态环境治理、社会保障、劳动力培训的扶持力度，着力推进城市转型、产业转型、劳动力转型。二是要规范财政转移制度和预算制度，通过规范预算，特别是基于标准收支的长期预算，按照规范的因素法推进财力性转移支付，取消体制性返还和体制性上解，将其纳入到一般性财力转移支付之中，构建与公共服务相适应的公共财政体系。三是归并整合众多的专项转移支付，除了必要的专项转移支付之外，统统将其他转移支付纳入到一般性财力转移支付之中，对于保留的专项转移支付，要充分考虑落后地区的财政配套能力，适当减少或者取消地方配套比例。四是推进费改税工作，目前我国综合税赋在发展中国家已经非常高，对经济发展造成较大压力，因此要在综合税赋不增加或略有下降的前提下推进费改税工作，考虑到城市用地为全民所有的性质，而且目前大城市土地出让金收入巨大的现实，可以考虑将土地出让金纳入到国税管理，参照增值税模式由中央和地方共享或者全部划为中央独享税种，将此部分收入用于全国的社会保障支出。五是要针对国有企业建立国家利益分红机制。国有企业是国家注资的企业，有不少还是垄断性经营的企业或资源型企业，此类企业收益很高，有的甚至是暴利，但是很多收益都转化成了企业投资甚至企业内的福利，国家作为出资人没有得到相应的分红，

因此，要针对国有企业建立国家利益分红机制，建立特殊的税收机制，如征收暴利税或者梯级增值税的形式，将此类企业的大部分利润划入国库，并将此收益用于全民的社会保障支出，提高中央政府在社会保障领域的统筹能力。

二、建立有利于区域协调发展的人口管理体制

建立有利于区域协调发展的人口管理体制，并不意味着要撤销现有的户籍制度，而是要剔除依附于户籍制度上的各种城乡有别、区域各异、难以流转的各种社会保障制度，制定出能够保障居民迁徙自由的户籍管理制度。劳动力的自由顺畅流动是构建全国统一大市场的重要组成部分。目前我国人口自然流动和体制性流动间的巨大差异，在很大程度上影响了我国的区域协调发展。说是人口管理体制的改革，其实更大程度上是社会保障体制的改革。由于我国社会保障制度的地区差异、城乡差异非常巨大，基础教育资源质和量的地区分布差异巨大，优质资源主要集中在少数发达地区，于是国家通过以户籍制度为主要内容的人口管理使少部分人可以享受优质资源，而大部分人只能使用一般的或较差的社会资源，因此，不推进社会保障制度、教育制度等社会福利制度的改革，不缩小区域之间、城乡之间社会福利制度的巨大差异，人口管理体制的改革将会面临极大困难。比如现在如果完全放开人口管理，实现人口的体制性顺利流动，那么仅仅北京、广州、上海这样的大城市实现在本地长期居住的外来居民的本地化就会花费巨大的成本，更不要说可能还有更多的人口会迁到此类的大城市。因此，人口管理体制的改革也只能与其他体制改革配套逐步推进，逐步实现人口的体制性自由迁移，探索建立以固定住所和稳定收入为依据的户口申报和居住证管理制度。要按照"广覆盖、小差别、保基本、能流转"的要求，积极推进并力争实现医疗、养老等社会保障账号与身份证账号合一工作，推进社会保障账户跨区流转、跨行业流转接续工作，为实现社会保障的国家统筹奠定基础。

三、建立有利于区域协调发展的规划体制

我国目前的规划种类和层次都非常多，其中比较重要的有国民经济和

社会发展五年规划、土地利用规划和城镇体系规划，这些规划或多或少地会涉及到区域协调发展的内容，规划的内容也相对比较规范。其他的区域发展规划则更是种类繁多，也会涉及到区域协调发展的内容，但是规划的随意性较强，甚至地方政府主要领导的更换都会对规划产生重要影响。推进区域协调发展，要建立规范、科学且具有权威性和连续性的规划体系，避免"依规打架"现象的出现。从国家层面来看，除了目前实施的主体功能区规划涉及区域协调发展的内容较多外，没有专门的促进区域协调发展的规划，从进一步推进区域协调发展的角度考虑，国家可以制定国家层面的空间发展规划，重点解决不同区域间的协调发展问题，比如重大交通基础设施建设、生态环境治理等问题，特别是对于在国家层面具有重要意义的跨省级行政区的规划，要纳入到国家层面的空间发展规划。考虑到我国省级行政单元较大，内部差异性也很大，省级可以制定省一级的空间发展规划，重点解决省级层面不同区域之间的协调发展问题，如省内交通基础设施和生态环境治理等问题，同时对省内跨地级行政区的重点区域，也要纳入到省级空间发展规划之中。而对于市县乡一级，由于调控手段有限，具体事务较多，可以考虑将各类目前的国民经济和社会发展五年规划、土地利用规划、城镇体系规划合并，只制定综合性的规划，并将有关区域协调发展的内容吸纳其中。

四、建立并不断完善有利于区域协调发展的考核体制

建立并不断完善有利于区域协调发展的考核体制，对于在实际工作中顺利推进区域协调发展具有重要意义。对于有关区域协调发展的考核体制，可以重点考虑以下几个方面。一是全国人大要加强对中央政府财力性转移支付的监督考核，确保全国各地的人均可支配财力能够保持在一个相对合理的水平，这是推进区域协调发展最重要的财政手段。二是各级人大要加强对政府财政支出的监督考核，并应向社会公开，确保公共财政能够用到为民生谋福利的公共事务上，特别是要加强对养老、医疗、教育等社会事业的考核监督，保障并稳定它们的资金来源渠道，这也是保障财政资金使用能够有利于促进区域协调发展的重要举措。三是要探索建立多方参与的区域协调发展协商和决策机制。促进区域协调发展，事关不同层级的政府、非政府组织、广大民众，因此在推进区域协调发展的过程中，不能

仅靠政府某个部门或几个部门，而是要尽可能多地吸收利益相关者的参与，以更好解决区域协调发展过程中存在的问题。四是要尽可能地实现信息公开。促进区域协调发展的各种标准和措施，要及时向社会公开，只有公开才能保障公正，才能有效防止可能存在的各种权力寻租。为了保障考核体制的权威性，可将有利于促进区域协调发展的考核体制纳入到地方党政领导班子和领导干部综合考核评价之中。

第四节　建立有利于促进区域协调发展的机制

建立有利于区域协调发展的机制，就是一方面要发挥市场配置资源的决定性作用，在生产领域实现生产效率的最大化，另一方面要更好发挥政府的作用，在社会领域实现分配的公平化。

一、不断完善市场机制

促进区域协调发展，需要建立完善的市场机制，充分发挥市场配置资源的决定性作用，促进生产要素在区域之间的自由流动，构建全国统一的要素市场，实现生产效率的最大化。构建完善的市场机制，就是要消除妨碍要素自由流动的各种显性的或隐性的壁垒。首先，要积极推进政府职能转变，减少政府对微观经济的过多干预，政府应该将重点放到社会发展与宏观经济调控上，推进管理型政府向服务型政府的转变，减少政府行为的企业化倾向，从而减少或消除地方保护主义，减少不必要的重复建设和区域间的过度竞争。其次，推进国内统一市场建设，加强市场监管，提高企业信誉，要在主要产品管理和检测方面有所突破。统一主要产品检测标准，不同区域之间互认检测结果，可以在农产品检测结果互认和农畜产品疫情互通上先行突破，减少由不必要的重复检测造成的隐性市场壁垒。同时，要针对我国食品、医药等行业屡屡出现质量问题的实际，切实建立信息公开和责任追究制度，严惩产品出现质量问题后应该承担责任但相互推诿的监管部门和有关责任人员。最后，要推进政绩考核体制的改革，要强化对民生密切相关的社会发展领域的考核，探索并拓宽广大民众参与基层政府政绩考核的渠道，真正建立起"权为民所用、情为民所系、利为民所谋"的政府。还有，要逐步建立并不断完善"广覆盖、小差别、保基本、能流转"的社会保障体系，提高社会保障的统筹层次，实现社会保障账户的全国统筹，为劳动力的顺畅流动提供条件。

二、不断完善扶持机制

我国由于幅员辽阔，区位条件各不相同，发展基础相差很大，特别是对于一些偏远地区、边疆地区、山区、库区、林区、资源枯竭地区等经济发展比较落后的地区，要想在较短时期内扭转这些地区经济发展落后的状况存在很大难度，因此，继续实行并不断完善我国的扶持机制对于促进落后地区发展具有重要意义，也是使落后地区能够分享我国经济快速发展成果的一个重要渠道。完善扶持机制，一是要明确扶持对象。从目前来看，扶持的对象主要是我国的贫困落后地区。一方面，要尽可能多地将我国贫困落后地区纳入到扶持对象里面，要重点加强对老区、少数民族地区、边疆地区、贫困地区、资源枯竭型城市、库区、生态保护区、水源涵养区等特殊困难地区的扶持力度，特别是结合我国"走出去"战略的实施，通过以贸促工、建设边境中心城市、建设边境互贸区等措施，加大对边疆地区的扶持力度，实现边疆的稳定巩固和繁荣昌盛；另一方面，要建立动态调整机制，如果贫困地区能够在扶持下实现脱贫，并能够稳定不返贫，那么就要对扶贫对象进行适时的动态调整。二是规范扶持的领域。对于贫困地区的扶持，主要集中在事关民生的社会保障、教育和培训、基础设施建设等领域，切实将扶贫资金用到贫困人口的民生问题上，同时对于能够促进贫困地区就业或发挥贫困地区比较优势的中小企业适当地进行税收减免或贷款贴息，以提高贫困地区的自我发展能力，对于贫困地区企业的扶持应以间接扶持为主，应以不严重影响全国统一市场建设为前提。同时，积极探索生态补偿机制建设，特别是要积极推进下游发达地区对上游贫困地区、生态受益地区对生态保护地区的市场化补偿机制建设，促进贫困地区的脱贫和生态保护。

三、探索并不断完善资源价格形成机制

在市场经济条件下，应当建立国家宏观调控下市场发挥决定性作用的

资源价格形成机制,使资源开采地区更多地分享资源开发的收益,促进资源的高效利用和资源开采地区的发展。一是应当坚持按照市场原则定价,推进资源产权制度改革,使资源价格反映开采成本、生态环境修复成本和资源稀缺程度(市场供求)情况,促进资源利用效率的提高,重点完善石油、天然气、煤炭、土地等资源的价格形成机制。二是应当在财政可承受的范围内,提前考虑建立资源开发地区的资源衰退产业援助机制和替代产业扶持机制。三是建立资源产业链上下游之间合理的价格利益调节机制、相关行业的价格联动机制、对部分弱势行业和弱势群体适当补贴的机制等。在资源价格形成机制还不完善的情况下,有必要建立资源主产区和资源加工区之间的价格联动机制,可以考虑在石油、天然气、煤炭等重点领域先行试点。四是调整资源税政策,适当提高资源税征收标准。保证国家作为资源所有者的合理收益,将资源税由从量征收改为从价征收,或者改为按占有资源量征收。五是健全资源要素市场体系。打破地区封锁、部门分割和行业垄断,在全国范围内形成统一开放、竞争有序的市场体系,促进资源在不同行业、部门、地区之间自由流动,形成全方位的竞争格局。

四、建立并不断完善区域利益协调机制

建立并不断完善区际利益协调机制,是在我国社会主义市场经济体制不断完善的情况下必须面临的一个问题,对于推进区域协调发展具有重要意义。目前,我国区际间的利益协调主要可以分为以下几类:一是生态保护区与生态受益区之间的生态补偿机制;二是资源主产区和资源加工区之间的价格联动机制。上述区际利益协调机制的建立,是为了弥补在区域发展过程中生态成本难以内部化、资源价格形成机制不健全等问题,构建和谐区际关系而设立的。对于生态保护区与生态受益区之间的生态补偿机制,我国在一些地区或一些领域已经开展了试点,有的还已经上升到法律层面,比如《中华人民共和国森林法(修正)》规定,国家建立森林生态效益补偿基金,用于提供生态效益的防护林和特种用途林的森林资源、林木的营造、抚育、保护和管理。对于生态补偿,可以探索从以下几个方面进行探索:一是对于受益主体不明确的,由国家财政建立生态补偿基金进行补偿;二是对于受益主体比较明确的,可以由受益地区向生态保护地区进行协商式的补偿,比如可以从水电、旅游收入等相关收入中拿出一定的

比例补偿生态保护区；三是鼓励发达地区对生态保护地区开展对口支援式的帮扶。此外，还可探索通过征收碳税的方式筹集资金，用于生态保护地区的生态补偿。

五、推进区域合作机制创新

新时期，区域合作机制的本质是扫除行政壁垒，促进生产要素的自由流动，实现资源的有效配置。区域合作新机制的重点包括：一是建立统一协调的市场竞争机制。区域内应实行统一的非歧视性原则、市场准入原则、透明度原则、公平贸易原则，清理各类法规文件，取消一切妨碍统一市场的制度与政策规定，取消一切妨碍商品、要素自由流动的区域壁垒和歧视性规定，促进市场的发育与完善。二是统筹区际交通、港口、通讯等基础设施建设与管理。从区域间综合运输体系建设的角度，统筹规划建设区域基础设施，实现区域间基础设施的共建、共管和共享。三是建立区域合作的协商仲裁制度。为了消除局部利益对区域共同利益的侵蚀，应当打破行政区限制，将诸如市长联席会议的区域协商机构制度化，并不断提升其职责和功能，充分发挥其在区域协调发展中的组织引导作用。在高层协商机构下设立具体的办事机构，对基础设施统筹建设、产业结构调整优化、区域环境综合整治等进行协商，贯彻落实高层协商机构做出的规划和有关决定，负责组织区域内加强经济联系和合作的具体事务。四是探索"飞地"型的区域合作，即在生态关系紧密但经济发展差距很大的区域之间，可在经济发达地区划出一块"飞地"供落后地区使用，两个地区共享发展成果。

第十一章

促进城乡协调发展

　　新中国成立后不久，我国就呈现城乡二元结构特点，特别是在社会领域的城乡二元割裂极为严重。造成我国城乡二元结构的原因固有农业和工业、城市与农村自身的差异所造成，更有一系列重城轻乡、抑农促工的政策所加剧。我国城乡之间的巨大差距，不仅严重影响了社会公平，而且对于开拓我国农村市场，促进我国经济社会的持续健康发展也产生了不利影响。改革开放以来，我国一直致力于解决城乡二元结构问题，城乡之间经济、社会交流不断扩大，有不少制度改革已经使城乡二元结构有所松动，在部分领域已经呈现出城乡协调发展的局面。所谓城乡协调发展，并不是使农业和工业这两个不同的产业形态同质化，也不是使农村和城市两个不同的景观趋同化，而是运用价值趋同与制度变迁理论，通过调整目前不合理的法律法规和相关政策，使城乡居民获得平等的生存与发展权利，借此消灭传统城乡差别，特别是城乡基本公共服务和城乡居民收入之间的巨大差距，建立城乡发展一体化、基本公共服务均等化、资源产品市场化的新模式。

第一节　我国城乡发展的历程及其主要特点

　　我国城乡发展的历程，受到依附一系列社会福利政策的户籍制度的严重扭曲，呈现出城乡割裂的发展态势，这种割裂，不仅仅表现在城市和农村不同的自然景观上以及工业和农业两种不同的产业形态上，更重要的是表现在城乡迥异的医疗卫生制度、社会保障制度、就业制度、其他基本公共服务以及受到严格管制的从农业户口到城市户口的身份转换制度上。

一、我国城乡发展的历程

我国城乡发展除了在新中国成立初期呈现极为短暂的协调发展外，随后很快即呈现典型的二元结构特点，这种二元结构在随后的一段时期内不断强化，并通过一系列的法律法规固化下来。特别是在计划经济时期，国家为了将有限的经济积累转移到城市，保证工业化的顺利进行，从 20 世纪 50 年代开始，相继颁布了一系列的法律法规和相关政策推进工业优先和城市优先战略，如通过户籍制度将城乡居民区分为城市户口和农村户口，严格限制农村户口转变为城市户口，并逐步建立起依附于户籍制度上的城乡有别的供应制度、身份制度和社会福利制度等一系列制度，强化了农业和工业以及农村和城市两种不同的生产力水平和文明形态，最终形成了具有中国特色的市民与农民身份封闭、城市与乡村互相割裂的城乡二元经济社会结构。因为我国的城乡二元结构是通过依附于户籍制度上的一系列制度来割裂的，因此，我国城乡发展的历史也与我国户籍制度的变革具有密切联系。依据我国户籍制度的变革以及社会福利制度的变革，我国城乡发展大体可以分为三个阶段：城乡逐步割裂阶段（1949～1957）、城乡严格割裂阶段（1958～2001）和城乡逐步融合阶段（2002 年以后）。

（一）城乡逐步割裂阶段（1949～1958）

新中国成立以后，人民当家做主，城市和农村呈现短暂的协调发展局面。随后，城乡开始逐步割裂，并逐步形成城乡有别的二元经济社会结构。1951 年 7 月 16 日公安部颁布实施了《城市户口管理暂行条例》，这是新中国第一次制定的全国城市户口管理法规，旨在"维护社会治安，保障人民之安全及居住、迁徙自由"。当时，虽然有城乡户口之别，但城乡之间的迁徙还是比较自由的，城乡割裂并不十分严重。1955 年，国务院发布了《关于建立经常户口登记制度的指示》，规定在全国范围内建立经常性的户口登记制度，此时的户籍制度还是以人口统计为主。但由于依附在户籍制度之上的供应制度、身份制度以及教育、医疗、养老等社会福利制度开始不断建立和完善，致使城乡差距开始不断拉大，城市的生活条件要明显好于农村，农村人口具有向城市流动的强烈愿望。为了阻止更多的农村人口流向城市，1953 年 4 月 17 日，国务院发布了《关于劝阻农民盲目流入城市的指示》，1957 年 12 月 18 日发布了《关于制止农村人口盲目外流的指示》。按照指示要求，铁道、交通部门在主要铁路沿线和交通要道，严格查验车票，防止农民流入城市；民政部门将流入城市和工矿区的农村人口遣返原籍，并严禁他们乞讨；公安机关不得让流入城市的农民取得城市户口；粮食部门不得供应没有城市户口的人员粮食；城市一切用人单位，一律不得擅自招收工人和临时工。由"劝阻"到"制止"，农民的迁徙自由被逐步剥夺，城乡日益割裂的二元结构开始逐步形成。

（二）城乡割裂阶段（1958～2002）

随着农民被严格限制流动，以及依附于户籍制度上的供应制度、身份制度、基本公共服务制度和社会福利制度的不断建立和完善，城乡割裂的格局逐步形成，并通过相关的法律法规固定下来。在这一阶段，根据对人口流动限制的严厉程度，又可以分为两个阶段，即严格限制人口流动的城乡割裂阶段（1958～1983）和逐步放开人口流动的城乡割裂阶段（1984～2002）。

1. 严格限制人口流动的城乡割裂阶段（1958～1983）

1958 年 1 月，全国人民代表大会常务委员会第 91 次会议通过了旨在"维持社会秩序，保护公民的权利和利益，服务于社会主义建设"的《中华人民共和国户口登记条例》，包括常住、暂住、出生、死亡、迁出、迁入、变更 7 项人口登记内容，并规定"公民由农村迁往城市，必须持有城市劳动部门的录用证明，学校的录取证明，或者城市户口登记机关准予迁入的证明，向常住地户口登记机关申请办理迁出手续"。当时除了以法律形式严格限制农民进入城市外，还限制城市间人口的流动。1961 年 11 月 11 日，中共中央批转了公安部《关于制止人口自由流动的报告》，决定在大中城市设立"收容遣送站"，以民政部门为主，负责将盲目流入城市的人员收容起来，遣送回原籍。《关于制止人口自由流动的报告》提出："凡是自由流动人口，一律坚决收容起来，分别处理。"1975 年，我国宪法也从服务限制人口流动的实际出发，一度删除了"公民居住、迁徙自由"方面的表述。从此，我国就在城市与农村间筑起了一道制度上的铜墙铁壁，城乡分割的二元模式以法律法规的形式固定下来。

2. 逐步放开人口流动的城乡割裂阶段（1984～2002）

20 世纪 80 年代初，随着农村包产到户和各项改革的迅速推进，政经合一军事化的人民公社解体，集体经济的瓦解使农民获得更多自主权，农民身份初步获得解放，农业获得迅猛发展，粮食供应基本平衡、丰年有余的现实大大缓解了城市供给的紧张状况，因农民进城而挤占城市供应的压力进一步减小。1984 年中央一号文件规定"各省、自治区、直辖市可选若干集镇进行试点，允许务工、经商、办服务业的农民自理口粮到集镇落户。"1984 年 6 月 4 日《人民日报》发表评论员文章，"鼓励农民自理口粮到小城镇务工经商，凡在小城镇有固定收入和住所，允许自理户口到所在地落户，作非农业人口统计。"1985 年 9 月，全国人大常委会颁布《中华人民共和国居民身份证条例》，居民不分城乡均发身份证验证身份，为人口流动提供方便。这是一项意义重大的改革，标志着身份管理的新方向是流动，为劳动力的跨区域流动开启了制度性准备，具有农民身份的工人（"农民工"）这一特有词汇开始在我国出现。但附着于户籍之上的各种权益和身份性歧视依然存在，城乡割裂的基本内容没有改变，只是其管制范围有所收缩。农民工及其子女在就业地教育、医疗、住房、社会保障、择业就业等许多方面仍受到歧视，享受不到当地城市居民所拥有的相应权利。

（三）城乡逐步融合的阶段（2002 年以后）

2002 年 10 月，中国政府做出在全国建立新型农村合作医疗制度的决定，这是具有国家财政支持的政策性社会福利开始向农村延伸的重要标志，对于打破社会福利制度的城乡割裂，促进城乡融合具有跨时代的意义。至此，城乡开始逐步进入实质性融合的阶段。新型农村合作医疗明确要求各地要在政府统一领导下，本着自愿参加、多方筹资、因地制宜、分类指导、公开透明、真正让群众受益的原则，先行试点，总结经验，逐步推广，到 2010 年基本覆盖农村居民。基本做法是，自愿参加合作医疗的农民，农民以家庭为单位按每人每年 10 元（部分东、中部地区稍高）缴纳合作医疗资金，同各级政府每年每人补助的 20 元一起形成合作医疗基金，储存在县（市）国有商业银行或信用社的财政基金专户内。参合农民每次到县（市）内定点医疗机构就诊时，凭合作医疗证可直接按比例报销部分医药费用。定点医疗机构将为农民报销所支付的资金数额以及相关凭据，定期报到县（市）或乡（镇）合作医疗经办机构，经县级经办机构和财政部门审核并开具申请支付凭证，由代理银行或信用社直接将资金转入有关医疗机构的银行账户，做到新型农村合作医疗基金收支分离，管用分开，封闭运行。除此之外，工伤保险、养老保险、失业保险、生育保险"五大社会保险"也开始向农村延伸，如党的十六届六中全会提出了到2020年基本建立覆盖城乡居民的社会保障体系的目标，党的十七届三中全会做出了《关于推进农村改革发展若干重大问题的决定》，提出要大力推动城乡统筹发展。2012年，党的十八大提出推动城乡发展一体化，促进城乡共同繁荣。与此同时，城市居民的社会福利制度有的也开始商业化和货币化，比如城市职工的公费医疗也开始向医疗保险转变，城市居民的住房分配也开始货币化，城乡之间在社会福利方面的制度差异开始逐步缩小，甚至在部分地区和部分领域，城乡社会福利出现了逆转，农村居民的社会福利要好于城市居民。

二、城乡发展的特点

我国城乡之间通过户籍制度将城乡居民分为城市户口和农村户口，并且农村户口不能自由转换成城市户口，此外，包括与公民的身份、职业、迁徙等权利相关的一系列的社会管理制度也与城乡有别的户籍制度紧密挂钩。这种严重割裂的城乡二元结构，不仅体现在城乡之间巨大的经济和社会差距上，而且也表现在不同区域的空间差距上，并对我国经济社会的持续健康发展造成不利影响。

（一）城乡二元结构明显

我国城乡二元结构十分明显，这种二元结构既包括经济领域的二元结构，也包括社会领域的二元结构。从经济的角度来看，农村的农业和城市的工业属于截然不同的两种产业，两者在生产经营、组织管理、市场营销上都有着截然不同的模式，而且小规模、传统的农业相对于大规模、规模化的工业，在市场竞争方面处于明显的劣势地位。为平抑农业和工业之间的巨大差距，发达国家大都采取一系列的措施来补贴农业或农民。我国在新中国成立后相当长的时期内，大都是采取工业优先和城市优先的发展战略，通过价格"剪刀差"从农村向城市转移资金，使本来就处于弱势地位的农业发展更加缓慢，进一步加剧了城乡之间在经济领域的二元结构。在社会领域，城乡之间的差距更为明显。新中国成立后，国家逐步完善了具有城市户口的城市居民的医疗卫生制度、供应制度、社会保障制度等一系列社会福利制度，而具有农村户口的居民则不能享受这些制度所带来的收益，农村社会事业因缺乏国家财政支持，发展极为缓慢，城乡之间在社会领域的二元结构十分明显。

（二）城乡的空间差异性显著

我国不仅城乡之间的差距十分大，而且城市与城市之间、农村与农村之间在空间上的差距也十分明显。这种差距主要表现在以下几个方面。一是经济方面的差距。因各地的地理区位、产业基础、发展条件不同，造成位于不同地区的城市与城市之间、农村与农村之间的经济发展差距很大。总体上看，东部沿海地区凭借其优越的区位条件，再加上在发展起步阶段国家给予的各项优惠政策，在经济发展方面获得了先机，与中西部地区之间迅速拉开了差距。二是社会发展方面的差距。相对于城市与城市之间、农村与农村之间在经济方面发展的空间差距，社会发展方面的差距可能更为巨大。从财政的角度来看，经济的快速发展能够为当地带来更多的财政收入，而社会发展是需要财政支持的，很少能够直接带来财政的增收。在我国财政转移支付制度尚不十分完善的情况下，经济落后地区的社会事业发展面临很多困难。三是自我发展能力方面的差距。从目前来看，经济越发达的地区，其用于改善发展条件，提高自我发展能力的投入越强，而越是落后的地区，其自我发展能力越弱，这样就在空间上形成了发展的"马太效应"，在现行体制下，如仅依靠市场的力量，只会加剧这一趋势。

（三）城乡融合的趋势开始出现

我国城乡之间的巨大差距以及空间上的巨大差距，已经严重影响了社会的公平性，对于开拓我国广大农村市场、刺激消费和我国经济社会的持续健康发展造成不利影响。改革开放不久，就有学者、研究机构、政府部门对于我国的城乡差距问题给予高度关注，并出台了一系列政策措施促进城乡协调发展。一是对城市居民就业制度、教育制度、福利制度进行了大规模的改革，逐步社会化和市场化。二是一些社会福利制度开始向农村延伸，特别是财政支持的政策性福利制度向农村的延伸，对于打破城乡分割，推进城乡协调发展起到十分积极的作用。例如，十六届三中全会第一次正式提出"统筹城乡发展"的思想，并且将它放在"五个统筹"之首。中央和地方都在为推进城乡统筹而积极努力，2007 年，国家批准重庆市和成都市设立全国统筹城乡综合配套改革试验区，希望重庆和成都能给中国开创一条城乡统筹发展的道路，重庆和成都已经在基础设施建设、城乡合作医疗、城乡功能建设等方面进行了积极探索，为推进城乡统筹积累了不少有用经验。义乌市则早在 2003 年就在全国率先制订了《义乌城乡一体化行动纲要》，在统筹城乡发展过程中，坚持统筹城乡规划建设，按照城市基础设施向农村覆盖、城市公共服务向农村延伸、城市文明向农村辐射的思路，以制度创新为突破口，深化征地、养老、医疗、就业等城乡配套改革，在体制上逐步消除城乡差别，打破城乡二元结构，真正实现了城乡互促繁荣发展。特别是党的十八大指出，解决好农业农村农民问题是全党工作重中之重，城乡发展一体化是解决"三农"问题的根本途径。要加大统筹城乡发展力度，促进城乡共同繁荣。加大强农惠农富农政策力度，让广大农民平等参与现代化进程、共同分享现代化成果。上述政策性改变，对于破解城乡二元结构具有重大而深远的意义。

第二节　推进城乡协调发展在统筹
区域发展中的重要作用

在我国，包括城乡之间、区域之间、经济与社会之间的发展差距都很大，导致很多问题相互交织，互为因果。对于城乡协调发展和统筹区域发展，也面临同样的问题。我国城乡差距和区域差距，既受经济发展规律和自然条件的影响，更是受到各种城乡有别、区域各异的制度性影响。推进城乡协调发展，一方面是统筹区域发展的内在要求和重要组成部分，另一方面也是我国构建全国统一市场的内在要求。

一、城乡协调发展是统筹区域发展的重要组成部分

在中国，城乡协调发展本身就是统筹区域发展的重要组成部分，主要

表现在两个方面。一是目前众多的城市和广大的农村早已形成了相互割裂的两大区域。城市凭借其在发展经济方面的先天优势，再加上国家相关扶持政策，成为经济发达、社会保障健全、人民生活富裕的区域，其空间范围也在不断拓展，一些集中连片的城市群正在形成；而广大的农村地区，由于农业本身就是一个弱势产业，再加上国家的相关社会福利政策不能延伸到农村，造成农村发展缓慢，成为一个经济发展缓慢、社会保障不健全、人民生活落后的区域。二是城市和城市之间、农村和农村之间在空间上的发展差距也十分明显，比如东部地区的城市和农村与西部地区的城市和农村在经济发展、人民生活、社会发展等方面都有着十分明显的差距。因此，统筹城乡发展，本身也就是统筹区域发展的内容。

二、城乡协调发展有利于统筹区域协调发展

统筹区域发展包括方方面面，而推进城乡协调发展，则有助于统筹区域发展。一是推进城乡协调发展，有利于构建全国统一的市场体系。推进城乡协调发展，逐步推进城乡统一的相关政策体系，清除城乡之间限制要素流动的各类政策性障碍，有利于营造全国统一的市场体系，促进生产要素合理有序流动，发挥市场配置资源的决定性作用，产生好的经济效益，实现整个国民福利的最大化，从而为统筹区域发展提供更为强劲的物质基础。二是推进城乡协调发展，有利于开拓农村大市场，刺激消费。目前，城乡差别的持续不断扩大已经影响了我国经济的持续健康发展。我国农村人口基数大，是一个潜在的巨大市场，如果农村和农业的发展长期滞后于城市发展，那么这个潜在市场仍将难以转化为现实市场，仍然难以发挥需求对于经济的拉动作用，我国经济的发展空间将受到很大限制。目前我国经济发展依靠出口拉动不仅面临资源短缺、环境污染、贸易制约等多方面的限制，而且相当于向国外出口了大量福利。从促进我国经济持续健康发展和增加整个国民福利的角度来看，要积极开拓国内市场，切实推进城乡协调发展，从而促进区域协调发展。

三、城乡协调发展是区域协调发展的内在要求

就我国区域发展差距来看，不仅仅体现在东部、中部、西部等不同区

域之间的发展差距上，而且还体现在城市和农村这两个不同空间单元的发展差距上，在很多情况下，城市和农村发展的差距要比东中西部不同区域之间的发展差距更大。经济发展在空间上出现差距是十分正常的，也是符合经济规律的，因为经济追求的是效率，哪个地方条件好，生产要素就向哪个地方集中。但是社会发展却不应该因区位不同或城乡有别而出现很大的差距，因为社会追求的是公平，特别是政府的基本公共服务，更要讲究公平。因此，统筹区域发展，并不是要求不同的区域都有相同的经济总量和经济发展速度，而是要营造全国统一的大市场体系，关键是要营造全国统一的制度环境，为不同区域的生产要素提供规范有序流动和公平竞争的政策环境，使不同区域都能够有均等获得政府基本公共服务的机会，从这个意义上讲，统筹区域发展，必须要求协调城乡发展。

第三节　当前城乡协调发展中面临的问题和矛盾

在我国城乡协调发展之前长期形成的城乡割裂的一系列制度，有很多已经被相关法律法规固化下来，具有很强的稳定性，并持续影响着我国城乡协调发展的进一步推进。这些问题和矛盾包括城乡割裂的社会保障制度和福利制度、城乡割裂的财税制度、不对称的城乡土地制度、农民在市场竞争中处于劣势地位、城乡有别的户籍管理制度等方面。

一、城乡割裂的社会保障和福利制度

构建城乡统一的社会保障和福利制度，是国外发达国家的通行做法，也是追求社会公平的内在要求。目前，我国的社会保障和福利制度在城乡之间差别巨大，成为阻碍城乡协调发展的关键问题和主要矛盾。新中国成立以后不久，我国就相继颁布了《城市户口管理暂行条例》《关于建立经常户口登记制度的指示》《中华人民共和国户口登记条例》等一系列法律法规，通过户籍制度将居民区分为城市户口与农村户口，同时配套出台了关于严格限制农民进入城市的相关法规条令，如《关于劝阻农民盲目流入城市的指示》和《关于制止农村人口盲目外流的指示》等。随后，我国又通过《中华人民共和国劳动保险条例》等法律法规将社会保障和福利制

度直接与城市户口联系起来了。《劳动保险条例》详细规定了城市国营企业职工所享有的各项劳保待遇。国家机关、事业单位工作人员的劳保待遇，国家也以病假、生育、退休、死亡等单项规定的形式逐步完善起来的。城市的集体企业，大都参照国营企业的办法实行劳保。城市就业人员除享有劳保待遇外，20 世纪 50 年代形成的城市社会福利制度还保证了具有城市户口的居民可享有多种补贴，在业人口可由其所在单位近乎无偿提供住房。也就是说，具有城市户口的居民可以享受各种各样的如养老、住房、医疗、生育和工伤等福利待遇和社会保障。而广大具有农村户口的农民，在享受社会保障和福利制度上与城市居民有巨大差别。

二、城乡割裂的财税制度

新中国成立初期，我国采取了重工业优先发展和城市优先发展的战略，并采取一系列抑农促工、重点向城市倾斜的财税手段来保障这一战略的实施，造成我国城乡差距的迅速扩大。一是在财税收入上，加大农业和农村剩余向工业和城市转移，新中国成立初期我国采取"剪刀差"的做法对农村剩余进行提取。二是在财政支出上，重点向工业和城市倾斜。在城市，一切公共设施的建设经费和开支均由国家和地方财政负担。但在农村，在城乡融合发展之前，农民必须自己出钱办中小学、办医疗、文化事业、道路、水电等几乎农村中的一切公共设施。城市居民以国家财政为基础来进行城市建设，并且独享城市发展的经济和社会成果，国家财政收入在某种程度上成为城市居民独享的财政收入，主要用于城市建设和具有城市户口居民的社会福利，而农村建设和农民发展几乎完全由农民自己解决。这种城乡严重割裂的财税体制，严重制约着城乡协调发展。

三、不对称的城乡土地制度

城乡土地的不对称性，使农村无法与城市平等地分享由发展机遇带来的资源收益。由于农民土地权利的残缺，造成农民应有的土地权利得不到保护。城市土地的使用者所拥有的是蕴涵产权性质的使用权，而农村家庭联产承包责任制下的土地使用权是不具有这一性质的，这种不对称产生了许多有法不依、有禁不止的"制度缝隙"。一是缺乏对农村强制征地的严格限制。从各国征地的经验看，有关征地的法律必须尽可能地明确、详细和精确，这样人们才能有机会知道他们在其中处于何种位置，以及如何规范政府征地行为。应当对征用土地用途进行严格限定，缩小国家强制性征地范围，除了国防和公益性目的外，尤其是要对商业性用地的征收进行规范，以使其更符合构建市场经济体制的需要。二是对失地农民的补偿标准偏低。现行的补偿标准配合尚不规范的征地权利，已经导致了政府对征地权的滥用，征地已经成为激发社会矛盾的重点领域。从中短期来看，可以采取的具体步骤包括提高补偿的公平性以及改善征地的程序。要修改补偿计算方法，以使其成为更加公平、更具有预见性、更能为社会所接受的标准。公正补偿的根本目标是让被征地者的经济状况与征地前相同或略高，并且有可持续性。征地所获收益主要补偿给被征地农民或主要用于农村公益事业。三是在符合国家土地利用规划、严格控制非农用地总量的基础上，把更多的非农建设用地直接留给农民集体开发，让农民以土地作为资本直接参与工业化和城镇化，分享土地增值收益。四是物权法草案对农民在处理房屋及其房屋下面的宅基地方面的权利限制得过于严格。与城市居民拥有的处分其房屋的权利相比，这些限制过于严格，要稳妥推进农民对宅基地及其房屋权利与市民相关权利的对等化。

四、农民在市场竞争中的劣势地位

早在 20 世纪 40 年代，发展经济学的奠基人张培刚曾经根据不完全竞争理论，分析了我国当时的农民作为买者购买非农产品时几乎完全处在寡头垄断或独家垄断之下，付出较非垄断情况下较高的价格，作为卖者其农产品被买方垄断，得到的价格却较在完全竞争时较低。尽管垄断程度有所不同，但这种状况至今仍然存在，成为影响城乡协调发展的障碍。一是农民依靠农业增收难度极大。理论上讲，农民收入应主要来源于其赖以生存和经营的土地及其农产品，但是由于农户生产的分散和没有统一的销售合作组织，往往难免被垄断低价购买的命运，再加上农产品作为生活必需品，需求缺乏弹性，丰产时要么大量积压，要么忍痛低价甩卖。从我国粮食最低收购价格来看，长期以来几乎没有多大变化，扣除物价上涨因素，农产品价格甚至出现下跌的现象，在耕地不断减少，产量没有大幅变化，而大部分农产品价格基本不变或微涨的情况下，农民仅仅依靠农产品增收很难。二是非农产品相对于农产品的价格迅猛上涨进一步增加了农民增收的难度。相对于农产品价格基本不变的情况，农业生产所需的化肥、柴油、农药及生活消费品等其他非农产品的价格却呈现出较快增长的势头，这进一步增大了农民增收的难度，甚至在一些地方出现了耕地撂荒现象。三是农民依靠其他途径增收面临诸多制约。农业结构中非农产业部门不发达及缺乏由农民转化为市民的畅通渠道，农业机械化大面积推广后产生的大量剩余劳动力成为城市劳动力的后备军，由于农民缺乏其他技术，只能在建筑业、服务业等靠出卖简单体力劳动的行业就业，面对如此大量的劳动力供给，城市中的相关企业处于强势地位，农民工工资低、收入不稳定、缺乏各种保障，甚至工资经常被拖欠而无法追回。

五、城乡有别的户籍管理制度

在国际上，建立户籍管理制度主要是为了人口信息统计和治安管理，但是，我国的户籍管理制度除了上述功能以外，还将居民区分为城市户口与农村户口，严格限制农村户口向城市户口转移，并与劳动就业、教育培训、社会保障等方面相联系，实行城乡有别的一系列政策。目前，我国户籍制度对于推进城乡协调发展的阻碍主要表现在以下几个方面。一是依附于户籍制度上的城乡有别的各种劳动就业、教育培训、社会保障等制度，这一系列的政策保障大部分都是政府应该提供的基本公共服务，全民都有均等享有的机会，但实际却以居民拥有的是城市户口还是农村户口为区分，如果是城市户口，则可以享受，如是农村户口，则不能享受。二是户籍制度中对居民居住和迁徙的严格限制。我国长期实行严格控制城市人口增长的方针，国家对城市人口的增长实行政策加指标的双重控制方法。根据政策规定，只有少数几种特殊情况才有资格申请将农村农业户口转为城市城镇户口并迁入城市。这就意味着绝大多数农民只能世世代代居住于农村，只能世世代代当农民，户籍制度把农民牢牢地固定在农村。城乡间的户口壁垒一方面将城市和农村割裂开来，限制了劳动力的合理流动，阻碍了生产要素的自由流动与合理配置，降低了经济投入的产出和效益。另一方面，即便有大量的农民涌入城市务工经商，但由于没有城市户口，几乎不可能获得城市居民的身份，也就不可能获得与城市居民同等的工作机会和待遇。三是城乡有别的户口管理制度削弱了户籍制度在人口信息统计方面的功能。我国的户籍管理制度不是基于居民的居住地建立的，而是根据居民的城镇户口或农村户口身份建立的，这样，在城市基础设施和服务设施建设方面，就不能很好地考虑城市的实际居住人口规模，因为很多流动人口不能纳入当地居民统计的范围，造成城市特别是（特）大城市的教育、医疗、交通建设落后，不能满足当地居民特别是长期居住在当地而没有当地户口居民的需要。

第四节　推进城乡协调发展的原则

要解决长期以来形成的城乡差距，很难一蹴而就，关键在于从根本上解决长期以来形成的城乡之间不公平的制度因素，重点解决城乡之间不平等的福利制度、产权不对等的土地制度、城乡分割的户籍制度及带有单边垄断特征的农产品及劳动力市场等导致城乡差距的深层次问题，创造公平竞争的市场环境、增强农民自我发展能力，从根本上缩小或消除城乡之间的巨大差距。目前，推进城乡协调发展主要把握以下几个原则。

一、着眼长远、逐步推进

我国城乡分割时间跨度长，城乡差异巨大，涉及人口政策、财税政策、土地政策等方面，很难一时全部解决。尽管为了推进城乡之间的协调发展，国家已经做出了几十年的努力，但是一直到目前为止，城乡之间的差距整体上仍然呈现不断扩大的趋势，城乡之间分割的局面仍然没有得到根本扭转。国外在推进城乡协调发展方面有很多成功的经验，但由于国情不同，体制机制相差较大，很难照搬照用，只能根据中国的实际进行探索。因此，推进城乡协调发展，对于我国来说将是一个长期的艰巨任务，需要逐步推进。要坚持不懈推进农村改革和制度创新，提高改革决策的科学性，增强改革措施的协调性，充分发挥市场在资源配置中的决定性作用，加强和改善国家对农民、农业、农村发展的调控和引导，健全符合社会主义市场经济要求的农村经济体制，调整不适应农村社会生产力发展要求的生产关系和上层建筑，着力构建现代农业产业体系、生产体系、经营体系，提高农业质量效益和竞争力，走产出高效、产品安全、资源节约、环境友好的农业现代化道路。

二、统筹考虑、重点突破

造成我国城乡分割的原因很多，既有农业农村和工业城市相比自身就处于弱势地位的自然规律，更有我国长期以来城乡有别的体制性原因，特别是城乡有别的各种社会福利、公共服务、财政税收等一系列政策，使本来就处于弱势地位的农业和农村更是雪上加霜，造成我国城乡之间的差距不断拉大。因此，推进城乡协调发展，需要统筹考虑当前制约城乡协调发展的种种制约因素，始终把着力构建新型工农、城乡关系作为加快推进现代化的重大战略。重点解决其中的关键问题，就目前来讲，就是要重点解决制约城乡协调发展的体制性障碍，营造城乡统一的制度环境。统筹工业化、城镇化、农业现代化建设，加快建立健全以工促农、以城带乡长效机制，调整国民收入分配格局，巩固和完善强农富农惠农政策，把国家基础设施建设和社会事业发展重点放在农村，推进城乡基本公共服务均等化，实现城乡协调发展，使广大农村居民平等参与现代化进程，共享改革发展成果。

三、以人为本、深化改革

新中国成立以来，特别是改革开放以来，我国经济社会迅速发展，取得了很大成就。但伴随着经济社会快速发展的是城乡差距的迅速拉大，政府在提供公共服务、维护社会公平等方面出现了不少的缺位、错位现象，使得本来就在经济方面处于弱势地位的农民在获得政府提供基本公共服务方面的难度很大。特别是在农村，农民的医疗、养老等社会保障不健全，标准较低，造成很多农民有病没钱医治，因病致贫、因病返贫的现象很多。推进城乡协调发展，要以人为本，按照公平共享的理念，深化改革，使城乡居民都能均等获得政府基本公共服务和基本社会保障的机会。要尊重农民意愿，着力解决农民最关心最直接最现实的利益问题，保障农民政治、经济、文化、社会权益，提高农民综合素质，促进农民全面发展，努力缩小城乡差距。

四、探索立法、规范运作

我国城乡分割不仅历史长，涉及面广，而且还通过国家立法机构和政府出台了一系列城乡有别的相关政策，这样，就通过法律法规固化了城乡有别的体制，这也是造成我国城乡之间不能协调发展的根本原因。要实现城乡统筹协调发展，首先就需要破解制约城乡统筹协调发展的法律法规障碍，因此，要通过相关程序，对影响城乡协调发展、有违社会公平的法律法规进行废除、修订或完善。同时，按照依法行政的需求，为城乡统筹发展提供必要的法律法规支持，根据推进城乡协调发展的实际需要，从构建城乡协调发展制度环境的目标出发，探索制定相关的法律法规，通过这些法律法规来规范推进我国城乡协调发展。

第五节　推进城乡协调发展的工作重点

我国城乡严重割裂的二元结构通过一系列的制度安排形成后，具有巨大的稳定性和惯性，很难一时全部打破和改变。虽然改革开放以来，中国一直致力于解决城乡二元结构的问题，城乡之间经济、社会交流不断扩大，有不少制度改革使城乡二元结构有所松动，但是却未发生根本改变。推进城乡协调发展，应着眼于突破城乡二元体制，统筹兼顾，稳步推进，重点突破，通过体制机制创新，建立健全统筹城乡发展的制度体系，总的改革走向是加大"多予"和"放活"的力度，通过多种形式的惠农支农政策，达到富农强农的目的，重点在以下几个方面实现突破。

一、建立城乡统一的基本公共服务体系

建立城乡统一的基本公共服务体系是推进城乡协调发展的根本保障。我国基本公共服务框架尚在完善之中，建立覆盖城乡的公共服务体系将是一个渐进的过程，必须分阶段进行，集中财力优先安排。

（一）教育培训体系

加强农村的义务教育建设，对于提升农民素质具有重要意义。从理论

研究和国际经验来看，义务教育管理一般由基层地方政府负责，投入则由中央政府或高层地方政府负责。我国义务教育投入基本由同级政府负责，农村的义务教育投入在很大程度依靠基层政府财政，致使我国目前的义务教育发展水平，不仅城乡之间差距巨大，而且农村内部的地区差距也相当大。发展农村教育，促进教育公平，提高农民科学文化素质，培育有文化、懂技术、会经营的新型农民，对于推进城乡协调发展具有重要意义。建立城乡统一、重在农村的义务教育经费保障机制，加大公共教育投入向中西部和民族边远贫困地区的倾斜力度。要针对农村教育的薄弱环节，不断巩固农村义务教育普及成果，提高义务教育质量，完善义务教育免费政策和经费保障机制，保障经济困难家庭儿童、留守儿童特别是女童平等就学、完成学业，改善农村学生营养状况，促进城乡义务教育均衡发展。加快普及农村高中阶段教育，重点加快发展农村中等职业教育并逐步实行免费。健全县域职业教育培训网络，加强农民技能培训，广泛培养农村实用人才。大力扶持贫困地区、民族地区农村教育。增强高校为农村输送人才和服务能力，办好涉农学科专业，鼓励人才到农村第一线工作，对到农村履行服务期的毕业生代偿学费和助学贷款，在研究生招录和教师选聘时优先。保障和改善农村教师工资待遇和工作条件，健全农村教师培养培训制度，提高教师素质。健全城乡教师交流机制，继续选派城市教师下乡支教。发展农村学前教育、特殊教育、继续教育。加强远程教育，及时把优质教育资源送到农村。

（二）医疗卫生体系

2002年开始试点的新型农村合作医疗制度，为提高农民的医疗保健水平起到很大作用。2007年，我国新型农村合作医疗制度建设由试点阶段转入全面推进阶段。国家"十三五"规划指出，深化医药卫生体制改革，坚持预防为主的方针，建立健全基本医疗卫生制度，实现人人享有基本医疗卫生服务，推广全民健身，提高人民健康水平。要以推进新型农村合作医疗、农村医疗救助制度和城市医疗保险为契机，积极推进城乡协调的医疗卫生体系建设，逐步建立全民统一的医疗卫生保险体系。基本医疗卫生服务关系广大农民幸福安康，必须尽快惠及全体农民。巩固和发展新型农村合作医疗制度，提高筹资标准和财政补助水平，坚持大病住院保障为主、兼顾门诊医疗保障。坚持政府主导，整合城乡医疗卫生资源，建立健全农村三级医疗卫生服务网络，重点办好县级医院并在每个乡镇办好一所卫生院，支持村卫生室建设，向农民提供安全价廉便捷的基本医疗服务。加强农村卫生人才队伍建设，定向免费培养培训农村卫生人才，妥善解决乡村医生补贴，完善城市医师支援农村制度。坚持预防为主，扩大农村免费公共卫生服务和免费免疫范围，加大地方病、传染病及人畜共患病防治力度。加强农村药品配送和监管。

（三）社会保障体系

中国的社会保障体系，从 1951 年政务院颁布《中华人民共和国劳动保险条例》开始，就呈现城乡差别巨大的特点，尽管期间历经多次改革，但进行的都是城乡有别的改革，社会保障城乡割裂的局面没有得到根本解决。随着城镇养老保险由企业养老保险到区域保险再到全国统一养老保险的演变，以及《县级农村社会养老保险基本方案》的颁布实施，城乡社会保障体系开始走向社会化，这为推进城乡统一的社会保障体系提供了契机。目前，农村的社会保障基金筹资方式为"以个人缴费为主、集体补贴为辅"，城市的社会保障基金筹资方式则采取"国家、企业、个人"三三制原则。从城乡协调发展和公平的角度考虑，今后应根据广覆盖、保基本、多层次、可持续原则，加快健全农村社会保障体系。按照个人缴费、集体补助、政府补贴相结合的要求，建立新型农村社会养老保险制度。创造条件探索城乡养老保险制度有效衔接办法。做好被征地农民社会保障，做到先保后征，使被征地农民基本生活长期有保障。完善农村最低生活保障制度，加大中央和省级财政补助力度，做到应保尽保，不断提高保障标准和补助水平。全面落实农村五保供养政策，确保供养水平达到当地村民平均生活水平。完善农村受灾群众救助制度。落实好军烈属和伤残病退伍军人等优抚政策。发展以扶老、助残、救孤、济困、赈灾为重点的社会福利和慈善事业，发展农村老龄服务。加强农村残疾预防和残疾人康复工作，促进农村残疾人事业发展。"十三五"规划建议提出，实现职工基础养老金全国统筹，建立基本养老金合理调整机制，这为营造全国统一的劳动力市场提供了有力保障。

二、建立城乡统一的要素市场体系

建立城乡统一的包括金融市场、劳动力市场、土地市场等在内的要素市场体系是推进城乡协调的主体内容。生产要素市场是否发达，是衡量市场体系是否发达的主要标志。建立城乡统一的要素市场体系，要改变城乡要素流动的单循环状况，即国家通过政策大量集聚农村生产要素发展城市工业，清除生产要素流动壁垒，构建城乡统一大市场，实现城乡资源优化配置，重点是创造各类市场主体平等使用生产要素的环境，包括资本、劳动力、土地、技术和信息等。

（一）金融市场

相对城市而言，我国的农村金融市场极为薄弱。计划经济时期，政府通过税费、价格剪刀差和储蓄净流出等渠道，从农业转移出大量资金进行工业和城市建设。大量资金的外流，对本来就十分薄弱的农村金融市场造成很大冲击。农村金融是现代农村经济的核心，建立城乡均衡的金融市场体系，关键是要深化农村金融改革，强化农村金融体系的整体功能。围绕增加农村信贷供给、改善农村金融服务的目标，适应农村多层次、多元化的金融需求，整体推进，协同配套，重构农村金融机构，着力健全功能完善、分工合理、产权明晰、监管有力的农村金融体系。创新农村金融体制，放宽农村金融准入政策，加快建立商业性金融、合作性金融、政策性金融相结合，资本充足、功能健全、服务完善、运行安全的农村金融体系。加大对农村金融政策支持力度，拓宽融资渠道，综合运用财税杠杆和货币政策工具，定向实行税收减免和费用补贴，引导更多信贷资金和社会资金投向农村。坚持农业银行为农服务的方向，强化职能、落实责任，稳定和发展农村服务网络。拓展农业发展银行支农领域，加大政策性金融对农业开发和农村基础设施建设中长期信贷支持。扩大邮政储蓄银行涉农业务范围。县域内银行业金融机构新吸收的存款，主要用于当地发放贷款。改善农村信用社法人治理结构，保持县（市）社法人地位稳定，发挥为农民服务主力军作用。规范发展多种形式的新型农村金融机构和以服务农村为主的地区性中小银行。加强监管，大力发展小额信贷，鼓励发展适合农村特点和需要的各种微型金融服务。允许有条件的农民专业合作社开展信用合作。规范和引导民间借贷健康发展。加快农村信用体系建设。建立政府扶持、多方参与、市场运作的农村信贷担保机制。扩大农村有效担保物范围。发展农村保险事业，健全政策性农业保险制度，加快建立农业再保险和巨灾风险分散机制。

（二）劳动力市场

按照刘易斯等有关专家的解释，农民是出卖劳动力的对象，经济发展到一定时期必然会产生急剧的贫富差距。但是，城市人口的绝大部分也只是普通劳动者，城市人口和农村人口如果处于同样的地位在劳动力市场竞争的话，从理论上来说，主要的收入差距不应该出现在城乡居民之间，而应该出现在投资家、企业家与普通劳动者之间。因此，我国传统的社会二元结构制度设计，是扭曲当前劳动力市场，造成我国现阶段城乡收入差距巨大的根本原因所在。城乡统一的劳动力市场就是把城乡劳动力资源开发利用作为一个整体，平等对待，通盘考虑，统筹安排，把进城农民作为城市居民的一部分，纳入统一的管理和服务，逐步做到权利平等，消除在就业方面对农业转移人口的不合理限制和歧视，促进形成城乡统一、平等竞争、规范有序的劳动力市场，实行城乡劳动者平等的就业制度。为此，要加强农民工权益保护，逐步实现农民工劳动报酬、子女就学、医疗卫生、住房租购等与城镇居民享有同等待遇，改善农民工劳动条件，保障生产安全，扩大农民工工伤、医疗、养老保险覆盖面，尽快制定和实施农民工养老保险关系转移接续办法。

（三）土地市场

我国农村与城市土地制度仍然维持着二元性，农民对土地的权利一直处于相对弱势。土地政策改革应该在统一与平等对待城市和农村土地这一总目标的指导下，采取稳健的步骤来整合城市和农村的土地市场、土地权利及城乡规划与管理。要按照产权明晰、用途管制、节约集约、规范管理的原则，进一步完善农村土地管理制度。坚持最严格的耕地保护制度，层层落实责任，坚决守住十八亿亩耕地红线。划定永久基本农田，建立保护补偿机制，确保基本农田总量不减少、用途不改变、质量有提高。继续推进土地整理复垦开发，耕地实行先补后占，不得跨省区市进行占补平衡。加快推进农村土地确权、登记、颁证工作。完善土地承包经营权权能，依法保障农民对承包土地的占有、使用、收益等权利。加强土地承包经营权流转管理和服务，建立健全土地承包经营权流转市场，按照依法自愿有偿原则，允许农民以转包、出租、互换、转让、股份合作等形式流转土地承包经营权，发展多种形式的适度规模经营。有条件的地方可以发展专业大

户、家庭农场、农民专业合作社等规模经营主体。实行最严格的节约用地
制度，从严控制城乡建设用地总规模。完善农村宅基地制度，规范宅基地
管理，依法保障农户宅基地用益物权。农村宅基地和村庄整理所节约的土
地，首先要复垦为耕地，调剂为建设用地的必须符合土地利用规划、纳入
年度建设用地计划，并优先满足集体建设用地。改革征地制度，严格界定
公益性和经营性建设用地，逐步缩小征地范围，完善征地补偿机制。依法
征收农村集体土地，按照同地同价原则及时足额给农村集体组织和农民合
理补偿，解决好被征地农民就业、住房、社会保障问题。在土地利用规划
确定的城镇建设用地范围外，经批准占用农村集体土地建设非公益性项
目，允许农民依法通过多种方式参与开发经营并保障农民合法权益。逐步
建立城乡统一的建设用地市场，对依法取得的农村集体经营性建设用地，
必须通过统一有形的土地市场、以公开规范的方式转让土地使用权，在符
合规划的前提下与国有土地享有平等权益。抓紧完善相关法律法规和配套
政策，规范推进农村土地管理制度改革。

三、建立切实有效的支农惠农富农强农体系

农村与城市的巨大落差在很大程度上受制于农业生产规律和工业生产
规律的差异，虽然可以通过发展诸如乡镇企业之类的非农产业来促进农村
发展和提高农民收入，但是他们最终难以和现代化的大工业机器生产以及
现代服务业进行竞争，政府必须建立相应的支农惠农强农富农体系，才能
促进城乡协调发展。建立切实有效的支农惠农强农富农体系，也是国外发
达国家的通行做法。2016 年国务院印发的《关于落实发展新理念加快农
业现代化实现全面小康目标的若干意见》指出，把坚持农民主体地位、增
进农民福祉作为农村一切工作的出发点和落脚点，用发展新理念破解"三
农"新难题，厚植农业农村发展优势，加大创新驱动力度，推进农业供给
侧结构性改革，加快转变农业发展方式，保持农业稳定发展和农民持续增
收，走产出高效、产品安全资源节约、环境友好的农业现代化道路，推动
新型城镇化与新农村建设双轮驱动、互促共进，让广大农民平等参与现代化
进程、共同分享现代化成果，标志着我国以工促农、以城带乡进入新阶段。

（一）财政支农体系

针对中国农业发展后劲不足的现实矛盾和薄弱环节，着力强化政府财

政对农业的支持力度。健全农业投入保障制度，调整财政支出、固定资产投资、信贷投放结构，保证各级财政对农业投入增长幅度高于经常性收入增长幅度，大幅度增加国家对农村基础设施建设和社会事业发展的投入，大幅度提高政府土地出让收益、耕地占用税新增收入用于农业的比例，大幅度增加对中西部地区农村公益性建设项目的投入。国家在中西部地区安排的病险水库除险加固、生态建设等公益性建设项目，逐步取消县及县以下资金配套。拓宽农业投入资金来源渠道，整合投资项目，加强投资监管，提高资金使用效益。要尽快制定农业投入法，修改和完善农业法与预算法，明确各级政府财政支农责任，努力增加预算内支农资金，使财政对农业的投入总量和比重都有较大幅度的提高。国家征用农民集体所有土地的土地出让金中的纯收入，也应主要用于支持农业和农村基本公共服务事业发展。加大良种补贴范围和力度，健全农业补贴制度，扩大范围，提高标准，完善办法，特别要支持粮食增产和农民增收，逐年较大幅度增加农民种粮补贴。完善与农业生产资料价格上涨挂钩的农资综合补贴动态调整机制。健全农产品价格保护制度，完善农产品市场调控体系，稳步提高粮食最低收购价，改善其他主要农产品价格保护办法，充实主要农产品储备，优化农产品进出口和吞吐调节机制，保持农产品价格稳定在合理水平。完善粮食等主要农产品价格形成机制，理顺比价关系，充分发挥市场价格对增产增收的促进作用。针对当前农产品价格一直较低，而农机、农药、化肥等农资价格不断快速上涨的现实，要不断加大国家资金对农机以及相关农资的补贴力度，减缓或防止"谷贱伤农"对农业的不利影响。健全农业生态环境补偿制度，形成有利于保护耕地、水域、森林、草原、湿地等自然资源和农业物种资源的激励机制。

（二）农业服务体系

加快建立并不断完善与现代农业生产相适应的农业服务体系，是促进农村发展，构建城乡协调发展的重要举措。

一是要加强农业科技服务体系建设，加快推进农业科技研发和推广应用，建立健全动植物疫病防控体系，大力培养农村实用人才，促进农业由量的扩张向质的提升转变。顺应世界科技发展潮流，着眼于建设现代农业，大力推进农业科技自主创新，加强原始创新、集成创新和引进消化吸收再创新，不断促进农业技术集成化、劳动过程机械化、生产经营信息化。加大农业科技投入，建立农业科技创新基金，支持农业基础性、前沿性科学研究，力争在关键领域和核心技术上实现重大突破。加强农业技术研发和集成，重点支持生物技术、良种培育、丰产栽培、农业节水、疫病防控、防灾减灾等领域科技创新，实施转基因生物新品种培育科技重大专项，尽快获得一批具有重要应用价值的优良品种。适应农业规模化、精准化、设施化等要求，加快开发多功能、智能化、经济型农业装备设施，重点在田间作业、设施栽培、健康养殖、精深加工、储运保鲜等环节取得新进展。推进农业信息服务技术发展，重点开发信息采集、精准作业和管理信息、农村远程数字化和可视化、气象预测预报和灾害预警等技术。深化科技体制改革，加快农业科技创新体系和现代农业产业技术体系建设，加强对公益性农业科研机构和农业院校的支持。依托重大农业科研项目、重点学科、科研基地，加强农业科技创新团队建设，培育农业科技高层次人才特别是领军人才。稳定和壮大农业科技人才队伍，加强农业技术推广普及，开展农民技术培训。加快农业科技成果转化，促进产学研、农科教结合，支持高等学校、科研院所同农民专业合作社、龙头企业、农户开展多种形式技术合作。继续办好国家农业高新技术产业示范区，发挥国有农场运用先进技术和建设现代农业的示范作用。

二是建立新型农业社会化服务体系。建设覆盖全程、综合配套、便捷高效的社会化服务体系，是发展现代农业的必然要求。加快构建以公共服务机构为依托、合作经济组织为基础、龙头企业为骨干、其他社会力量为补充，公益性服务和经营性服务相结合、专项服务和综合服务相协调的新型农业社会化服务体系。加强农业公共服务能力建设，创新管理体制，提高人员素质，尽快在全国普遍健全乡镇或区域性农业技术推广、动植物疫病防控、农产品质量监管等公共服务机构，逐步建立村级服务站点。支持供销合作社、农民专业合作社、专业服务公司、专业技术协会、农民经纪人、龙头企业等提供多种形式的生产经营服务。开拓农村市场，推进农村流通现代化。健全农产品市场体系，完善农业信息收集和发布制度，发展农产品现代流通方式，减免运销环节收费，长期实行绿色通道政策，加快形成流通成本低、运行效率高的农产品营销网络。保障农用生产资料供应，整顿和规范农村市场秩序，严厉惩治坑农害农行为。积极发展农业专业合作社和农村服务组织，加强农村市场体系建设，积极推进农村信息化。要积极规范并不断壮大农产品行业协会、农民专业协会和农民专业合作社等形式多样的农村专业合作组织，发挥其在行业自律、技术推广、标准化生产、市场营销、打造品牌等方面的优势。

（三）积极引导农业结构调整

积极引导农业结构调整，发展有市场竞争优势的农产品。以市场需求为导向、科技创新为手段、质量效益为目标，构建现代农业产业体系。搞好产业布局规划，科学确定区域农业发展重点，形成优势突出和特色鲜明的农业产业带，引导加工、流通、储运设施建设向优势产区聚集。采取有力措施支持发展油料生产，提高食用植物油自给水平。鼓励和支持优势产区集中发展棉花、糖料、马铃薯等大宗产品，推进蔬菜、水果、茶叶、花卉等园艺产品集约化、设施化生产，因地制宜发展特色产业和乡村旅游业。加快发展畜牧业，支持规模化和专业化饲养，加强品种改良和疫病防控。推进水产健康养殖，扶持和壮大远洋渔业。发展林业产业，繁荣山区经济。发展农业产业化经营，促进农产品加工业结构升级，扶持壮大农业产业化龙头企业，培育知名品牌。强化主要农产品生产大县财政奖励政策，完善农产品加工业发展税收支持政策。加强农业标准化和农产品质量安全工作，严格产地环境、生产过程、产品质量全程监控，切实落实农产品生产、收购、储运、加工、销售各环节的质量安全监管责任，杜绝不合格产品进入市场。支持发展绿色食品和有机食品，加大农产品注册商标和地理标志保护力度。

四、建立城乡统一的人口管理体系

户籍制度在制定之初是跟中国计划经济相配套的制度，旨在建立一种全国统一格局的社会秩序，以提供生产资料和生活用品等初级产品，来保障城市工业化发展的需要。在这种制度下，农村人口与城市人口在享受政府基本公共服务和社会福利方面存在巨大差别，在很大程度上扭曲了我国的社会主义市场经济体制，不利于城乡协调发展。为了推进城乡协调发展，有必要改革原有的户籍管理体制，建立城乡统一的人口管理体系。户籍制度改革，并不意味着立刻撤销现有的户籍制度，而是要制定出没有城乡差别、能够惠及全体人民的包括平等的就业机会、居住机会、教育机会、社会保障和医疗制度的综合型人口管理体系。推进户籍制度改革的根本目的是保障公民迁徙和居住的自由，消除附加在户口上的城乡居民权利不平等的制度。深化户籍制度改革的制度取向是要打破城乡分割、区域封闭，实行以固定住所和稳定收入为依据的居住证管理制度。改革户籍制度，关键是剔除附在户籍上的劳动用工、住房、教育等不合理制度，平等对待新进城落户居民与原城镇居民的权利和义务，逐步实现人口的自由迁移和定居，建立起城乡一体化的以居住地申报为主的居住证管理制度。统筹推进户籍制度改革和基本公共服务均等化，健全常住人口市民化激励机制，推动更多人口融入城镇。放宽中小城市落户条件，使在城镇稳定就业和居住的农民有序转变为城镇居民。

第十二章

加强城市群空间联系

城市作为集聚人口和产业的主要空间载体，既是特殊的区域类型，又是区域发展中重要增长极。随着我国市场化程度的不断提高，以及区域经济一体化的不断推进，城市与城市之间的联系日益密切，并形成了若干由相互联系紧密的城市组成的城市群。城市之间的联系密切程度成为城市群研究的一个重点领域之一，尤其是随着我国市场化程度的不断提高，城市之间联系的密切程度在很大程度上体现在城市之间的经济联系密切程度上。城市群空间联系方向和联系强度分析，能够为政府部门提供城市发展或产业发展方面的决策参考，使决策更符合市场经济发展的规律，促进城市群区域的发展。

第一节　城市群空间联系

城市群的城市之间为何有着密切的空间联系，目前已有相关的理论分析，根据不同的联系方式，还可以划分为不同的类型。同时，对于如何用定量的方法测度城市之间的空间联系，很多学者也开展了相对系统的研究，构建了相应的数学模型。

一、城市群空间联系理论分析

（一）中心地联系

中心地理论是由德国城市地理学家克里斯塔勒（W. Christaller）和德

国经济学家廖士（A. Lösch）分别于 1933 年和 1940 年提出的，是研究城市空间组织和布局时，探索最优化城镇体系的一种城市区位理论。即假定某个区域的人口分布是均匀的，那么为了满足中心性需要，就会形成中心地商业区位的六边形网络。从中心地理论的角度看，不同的城市之所以要组成城市群，就是因为城市和城市之间有着相互交叉或者互补的服务空间。城市与城市之间的交叉或者互补性的服务空间为城市之间相对密切的经济社会联系提供了市场，通过市场的力量，相关的城市组成联系相对密切的城市群。

（二）城市等级联系

一个国家的城市呈现一定的等级结构，其中，一个国家的第二大城市和其他城市的规模应该与第一大城市的规模成比例，即第二大城市的人口大致是第一大城市的二分之一，第三大城市人口应该是第一大城市的三分之一，以此类推，这就是齐夫定律。齐夫（G. K. Zipf）在其《人类行为和省力最小原则》（*Human Behavior and the Principle of Least Effort*）一书中，曾运用对立统一的分析方法，从人类行为的角度探讨了城市等级规模分布的一般特征，并通过统计分析，推论出等级规模分布的理论模型：$\ln R_i = \ln A - a\ln P_i$。

式中：P_i 为第 i 级城市的人口规模，R_i 为 P_i 城市的序位，它通常可以验证 a 是否等于 1 和 A 是否等于最大城市规模。a 是回归线的斜率，当 a 值大于 1 时，说明城市人口比较分散，高位次城市规模不很突出，中小城市相对来说比较发达。当 a 值等于 1 的时候，是齐夫理想状态，表明体系内各级城市的规模为首位城市规模自然序列倒数的倍数。当 a 值小于 1 的时候，说明规模分布比较集中，大城市很突出，而中小规模城市不够发达。严重敏、宁越敏（1980）和许学强（1982）先后用全国城镇的详细人口资料，进行了位序—规模率的检验，发现我国城市体系规模总体服从齐夫分布（Zipf's Law）。城市的这种等级分布模式，也决定了不同层级的城市之间要有不同类型的经济社会联系，这种联系又促进了城市群的形成。大城市通过联系，可以适当向外分散部分功能，小城市通过联系，可以在享受大城市服务功能的同时，承担部分适合发挥小城市比较优势的功能。

（三）产业联系

城市作为人口和产业的集聚载体，产业之间的联系也会形成城市之间的联系，并会进一步促进城市群的形成。产业关联是指在经济活动中，各产业之间存在的广泛的、复杂的和密切的技术经济联系。产业之间的联系种类非常多，根据不同的标准可以衍生出不同的联系方式。比如，按照产业间供给与需求联系可以分为前向关联和后向关联。前向联系是指某些产业因生产工序的前后，前一产业部门的产品为后一产业部门的生产要素，这样一直延续到最后一个产业的产品，即最终产品为止。后向联系是指后续产业部门为先行产业部门提供产品，作为先行产业部门的生产消耗。按照产业间的依赖程度又可以分为直接联系和间接联系。所谓直接联系是指两个产业部门之间存在着直接的提供产品，提供技术的联系。所谓间接联系，是指两个产业部门本身不发生直接的生产技术联系，而是通过其他一些产业部门的中介才有联系。产业之间的联系是构成城市之间联系的重要内因之一，也是形成城市群的重要内因之一。

（四）网络联系

围绕着全球化生产、区域竞争以及城市地区经济社会的快速发展，城市间相互联系的趋势日益明显，形成了城市群地区与城市网络。在区域经济一体化背景下，城市群网络化作为区域内城市间多种物质动态流动的表现形式，不仅是城市化发展高级阶段的产物，而且也是城市间联系增强的必然结果。城市之间结成网络，可以产生 $1+1>2$ 的综合效应，从而给每个成员城市带来比单独发展更大的收益。一是城市之间可以更好地分享各自的细分市场和资源。随着城市之间分工的不断细化，可以进一步提高生产的专业化程度和劳动生产率，而且各自的细分市场都可以超越本城市的市场范围，成员城市之间相互分享各自的细分市场和资源，从而获得整体效益的最大化。二是成员城市之间可以相互学习。城市群之间具有密切的联系，其空间的集聚可以加速知识和技能的传播，使成员城市之间可以以更小的成本相互学习，共同提高。三是更多的机会。城市群的市场范围比单个城市的市场范围更大，各种要素相互匹配的机会更多。

二、城市群空间联系的基本类型

（一）自然联系

城市群是由特定区域内的若干城市组成，城市与城市之间具有空间毗邻性。空间毗邻的城市之间往往具有各种自然的联系，比如同在一个流域内，或者同在一个生态系统内。一个流域是由分水线所包围的河流集水区，根据河流的大小，其范围变化很大，而且往往是跨越不同层级的多个行政区，其间会涵盖或者涉及诸多城市。生态系统是在一定的空间和时间范围内，在各种生物之间以及生物群落与其生活环境之间，通过能量流动和物质循环而相互作用的一个统一整体，生态系统是生物与环境之间进行能量转换和物质循环的基本功能单位。生态系统往往也是跨多个行政区的，一个生态系统内可能会有多个城市。自然生态系统的范围与城市行政管理范围的交叉和相互涵盖，是产生城市之间自然联系的根本原因。不同的城市如何同属于一个生态系统，他们之间的自然联系就非常密切。

（二）经济联系

城市是产业集聚的重要平台，产业与产业之间是具有密切联系的，这种联系往往衍生成为城市与城市之间的经济联系，并促成其他相关生产要素在相关城市之间形成紧密的联系，由此产生错综复杂的城市间经济联系网络。从城市群的本质特征来看，密切的经济联系也是形成城市群的重要因素之一，是相互之间具有密切经济联系的若干城市发展到一定阶段的空间集聚现象。此外，有学者将万有引力定律引入到经济学领域，认为不同规模的经济体之间也存在相互吸引的规律。城市作为重要的经济体，相互之间同样具有相互吸引的现象。由于城市群内有城市引力场，使城市之间形成相互吸引并不断扩散或集聚，由此产生网络化的空间结构，城市要想在全球化背景下发展，必须建立与其他城市的经济联系，使城市在更广的范围内产生经济联系。

（三）社会联系

城市作为一定地域中的社会综合体，它所形成的社会化联系比较复杂。马克思曾经指出，人的本质是一切社会关系的总和。城市作为人口集聚的重要平台，由此所产生的各类社会关系就十分复杂。由于地理环境和自然条件不同，导致历史文化背景差异，从而形成了明显与地理位置有关的文化特征，这种文化就是区域文化，不同的城市在不同的区域，受所在地区域文化的影响非常明显。此外，不同的地区往往还会有着各自的宗教信仰，并由此对当地的文化、习俗等产生深远影响。这种社会文化的影响范围往往比较大，跨越多个城市行政管理单元。在同一个社会文化区域范围内的城市群，城市与城市之间的社会联系就会比较密切。

（四）行政管理联系

城市政府作为基层政府管理机构，必然在行政管理方面与上级政府产生密切联系。根据城市自我管理权限的不同，城市政府与上级政府之间的关系密切程度也各不相同。城市自我管理权限强的地方，城市与上级政府的行政管理联系相对弱一些。城市自我管理权限弱的地方，城市与上级政府的行政管理联系相对强一些。在我国，由于长期实行的是以政府为中心的行政权力主导型治理格局，这就决定了我国的城市与上级政府城市之间具有非常密切的行政管理关系。并且由于我国政府对经济具有很强的影响力，政府在基本公共服务资源配置方面有着非常重要的主导作用，而且会对其他经济要素的配置产生重要影响，我国的城市间行政管理联系会对城市间的经济联系产生重要影响。

三、城市群空间联系的测算方法

（一）传统方法

城市之间的联系密切程度成为城市群研究的一个重点领域之一，尤其是随着我国市场化程度的不断提高，城市之间联系的密切程度在很大程度上体现在城市之间的经济联系密切程度上。对于城市群而言，其空间联系密切程度主要体现在两个方面，一是城市群内部相关城市的空间联系密切程度，二是城市群与外部相关城市或城市群的空间联系密切程度。研究城市群内外部空间联系，有助于认识城市群的内部空间结构和演变规律，明确不同城市在城市群中的作用，探索城市群未来的发展方向和重点，为城市群发展在空间和功能领域提供理论和政策支持。

在研究方法上，主要有以下几种传统研究方法。一是基于引力模型的城市间空间联系。依据距离衰减原理，引力模型已经广泛应用于经济研究分析中，特别是在新经济地理学和区域经济学领域，成为研究空间相互作用的核心工具。二是基于城市流强度的城市间空间联系。城市流是指城市间人流、物流、信息流、资金流、技术流等空间流在城市群内所发生的频繁、双向或多向的流动现象,是城市间相互作用的一种基本形式。城市流强度是指在城市群区域城市间的联系中城市外向功能(集聚与辐射)所产生的影响量。三是基于要素实际流动量的城市间联系研究。基于要素实际流动的城市间联系日益成为研究城市群的主要手段。以人流、物流、信息流等流动要素为重点,通过对其进行量化测度,能够清晰地反映日益网络化的城市区域内部的功能结构和关系,为深入揭示城市区域内的互动演进过程提供有力支撑。

以上各种方法都可以从一定程度上反映出城市间空间联系的水平,但每种方法都有各自的特点和不足。基于引力模型的城市间联系计算方法将万有引力模型引入到城市间联系定量研究之中,对于研究相对均质区域空间内的城市具有重要意义。但是在现实世界中,城市分布的区域往往是异质的,山脉、河流、湖泊、海洋、沙漠、戈壁等自然景观会对城市联系产生十分重要的影响,铁路、公路、航空等交通运输线路也会对城市间联系产生重要影响。因此,基于引力模型的城市间联系计算对于交通线路相对均衡分布的平原地区的城市具有现实意义,而对于地形条件比较复杂而且交通路线分布十分不均衡地区的城市并不一定适用。城市流强度计算方法目前得到较为广泛的应用,这种计算方法能够对一个城市外向功能进行量化表述,从而表征某一城市的对外联系程度高低,而且从计算中所需要的数据来看,基本都是传统统计数据,在数据上具有较强的可获得性,而且计算方法相对简便,具有较强的可操作性。但是城市流强度计算方法只能计算出某一城市外向功能的高低,而不能表述这一城市到底与哪个城市有多强的联系度,即城市流强度计算没有办法表述城市之间联系的方向性。基于流动空间的城市间联系计算方法主要是通过城市与城市之间的客运流量、货运流量、信息流量、资金流量等来量化表述城市与城市之间的联系强度,这种基于事实数据的表述最能表达城市与城市之间的实际联系强度和联系方向,在实际应用中,往往是通过城市与城市之间的旅客运输量,包括公路、铁路、航运、航空等,城市与城市之间的货运量,城市之间的长途电话通话时长等表述。但是这种表述方法需要大量的专业数据支撑,数据可获得性差。从已有的研究成果来看,往往都是针对某一个小的区域范围内的城市之间的主要要素流动进行统计计算,对全国城市进行专门统计计算的成果十分鲜见。

(二) 网络分析方法

基于网络的城市间联系研究。在全球化与地方化交织的背景下,世界城市体系已呈现网络化研究的新趋势。城市网络分析的核心在于从"关系"的角度出发研究城市与城市之间的联系。在城市网络研究领域,任何一个城市都是城市网络中的成员,关系是网络分析的理论基础,成员间的关系类型可以多种多样。网络分析方法为研究城市群网络结构提供了精致的工具,配合使用相应的软件,可以把改善城市群网络结构的过程变得更加直观可控,量化测评效果也更加明显。有关学者结合统计物理中复杂网络分析工具,采用 GIS、Matlab 和数据库等技术手段,构建了城市联系网络,一定程度上突破了传统的等级或位序城市关系研究,并结合中国的情况进行了实证研究,认为我国城市可划分为北方城市区、长江城市区、南部城市区 3 大城市区,形成了"三极多核"的空间格局。此外还有地缘经济联系分析、相关系数分析、相似系数分析等方法。

也有学者利用网络分析的方法针对特定城市群进行网络结构分析,根据李响等相关学者对长三角城市群网络结构分析研究,网络分析一般从整体网络密度、网络中心度和内部凝聚子群三个角度进行分析,分析计算的方法如下。

1. 网络密度

网络密度描述了网络中各成员结点之间关联的紧密程度,是社会网络分析中最基本的一种度量指标。城市群的整体网络密度定义为网络中城市节点间实际拥有的关系数与理论拥有最大关系数的比值,网络密度指标可以反映网络中现存空间联系部分与整体完备连通图间的差距程度。城市群网络为有向网络,其密度的计算公式为:

$$D = \sum_{i=1}^{n} d_i(c_i) / n(n-1)$$

其中 n 为城市网络规模即城市个数。

$$d_i(c_i) = \sum_{i=1}^{n} d_i(c_i, c_j)$$

若城市 i 与城市 j 间有相关联系,则 $d_i(c_i, c_j)$ 为 1,无任何联系 $d_i(c_i, c_j)$ 则为 0。

网络所展现的疏密性特征体现了整体网络获取资源的能力和相对开放程度,网络密度越大,整体网络和其中的结点成员所能实现的传递和交互能力就越强。联系紧密的整体网络不仅为个体发展提供各种所需资源,同时也成为规范个体行为的重要手段和途径。

2. 网络中心度

中心度（centrality）是度量整个网络中心化程度的重要指标，在城市群网络中，处于中心位置的城市更容易获得资源和信息，拥有更大的权利和对其他城市更强的影响力。网络中心度一般有以下三大指标。

点度中心度是根据城市群网络中的连接数来衡量结点在网络中的中心位置程度，它反映出那些对其他结点城市处于相对中心位置的结点，即点度中心度越高，则说明该城市结点处于网络较中心的位置。点度中心度的计算公式为：

$$C_D(c_i) = d(c_i)/(n-1)$$

接近中心度是用距离概念来测量某一结点城市的中心程度，一般用以体现网络成员在整体网络中对资源的控制度。接近中心度数值越高，表明这一中心城市和其他城市间的联系程度越密切，反过来也可以得出距离中心点城市相对较远的城市在资源影响等方面会表现得较弱。接近中心度的计算公式为：

$$C_C = (n-1)/\sum_{j=1}^{n} d_i(c_i, c_j)$$

中间中心度是衡量成员对资源控制能力的程度，表示结点成员在多大程度上是网络中其他成员的中介。如果某结点城市位于与其他城市点最短路径上，则该城市具有较高的中间中心度。这种中介和桥接角色决定了网络中这个城市对其他成员的控制能力。中间中心度的计算公式为：

$$C_B(c_i) = \left[\sum_{j<k} g_{jk}(c_j)/g_{jk}\right]/(n-1)(n-2)$$

其中，$g_{jk}(c_j)$ 表示包括城市 c_i 的两个城市之间短程线数目；g_{jk} 表示城市 c_j 与城市 c_k 间存在的短程线数目。

3. 内部凝聚子群

网络结构研究中，把行动者分到各个内部子群之中是另一个主要的研究方向。网络凝聚子群就是指成员之间具有相对较强的、直接的、紧密的、经常地或者积极的关系所构成的一个成员的子集合，子群体成员之间的关系都是互惠的，且不能向其中加入任何一个成员而不改变其性质。城市网络内部凝聚子群是用于揭示和表述城市群体内部组成结构状态，找到城市网络中凝聚子群的个数以及凝聚子群中具体包含的成员，分析凝聚子群间的关系及互动方式，可以从整体性网络的维度考察城市群网络的发展情况。

基于网络的城市间联系研究可以通过定量分析，甄别不同城市网络之间联系的密切程度，并可依据计算结果进行聚类分析，对于城市群研究具有较好的理论指导意义。但是，基于网络的城市间联系研究的基本前提仍然是针对相对均质的区域空间，不能考虑自然因素以及交通网络等对城市间联系的影响。

第二节　影响城市群空间联系的主要因素

影响城市群内部城市之间联系紧密度的因素较多，这既与城市群内成员城市的自身特点有关，又与城市群所在区域的宏观背景有着密切联系，尤其是与城市群所在区域的交通基础设施状况关系密切。

一、基础设施的不断完善为城市群提供了便捷的联系方式

当前，城市间的基础设施不断完善，在交通基础设施领域体现尤为明显。随着高速轨道交通基础设施的不断普及，为城市群内部各成员城市以及城市群之间的交通提供了很大便利，大幅度降低了城市之间联系的时间成本。目前，中国的高速铁路正常运营速度已经达到 300 公里/小时以上，这就使得城市与城市之间一小时交通圈的半径拓展到 300 公里左右，1000 公里左右的城市间的交通距离也被缩短为 4 个小时以内。此外，机场、电信等基础设施的不断完善，也大大缩减了城市之间的交通和通讯时间，使得城市之间交通通讯的时间成本和经济成本越来越低，越来越便捷。

二、经济全球化促进了城市群的形成和发展

经济全球化是当代世界经济的重要特征之一，也是世界经济发展的重要趋势之一。经济全球化的不断发展，在很大程度上也促进城市群的形成与发展。随着经济全球化的迅猛发展，全球正逐步成为一个以不同国家和城市为节点，以资本、商品、科技、信息、服务为纽带，相互依赖和相互作用的网络。在经济全球化进程中，不同城市的功能更加细

化，相互之间的联系更加紧密，而且联系的范围也更为广泛。经济的全球化有利于从全球角度配置资源，促进全球生产效率的提高。城市在经济全球化的大背景下，对外联系更为紧密，经济间相互开放和融合的程度大大加深。

三、区域经济一体化进一步强化了城市群之间的联系

为了更好顺应经济全球化进程，区域经济一体化进程也在不断加快。所谓区域经济一体化，就是在特定区域内实行自由贸易和生产要素自由流动，发挥市场配置资源的决定性作用，从而通过市场竞争提高经济效率，使资源配置更为合理高效。在区域经济一体化进程不断推进的影响下，城市群之间的联系密切程度会不断加强，城市群各成员城市间通过在基础设施、生态环境、产业发展、社会服务、规划编制等领域不断加强合作，形成联系非常密切的综合体。此外，我国也在积极探索研究有利于劳动力自由流动的社会保障制度，这种社会保障制度一旦建立，也会加强城市与城市之间的联系。在区域经济一体化的进程中，城市群还可以联合起来，就城市群所面临的突出问题和共同利益一块向上级政府申请政策和资金支持。

第三节 我国城市群空间联系的实证分析

对于城市群而言，其空间联系密切程度主要体现在两个方面：一是城市群内部相关城市的空间联系密切程度；二是城市群与外部相关城市或城市群的空间联系密切程度。

一、进行城市群空间联系实证分析的意义

（一）分析城市群的空间结构

城市群发展到一定阶段后，在一个城市群内部形成了大、中、小不同规模层次的城市，构成了各自独立而又紧密联系的城市群，不同规模、层

次、结构与功能的城市通过交通网络、商品网络、技术网络、资金网络、人才网络以及信息网络等密切联系在一起，将集中集聚和分散集聚的优点相互结合，充分体现空间集聚的优越性。通过对城市群内外部空间联系进行研究，特别是通过数学模型或者对城市之间的各类要素流动进行定量研究，可以对城市群中不同城市联系强度进行量化，从而可以形象地识别城市的空间结构。

（二）分析城市群中各城市的功能

不同城市间的人员、信息、货物等交流是维系城市群活力的基础，其内部城市间空间联系的紧密性是城市群一个最突出的特征。在对城市间空间联系进行研究的时候，往往会采用区位熵的计算方法，通过区位熵或者专业化指数计算，可以明确不同城市的专业功能，同时有学者将不同城市的专业化分工应用到城市网络分析之中。一般而言，专业化程度决定了城市间的双边贸易量，专业化程度越高，贸易量就越大。

（三）探索城市群的发展方向

通过对城市群内外部空间联系进行研究，可以明确城市之间的联系强度和主要联系方向，如有历史数据的支撑，通过对一定时期城市间联系强度和联系方向变动进行系统研究，可以为探索城市群的发展方向奠定基础。有学者认为"地域分工→区际贸易→空间集聚→地域分工"的闭合循环是城市空间格局演变的一般过程，并催生了全球城市体系、多中心城市区域、都市区等新的复杂的城市空间形态。

二、城市群内部空间联系分析

京津冀城市群在我国城市群中占据十分重要的地位，城市群内部联系相对比较密切。本书采用网络分析的方法，利用京津冀城市群各成员城市之间的交通情况，对京津冀城市群内部成员城市的空间联系进行分析。通过对京津冀成员城市之间的长途客运班车、高铁、所有列车之间的班次进行网络查询，整理出京津冀城市群成员城市之间的交通矩阵（见表 12 - 1 ～表 12 - 3）。

表 12 - 1　　　京津冀城市群成员城市之间长途客运班车往返班次矩阵

城市	北京	天津	石家庄	唐山	秦皇岛	保定	张家口	承德	沧州	廊坊
北京	0	164	127	121	52	357	81	101	127	195
天津		0	10	144	5	6	8	9	76	6
石家庄			0	54	11	7	10	8	74	16
唐山				0	90	34	9	35	24	12
秦皇岛					0	7	0	12	5	1
保定						0	9	9	58	12
张家口							0	1	5	2
承德								0	4	2
沧州									0	13
廊坊										0

资料来源：票价网 http：//www. piaojia. cn/，2013 年 7 月 12 日查询。

表 12 - 2　　　京津冀城市群成员城市之间高铁列车往返班次矩阵

城市	北京	天津	石家庄	唐山	秦皇岛	保定	张家口	承德	沧州	廊坊
北京	0	54	93	20	7	62	0	0	54	39
天津		0	0	12	3	0	0	0	39	22
石家庄			0	0	0	62	0	0	0	0
唐山				0	8	0	0	0	0	0
秦皇岛					0	0	0	0	0	0
保定						0	0	0	0	0
张家口							0	0	0	0
承德								0	0	0
沧州									0	25
廊坊										0

资料来源：票价网 http：//www. piaojia. cn/，2013 年 7 月 12 日查询。

表 12 - 3　　　京津冀城市群成员城市之间所有列车往返班次矩阵

城市	北京	天津	石家庄	唐山	秦皇岛	保定	张家口	承德	沧州	廊坊
北京	0	272	193	77	36	136	49	15	73	67
天津		0	47	131	48	5	13	3	123	62
石家庄			0	29	12	142	10	5	19	6
唐山				0	69	6	6	0	43	15
秦皇岛					0	6	4	0	15	8
保定						0	10	2	0	4
张家口							0	0	1	8

续表

城市	北京	天津	石家庄	唐山	秦皇岛	保定	张家口	承德	沧州	廊坊
承德								0	3	3
沧州									0	34
廊坊										0

资料来源：票价网 http：//www.piaojia.cn/，2013 年 7 月 12 日查询。

利用社会网络分析软件 UNCINET 对上述交通矩阵进行分析，并利用其中的 NETDRAW 工具进行可视化表示（见图 12-1~图 12-3）。

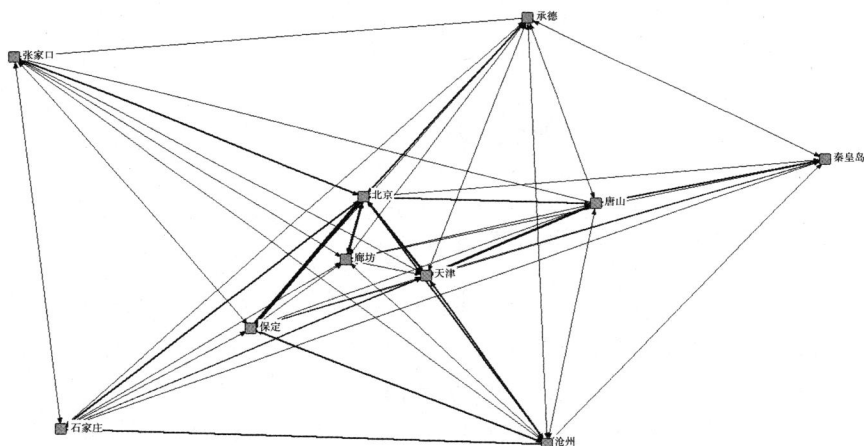

图 12-1 京津冀城市群成员城市之间长途客运班车往返班次网络分析

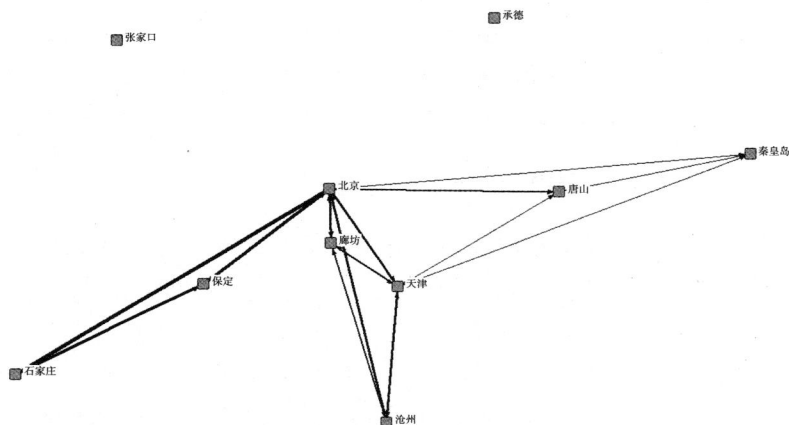

图 12-2 京津冀城市群成员城市之间高铁列车往返班次网络分析

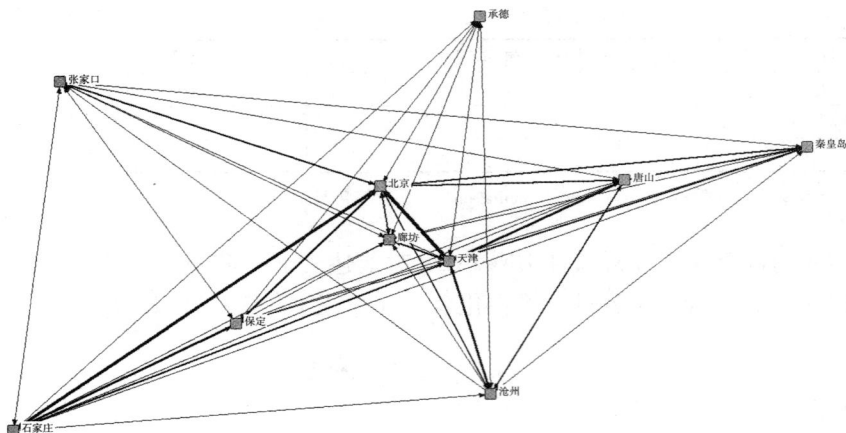

图 12 - 3　京津冀城市群成员城市之间所有列车往返班次网络分析

(一) 京津冀城市群网络密度分析

利用 UCINET 网络分析工具，根据京津冀所有列车的交通矩阵数据，通过分析发现京津冀城市群的网络密度为 0.9。根据网络密度的计算公式，网络密度为实际联系数值与理论联系数值的比值，理论数值介于 0 ~ 1 之间，如果城市之间没有任何联系，则为 0，如果城市之间的实际联系程度与理论联系程度一致，则为 1。网络密度数值越高，则表明城市间空间联系越密切，相互之间的影响越大，越能发挥城市群的整体效益。京津冀城市群的网络密度为 0.9，这个网络密度已经非常高了，非常接近理论联系数值，这说明在京津冀城市群成员城市之间具有非常密切的空间联系，几乎所有的城市之间都具有较为密切的联系。

(二) 京津冀城市群中心度分析

借助 UCINET 软件对京津冀城市群进行核心边缘分析，得出京津冀的核心为北京和天津，边缘为石家庄、唐山、秦皇岛、保定、张家口、承德、沧州、廊坊。由此可以看出，京津冀城市群是一个典型以北京和天津为双核心的城市群。点度中心度是根据城市网络中的连接数来衡量结点在网络中的中心位置程度，他反映出那些对于其他结点城市处于相对中心位置的结点，即点度中心度越高，说明该城市结点处于网络中较中心的位置。通过计算，可以发现北京和天津的点度中心度远远高于平均水平，而且和其他城市有着较大差距，这显示出北京和天津在京津冀城市群中的核心地位，而且在北京和天津这两个核心中，北京的核心地位更为突出。中间中心度测量的是一个点多大程度上位于其他点的中间，测量的是节点对整个网络的控制程度。就中间中心度来说，北京、天津、石家庄、廊坊和保定的中间中心度大于均值。因此，我们可以判定北京、天津、石家庄、廊坊和保定位于许多其他结点城市交往的网络路径上，这几个城市控制网络中其他节点之间联系的能力强。而其他城市对网络中其他成员的控制能力弱，往往是被影响的对象。邻近中心度是用距离概念来测量某一结点城市的中心程度，一般用以体现网络成员在整体网络中对资源的控制度。邻近中心度数值越高，表明这一中心城市和其他城市间的联系程度越密切。就邻近中心度来说，京津冀城市群的邻近中心度分异不大，这说明京津冀城市群整体联系比较密切。其中点出度较高的是北京、天津、石家庄、廊坊，说明这几个城市在经济发展中依赖性较低，基本不受网络内其他结点城市的影响。而其他城市在发展中比较依赖于别的城市，独立性不强，因此也容易受网络中其他节点的影响（见表 12 – 4）。

表 12 – 4　　　　京津冀城市群所有列车班次中心度分析表

序号	点度中心度				中间中心度		邻近中心度			
	排序	点出度	排序	点入度	排序	中心度	排序	点出度	排序	点入度
1	北京	478.00	北京	440.00	北京	1.47	北京	100.00	北京	100.00
2	天津	357.00	天津	347.00	天津	1.47	天津	100.00	天津	100.00
3	石家庄	220.00	石家庄	243.00	石家庄	1.47	石家庄	100.00	石家庄	100.00
4	唐山	195.00	唐山	181.00	廊坊	1.47	廊坊	100.00	廊坊	100.00
5	沧州	160.00	保定	155.00	保定	1.03	唐山	90.00	唐山	90.00
6	保定	156.00	沧州	151.00	沧州	0.83	秦皇岛	90.00	秦皇岛	90.00
7	廊坊	106.00	秦皇岛	129.00	唐山	0.43	保定	90.00	保定	90.00
8	秦皇岛	69.00	廊坊	101.00	秦皇岛	0.43	沧州	90.00	张家口	90.00
9	张家口	51.00	张家口	50.00	承德	0.27	张家口	81.82	沧州	81.82
10	承德	18.00	承德	13.00	张家口	0.13	承德	75.00	承德	75.00
均值	—	181.00	—	181.00	—	0.90	—	91.68	—	91.68

　　注：在有向图中每个点都有两种中心度，一种是点入度，即一个城市在整体网络中受其他城市经济影响的程度；另一种是点出度，即在整体网络中主动影响其他城市经济发展的程度。

(三) 京津冀城市区内部凝聚子群分析

利用 UCINET 中的凝聚子群分析方法，可以看出京津冀城市群大体可以分为三个子群：一是北京、天津、石家庄、廊坊子群；二是保定、张家口、秦皇岛、唐山子群；三是沧州、承德子群。其中北京、天津、石家庄、廊坊子群可以看做是京津冀城市群的核心圈，相互之间的联系非常紧密。保定、张家口、秦皇岛、唐山子群可以看做是京津冀城市群的外围圈，他们与核心城市群相比联系相对松散，但同时也承担着很重要的通道连接的功能，是京津冀城市群北上、西出、南下、东进的重要通道。沧州、承德子群可以看做是京津冀城市群的边缘。相对于其他城市，这两个城市在京津冀城市群的联系相对薄弱，这一方面说明这两个城市在京津冀城市群交通网络中呈现被边缘化的趋势；另一方面说明这两个城市的交通通道效应也不明显（见图 12 - 4）。

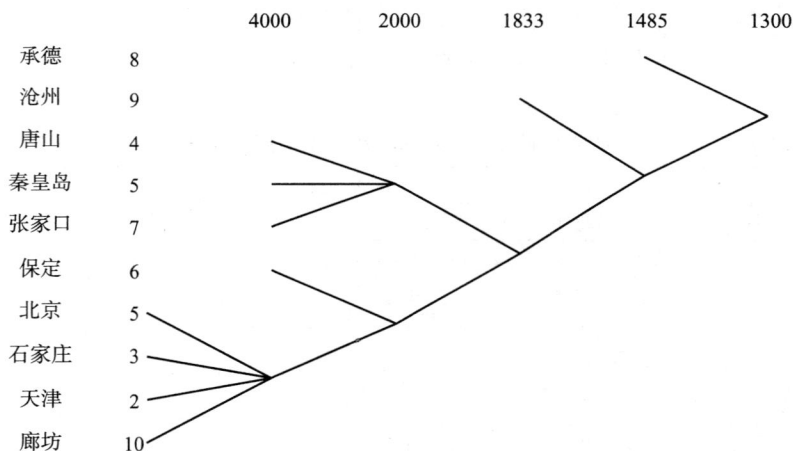

图 12 - 4　京津冀城市群基于所有列车联系矩阵的内部凝聚子群分析

三、城市群外部空间联系分析

从我国主要城市群核心城市之间的航空客运和货运联系来看，我国主要城市群之间都存在不同程度的空间联系，形成了网络化的空间联系格局，其中京津冀城市群、长三角城市群、珠三角城市群和成渝城市群的枢纽性作用非常明显，无论是客运流还是货运流，这四大城市群之间的联系量都非常大，占据主导性的优势地位。从航运货运量上来看，京津冀城市群、长三角城市群和珠三角城市群之间的联系在城市群之间联系中呈主导性作用，其次为京津冀城市群与川渝城市群、珠三角城市群与成渝城市群、长三角城市群与川渝城市群。从航运客运量来看，京津冀城市群与长三角城市群、长三角城市群与珠三角城市群之间的联系呈现主导性地位，其次为京津冀城市群与珠三角城市群、京津冀城市群与川渝城市群、珠三角城市群与成渝城市群。从铁路客运量来看，京津冀城市群与长三角城市群、京津冀城市群与辽中南城市群、京津冀城市群与山东半岛城市群、山东半岛城市群与长三角城市群、鄂东城市群与珠三角城市群之间的联系呈现主导性地位，与其他城市群之间的联系差距较大。

第四节　我国城市群空间联系的特征

我国城市群空间联系状况与我国经济发展的区域分异具有较高的空间耦合性，经济越发达的地方，城市群之间的空间联系越密切。此外，核心城市在城市群空间联系中发挥着枢纽的作用。

一、我国城市群内部联系的特征

（一）主要围绕核心城市呈现枢纽辐射状

从目前的研究成果来看，城市群内部成员城市间的空间联系，基本都是围绕城市群内的核心城市，呈现枢纽辐射状的空间联系状况，其他非核心的成员城市之间的空间联系相对较弱。例如，在京津冀城市群中的北京、长三角城市群中的上海、珠三角城市群中的广州和深圳、山东半岛城市群中的济南和青岛、川渝城市群中的成都和重庆、辽中南城市群中的沈阳和大连等，这些核心城市在城市群中的枢纽型地位非常突出，其综合服务能力也非常突出，其他的成员城市主要是围绕核心城市开展经济合作，与核心城市形成比较密切的空间联系。

（二）城市群内部成员城市之间联系分异明显

在城市群内部各成员城市之间，联系强度分异非常明显。根据对京津冀城市群交通网络的分析，可以发现京津冀城市群交通网络内部分异可以分为 3 个层次，第一层次是北京、天津、石家庄、廊坊子群；第二层次是保定、张家口、秦皇岛、唐山子群；第三层次是沧州、承德子群。在第一层次，北京←→天津、石家庄←→廊坊之间联系非常密切。在第二层次，北京←→唐山、北京←→保定、天津←→唐山、天津←→保定之间联系非常密切。第三层次为沧州和承德，联系相对松散。在第一层次城市之间，城市之间的联系量在整个京津冀地区居于主导地位，其空间联系非常密切，始终在整个京津冀地区遥遥领先。第二层次的城市之间的空间联系的密切程度虽然相对较高，但是与第一层次城市之间的空间联系相比有较大差距。第三层次城市间的空间联系比较薄弱，呈现被边缘化的趋势。

（三）联系强度呈现由东南沿海向西部内陆递减的趋势

城市群成员城市之间联系的强度往往与其经济规模具有比较密切的相关性，一般来说，经济规模越大，经济发达程度越高的城市间联系强度越大。卢万合和刘继生对中国十大城市群流强度进行比较分析，认为中国十大城市群的外向型功能量和城市流强度都存在巨大差距，呈现出从东南沿海到西部内陆逐渐降低的态势。其中京津冀城市群、长三角城市群和珠三角城市群为高城市流强度的辐射中心，是总体实力和城市流强度最强的三大城市群。各城市群的核心城市的城市流强度也存在巨大差距，并且与城市群间城市流强度的变化态势较为一致，反映出核心城市在城市群中具有非常重要的枢纽型作用。其中，北京、深圳和上海三座城市的城市流强度值较大，说明这三座城市具有较强的枢纽性作用，在很大区域范围内具有较强的辐射功能。

二、我国城市群外部联系的特征

（一）城市群的外部联系主要体现在核心城市上

城市群一方面对内是一个一体化程度很高的综合体；另一方面城市群

还是一个对外的开放体，城市群对外的空间联系主要体现在核心城市的对外联系上。这一方面是因为城市群内部核心城市的首位度一般都比较高，集聚了城市群内部最好的生产要素资源，其市场范围和服务空间往往会超过城市群自身的市场范围，需要与外部加强经济联系，拓展市场范围，以便在更大空间范围内实现资源的优化配置。另一方面，在部分城市群内部，核心城市往往是靠近港口的门户城市，这类核心城市在城市群中往往担任着内聚外联的作用，城市群内部的成员城市往往通过门户核心城市与外部发生空间联系。

（二）港口城市在城市群对外联系中发挥枢纽性作用

港口城市在城市群对外联系中发挥重要的枢纽性作用，很多城市群的对外空间联系主要是通过港口城市的对外联系得到体现的。这主要是因为港口城市在集聚人口和生产要素方面具有得天独厚的优势，在历史发展过程中，很多区位条件和建港条件优越的港口城市，往往得到快速发展，成为区域发展的龙头城市。港口中心城市本身具有优越的区位条件和便利的交通优势，成为区域内人口和产业的集聚中心，而且还往往是区域内的行政中心，从而在一定程度上强化了人口和产业的集聚功能，促进了区域中心城市规模的扩大和功能的完善。港口城市对外联系成本低廉和便捷的先天优势，进一步强化了其在城市群中内聚外联的作用。

（三）城市对外联系强度基本仍呈现菱形分布格局

从我国城市群对外联系强度的空间分布来看，基本呈现出由京津冀、长三角、珠三角、成渝组成的菱形空间分布格局。这种菱形格局基本与中国区域发展长期形成的"T"字形空间是相吻合的。其中京津冀城市群、长三角城市群和珠三角城市群是我国沿海地区最为发达和规模最大的城市群，川渝城市群是我国长江沿岸的重要城市群，这四大城市群之间的空间联系强度最大，相互之间的人员流动和货物流动量都比较大。在我国全国的城市群结构体系中，这四大城市群之间的空间联系占据主导地位。

第五节　主要结论及政策建议

加强城市群空间联系，是当前我国构建全国统一市场的需要。城市群作为空间联系相对紧密的特殊区域，要在构建全国统一市场方面起到示范带动作用。要遵循城市和经济发展自然规律，逐步消除影响城市群空间联系的障碍，为要素的自由流动创造良好的外部环境，从而使市场能够在资源配置中发挥决定性作用。

一、城市群内部联系不断紧密

根据实证研究和文献综述，可以发现城市群内部成员城市之间的联系日益紧密，一体化的趋势非常明显，这主要得益于以下几个方面的原因。一是我国社会主义市场经济体制日益完善，制约要素流动的行政性壁垒在逐步弱化，这为发挥市场配置资源的决定性作用创造了较好的外部环境。城市群作为具有有机联系的经济区，市场所发挥的作用日益显现，使得城市与城市之间的联系日益密切。二是现代技术在基础设施领域的广泛应用，大大降低了城市与城市之间的时间成本，拉近了城市与城市之间的时间距离。随着高速铁路网络的不断完善，毗邻城市之间的交通日益便捷，时间成本越来越低，这也在很大程度上加强了城市群成员城市之间的联系程度。

二、城市群外部的空间联系范围日益拓展

在经济全球化的大背景下，城市的开放度和包容性得到很大提升，城市群作为由若干城市组成的有机体，其国际化程度也得到很大的提升，城市群对外联系的空间范围不断拓展。首先，在我国几个主要城市群之间，都具有比较密切的空间联系，在京津冀城市群、长三角城市、珠三角城市和成渝城市群之间，相互之间的联系非常密切，基本主导了我国城市群之间的空间联系。其次，这些城市群的国际化程度也比较高，与国外主要城市之间的联系比较密切，已经成为世界城市网络中的重要组成部分。

三、城市间联系程度成为识别城市群成熟度的重要依据

不同的城市之所以能够组成城市群，在很大程度上就是因为这些城市之间具有密切的联系，使这些城市组成一个有机体。城市之间的联系又非

常明显地体现在相互之间的人员流动、资金流动、信息流动等生产要素的流动量上，这种联系既可以直接通过要素流动的量化数据得到体现，也可以通过各种数学模型，利用间接数据得以体现。通过测算城市群之间的联系程度，再进行横向或纵向的比较，可以在很大程度上可以识别城市群的发育程度。

四、城市联系密切程度与城市综合功能呈现正向关系

一般来说，城市的综合功能越完善，其对外联系程度越密切。这主要是因为功能越完善的城市，其专业化分工越细，越需要与其他城市之间建立密切的关系，以更好发挥各自的比较优势。这一点在我国的上海、北京、广州、天津、深圳等城市中都得到充分体现。例如，在京津冀城市群的实证研究中，作为双核心的北京和天津，都是综合功能比较完善的城市，北京和天津在城市联系中处于主导性地位，成为和其他成员城市联系的重要枢纽，在整个城市群体系中发挥着引领性作用。

五、港口城市一般对外联系比较密切

城市对外联系主要依托不同类型的交通基础设施来完成，其中海运、河运、公路、铁路、航空、通信等是构建城市间联系的主要依托。从实践来看，对外联系密切的城市一般都是港口城市。一方面，港口城市在水运方面具有先天优势，特别适合大容量货物运输，而且运输成本低廉，这一点是非港口城市无法比拟的。而空运、通信等联系方式对区位条件的要求不高，很难体现区域差异性。另一方面，从城市发展的历史来看，港口城市往往都是城市最早的发源地，城市发展基础好，而且外向度比较高。

六、城市联系密切程度呈现从沿海向内地递减的趋势

沿海地区的城市间的联系密切程度一般都高于内地城市间的联系密切程度，这一方面得益于东部沿海地区完善的市场环境和较好的发展基础，城市之间的分工更为细化，相互之间的互补性更强，相互之间的依存度更高。中西部内地地区虽然也形成若干城市群，但是由于发展基础相对较

弱，城市之间分工协作还不是很完善，相互之间的联系密切程度相对较弱。另一方面，沿海地区城市外向度较高，其市场范围更大，对外联系更为密切。

七、城市群发展需要完善的市场环境

城市群作为城市空间集聚的一种形态，是市场经济发展的产物，其完善与发展，也必须要有完善的市场环境，发挥市场配置资源的决定性作用，实现生产要素的优化配置，提高生产效率。通过城市群内部和外部联系的分析可以看出，目前我国社会主义市场经济体制还有需要进一步完善的地方，影响要素在城市群内部自由顺畅流动的障碍依然存在，比如在基础设施的互联互通、生态环境的共治共享、社会服务的齐抓共管、规划编制的相互衔接等诸多领域都亟须改善，政府需要按照自身的职能定位，履行好在宏观调控、经济调节和公共服务领域的职能，为城市发展创造良好的外部环境。

第十三章

探索区域间横向转移支付制度

区域间横向转移支付是平衡区域间财力的重要方式之一，对于促进区域间人均可支配财力均等化具有重要作用。我国虽然没有严格意义上的区域间横向转移支付制度，但是，我国的对口支援、生态补偿等做法，可以认为是广义上的区域间横向转移支付实践。横向转移支付实践在应对自然灾害、加快灾后恢复重建进程、加强生态保护、促进民族团结、兴边富民等一系列领域发挥了其独特作用，取得了积极成效。

第一节　区域间横向转移支付的基本概念和特点

区域间横向转移支付在我国的财政转移支付中是一个新的概念，也是一个新的领域。进一步明晰区域间横向转移支付的概念和特点，是开展区域间横向转移支付研究的基本前提。

一、区域间横向转移支付的基本概念

从政府间财政关系看，主要有三种形式：一是纵向财政关系；二是横向财政关系；三是斜向财政关系。纵向财政关系是指上下级政府间的财政关系，包括中央政府与各级地方政府，以及地方政府上下级之间的关系。横向财政关系是指同级政府间的财政关系，比如同级的省（州、府、县）之间的关系，以及其他同级的地方政府之间的关系。斜向的财政关系是指不同级别的地方政府之间的财政关系，比如省与市（县、乡、镇）之间的财政关系。但是在学术研究和实践中，往往将斜向的财政关系纳入到横向

财政关系中。于是，政府间的财政关系一般分为纵向财政关系和横向财政关系两种。转移支付是政府间为了平衡财政关系而通过一定的形式或途径无偿转移财政资金的活动，主要用于政府基本公共服务支出，一般分为纵向转移支付和横向转移支付两种形式。横向转移支付是指地方政府（同级政府或不同级政府）之间为了平衡财政关系而通过一定的形式或途径无偿转移财政资金的活动。区域间横向转移支付则是不同的区域之间为了平衡财政关系而通过一定的形式或途径无偿转移财政资金的活动。这里的区域既可以是不同的行政区，也可以是由不同行政区组成的各类经济区、生态功能区等不同区域类型。这里的平衡财政关系包括使不同区域的人均可支配公共财政资金大体均衡，还包括利用公共财政资金为异地部分具有正外部化效应公共产品提供资金来源渠道的平衡关系（见图 13 - 1）。

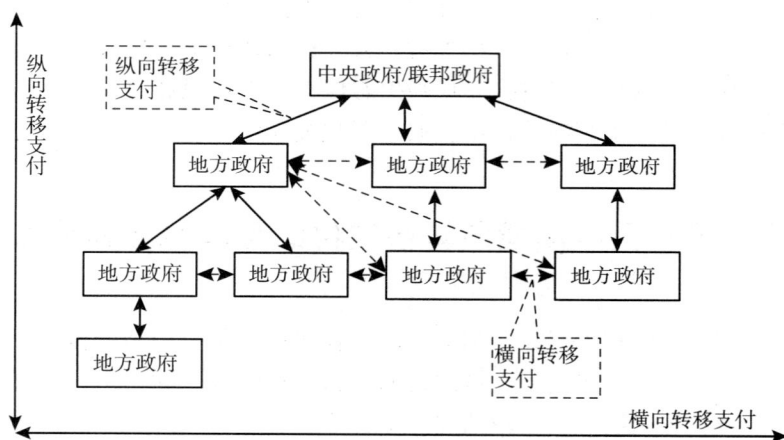

图 13 - 1　横向转移支付和纵向转移支付示意

二、区域间横向转移支付的特点

区域间横向转移支付的主要目的是为了平衡不同区域之间的财政关系，他不同于区域间的经济合作行为，不是基于市场力量而建立的关系，而是通过区域间的政府或者根据上级政府指令或者根据相关法律法规而建立的一种财政关系。区域间横向转移支付具有以下特点。

（一）非市场性

区域间横向转移支付是一种政府间的财政资金平衡关系，是根据政府指令或者国家相关法律法规而开展的，具有非市场性的特点。非市场性的特点使区域间横向转移支付明显不同于区域间经济合作，区域间经济合作是基于市场的经济行为，市场是推进区域间经济合作的主要力量，而区域间横向转移支付是基于相关法律法规或政府指令的政府行为，相关法律法规和政府指令是推进区域间横向转移支付的主要力量。

（二）多样性

由于各国的财税体制不同，区域间横向转移支付的形式也十分多样。仅从理论上分析，区域间横向转移支付与纵向转移支付都能够发挥平衡区域间财政资源的作用，对于促进区域间基本公共服务均等化具有重要作用。在实践上，各国根据自己的相关法律法规，采取了不同的财政转移支付形式。其中大部分国家采取了以纵向转移支付为主的形式来平衡不同地区间的财政资源，比如日本、美国、加拿大、英国、法国、中国等大部分国家，也有部分国家采取了以横向转移支付为主的形式来平衡不同地区间的财政资源，比较典型的就是德国。就区域间横向转移支付的实践来说，其形式具有多样性和多层次性，往往根据财税体制、共享税种、行政层级等有复杂多样的安排。

（三）法治性

区域间横向转移支付一般都是遵循相关的法律法规开展的，依法开展区域间横向转移支付是一个基本规律。德国既有横向转移支付也有纵向转移支付，而其横向（州际间）的财政均衡在世界各国的转移支付制度中很有特色，并具有典型性，德国的横向转移支付在整个转移支付体系中扮演着重要角色。它的法律基础是联邦《基本法》第107条，具体操作方法则在《税收分配法令》中做了规定。州际财政均衡资金主要来自两个部分：一是增值税由州分享份额的1/4（增值税各州分享部分的3/4按每个州人口数量直接分配给各州）；二是财政较富裕的州按计算结果直接划拨的资金。德国《税收分配法令》规定，财政收入能力指数（代表财力供给）相当于财政平衡指数（代表财力需求）的比例在102%～110%的州，要从其超过102%的部分中拿出70%的财力转移支付给财政困难的州，财政收入能力指数相当于财政平衡指数的比例在110%以上的州，则要将其收入超过110%的部分全部用于转移支付。

第二节 区域间横向转移支付的作用和意义

区域间横向转移支付作为财政转移支付的有机组成部分，对于平衡不同区域间财力资源起到了积极作用，而且从实践中看，具有区域间横向转移支付性质的对口支援、生态补偿等活动，在一定程度上也矫正了区域间经济活动的外部性，促进了区域协调发展。

一、平衡区域间财政资源

平衡区域间财政资源是区域间横向转移支付的最基本作用。由于区域发展过程中存在自然条件、资源禀赋、人口分布、发展历史、经济基础、区位条件、产业特点等诸多方面的差异，不同区域在经济社会发展领域会有较大差异，不同国家根据中央政府和地方政府的事权分工不同，其财税体制也各不相同。但是，不论是在哪种体制下，地方政府仅仅依靠自身所获得的可支配财政收入往往不能满足其财政支出的需求，而且在没有二次平衡之前，不同区域之间的人均财政可支配收入往往存在较大差异。为了平衡区域间财政资源，不同的国家采取了不同的财政转移方式，有的采取以纵向转移支付为主的形式，有的采取以横向转移支付为主的形式，通过转移支付，使不同区域间的人均可支配财力大体均衡，以保障政府基本公共服务的大致均等化。平衡不同区域间的财政资源，是区域间横向转移支付最基本作用，也是区域间横向转移支付的主要目的。

二、矫正区域间经济行为的外部性

在区域经济活动中，存在不同程度的外部性问题，有的是正的外部性，有的是负的外部性，而开展区域间横向转移支付，可在一定程度上矫正区域间经济行为的外部性，使其外部成本部分内部化。从经济学的角度来看，外部性的概念是由马歇尔和庇古在 20 世纪初提出的，是指一个经济主体（生产者或消费者）在自己的活动中对旁观者的福利产生了一种有利影响或不利影响，这种有利影响带来的利益（或者说收益）或不利影响带来的损失（或者说成本），都不是生产者或消费者本人所获得或承担的。比如地方的生态建设就具有明显的正的外部性。重点生态功能保护区投入大量的资金和人力用于生态建设，而良好的生态环境又会对其周边毗邻地区甚至更大区域范围产生正的外部性。为了使这种正的外部性成本能够内部化，受益地区就要承担相应成本，而生态产品往往是公益性产品，可通过区域间横向转移支付来解决。再如污染的跨地区转移就具有明显的负外部性。这在行政区交界地区体现尤为明显，特别是污水的跨行政区转移是一个比较普遍的现象。为了将这种负的外部性成本内部化，就需要污染地区向被污染地区支付治污成本，污染治理也是一种公益性行为，可通过区域间横向转移支付来使这种负的外部性成本内部化。

三、促进区域协调发展

在现实发展中，区域之间不是均质的，而是差异性很大的，通过区域间横向转移支付，使得区域间有着大致均衡的人均可支配财政资源，保障区域间政府基本公共服务大致均等化目标的实现，同时通过矫正区域间经济行为的外部化，可以促进区域协调健康发展。一是通过区域间横向转移支付，为区域发展提供均等化的机会。受区域发展区位条件、发展基础、资源禀赋、人口分布等诸多因素影响，区域发展的差异性很大，区域靠自身所获得的人均财力差异性也很大，需要通过区域间横向转移支付或其他转移支付来缓解巨大的区域间人均可支配财力差异，使得居住在不同区域的居民都能够获得相对公平的发展机会。二是通过区域间横向转移支付，确保生态保护区等特殊区域的协调健康发展。在整个国家，不同的区域承担着不同的历史使命。其中有的区域承担着生态保护的重要历史使命，而这些区域仅仅依靠生态保护很难达到全国平均人均可支配财力水平，而生态功能区又是周边毗邻地区甚至更大范围区域的生态屏障，是整个国家生态保护中不可或缺的重要组成部分，需要国家通过区域间横向转移支付或其他转移支付方式来为生态功能区等特殊类型地区提供相应的财政资金来源渠道，确保此类区域的人均可支配财力达到全国平均水平。

第三节 区域间横向转移支付理论模型

对于应该如何推进区域间横向转移支付，本章根据相关文献综述，从纯理论角度构建了两种区域间横向转移支付模型，一种是针对所有区域的区域间横向转移支付模型，另一种是针对特定区域的区域间横向转移支付模型。

在构建区域间横向转移支付理论模型的时候，有以下几个基本的前提假设，下列假设是为了进行相关推论而从纯理论角度设定的假设，与实际情况并不一定符合。

假设一：区域之间是异质的。这种异质性体现在如下几个方面：一是区域之间在经济社会发展方面是有差异的；二是按照相关的财税体制，区域间自身所获得的人均可支配财力是有差异的。上述差异性的存在，是开展区域间横向转移支付的基础。

假设二：有推进区域之间人均可支配财力均等化的要求。即从国家的角度，要求不同区域之间有大致均等化的人均可支配财力，或者要求不同区域之间有着大致均等化的政府基本公共服务，而这些政府基本公共服务是需要相应的财政资金做支撑的。上述要求往往是通过国家制定相关法律法规得到体现的。

假设三：有相对统一完善的财税制度。即整个国家有着相对统一的财政税收体制，全国有着相对统一的税收体制，在税种、税基、税赋设置上相对统一，中央政府与地方政府有着相对统一的分税体制。有相对完善的预算制度。

一、针对所有区域的区域间横向转移支付模型

针对所有区域的区域间横向转移支付是指通过区域间的横向转移支付，使得所有区域间的政府公共服务能够保持在大致均衡的状态。在理论上分析，针对所有区域的区域间横向转移支付应该在均衡区域间财力方面发挥主导作用，并且是财政转移支付的主体。在针对所有区域的区域横向转移支付模型中，不同区域的财政收入通过税收分享或划分税种等方式分

为两个部分：一是自留部分；二是转移出部分。比如可以将用于公共服务的主体税种作为区域间横向转移支付税种，或者按照税收分享的形式，使区域间横向转移支付在主要税种中占据较高比重。之所以要使转移出部分财政资金保持较高的比重，是为了确保能够有足够的资金用于区域间横向转移支付中的再分配。用于横向转移支付的资金，可以统筹考虑不同区域的自留部分，根据不同区域的常住居民数计算，使不同区域的自留资金加上横向转移支付资金后的人均水平大体保持均衡。针对所有区域的区域间横向转移支付可以用数学公式表示如下。

$$\begin{cases} TFO_i = f(F_i) \\ TFI_i = P_i \dfrac{\sum TFO_i}{\sum P_i} \end{cases}$$

其中，F_i 代表 i 区域的财政总收入；

P_i 代表 i 区域的常住人口；

TFO_i 代表 i 区域转移出去的财政资金；

TFI_i 代表 i 区域转移进来的财政资金。

如果采用简单的示意图，可以将针对所有区域的转移支付形象地表述如下。在这一过程中，中央政府可以作为一个特殊的区域参与横向转移支付，以确保中央政府的公共开支，也可通过税收成或者划分税种的形式获得中央政府所必需的财政收入（见图 13 - 2）。

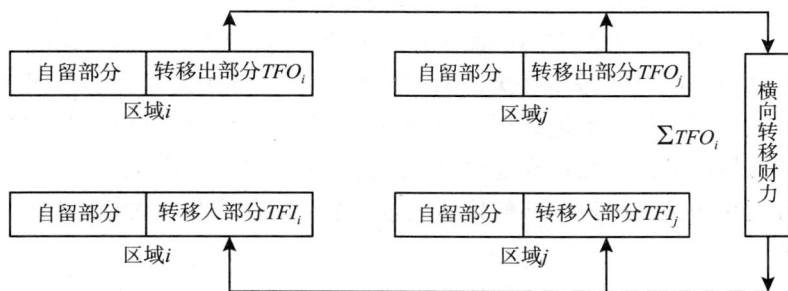

TFO_i 代表 i 区域转移出去的财政资金

TFI_i 代表 i 区域转移进来的财政资金

图 13 - 2　针对所有区域的区域间横向转移支付模型

二、针对特定区域的区域间横向转移支付模型

针对特定区域的区域间横向转移支付是指通过区域间横向转移支付，使特定区域主要是落后地区的人均可支配财力得到不同程度的改善。针对特定区域的区域间横向转移支付可分为两种情况。一种情况是通过区域间横向转移支付，矫正区域间部分成本外部化问题，比如生态建设的外部化、污染跨行政区转移的外部化、其他没有完全市场化产品（例如水权等）的外部化等。在当前，有些经济活动存在较大程度的外部化，既有正的外部化，也有负的外部化，而且从操作层面将这种外部化内部化还存在较大困难。在这种情况下，可以针对具有相对密切联系的区域，推进区域间横向转移支付，通过区域间横向转移支付，将外部化成本部分内部化，促进区域协调健康发展。比如生态建设，具有明显的正的外部性。生态功能区毗邻地区可以享受到生态产品，但是这种生态产品的价值又很难市场化，而生态功能区由于要加强生态保护，其自身经济发展受到一定限制，往往是经济落后地区，地方自身人均可支配财力往往低于发达地区和周边毗邻地区，生态功能区要实现政府基本公共服务均等化，需要来自外部的帮助，在这种情况下，可以通过区域间横向转移支付，在一定程度上解决生态产品成本外部化问题，为生态功能区生态建设和基本公共服务开拓资金来源渠道。另一种情况是通过区域间横向转移支付，解决特殊困难地区人均可支配财力过低问题。由于受自然条件、区位条件、经济基础等因素限制，往往每个国家都有一些地区发展长期滞后，基本公共服务仅仅依靠自身财力很难解决，需要上级政府或其他地区提供援助，针对这种情况，可以在人均财力最高的地区和人均财力最低的地区间开展区域间横向转移支付，缓解区域间人均可支配财力差距过大的问题（见图13-3）。

针对矫正区域间成本外部化的区域间横向转移支付，可以用数学公式表示如下。

$$\begin{cases} STFO_i = f(SF_i) \\ STFI_i = SP_i \dfrac{\sum STFO_i}{\sum SP_i} \end{cases}$$

其中，SF_i 代表特定 i 区域的财政总收入；

SP_i 代表特定 i 区域的常住人口；

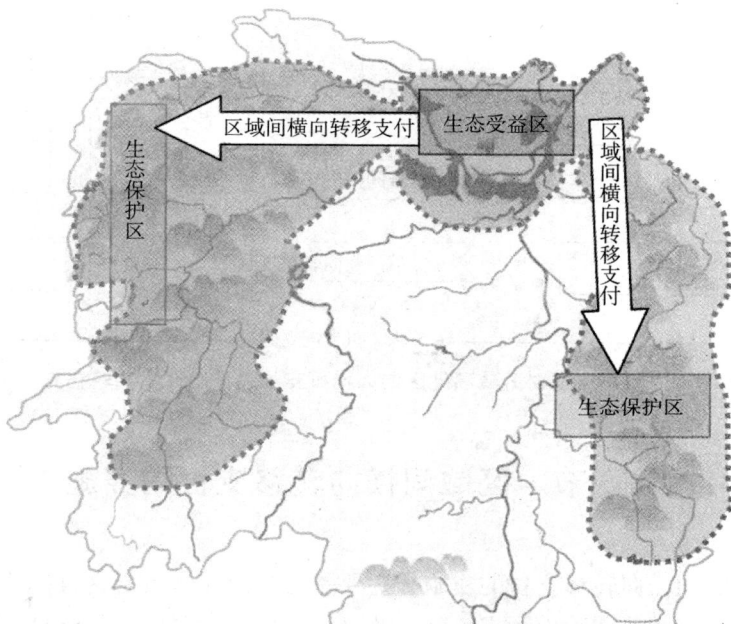

图 13-3 生态受益区与生态保护区之间的横向转移支付示意图

$STFO_i$ 代表特定 i 区域转移出去的财政资金；

$STFI_i$ 代表特定 i 区域转移进来的财政资金。

针对特殊困难地区的区域间横向转移支付，可以选择人均可支配财力最高的几个地区以及相应的人均可支配财力最低的几个地区，形成最高的向最低的横向转移支付、次高的向次低的横向转移支付格局，具体转移支付规模可以根据人均可支配财力高出或低于全国平均人均可支配财力状况确定（见图 13-4）。针对特殊困难地区的区域间横向转移支付用数学公式表示如下：

$$TR_i = f(F_i - \overline{F})$$
$$STFO_i = STFI_j = f(F_i)$$

其中，TR_i 代表需要选定的特定 i 区域；

F_i 代表 i 区域的财政总收入；

$\overline{F}$ 代表全国的人均区域财政收入；

$STFO_i$ 代表特定 i 区域转移出去的财政资金；

$STFI_j$ 代表特定 j 区域转移进来的财政资金。

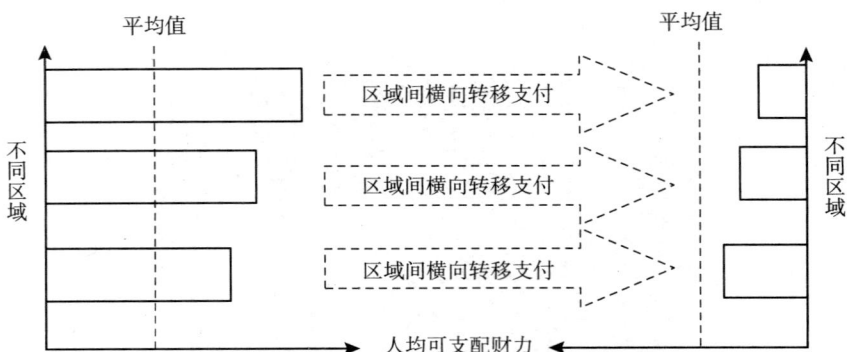

图 13 - 4 人均可支配财力最高地区向人均可支配最低区域横向转移支付示意图

第四节　区域间横向转移支付的实施

区域间横向转移支付的实施，主要是对当前我国具有区域间横向转移支付性质的相关活动进行进一步规范，同时也可参照国际上开展区域间横向转移支付的通行做法，开展相应的前期理论研究，为进一步完善我国财政转移支付制度提供更多的理论和实践参考。

一、区域间横向转移支付的实施原则

（一）公平优先，兼顾效率

区域间横向转移支付的最主要目的就是要弥补市场缺陷，解决社会公平，平衡地区间人均可支配财力，促进区域间政府基本公共服务均等化，因此，公平原则是第一原则。市场配置资源具有高效率的特点，但是如果仅仅依靠市场的力量，很难解决区域间基本公共服务均等化问题，会导致区域之间经济发展和社会发展差距不断拉大，不仅影响全国的持续健康发展，而且影响社会公平和社会稳定，实施区域间横向转移支付，主要目的就是要解决社会发展领域的不公平问题。其次，在坚持公平优先的前提下，要兼顾效率。各区域人均可支配财力的普遍提高，要基于整个国家国民福利的最大化，只有这样，各区域才能依托最大化的国民福利，做出相对公平的分配。因此，在实施区域间横向转移支付的时候，

切忌搞绝对平均，挫伤人均可支配财力高的地区的发展积极性。要充分调动地方的积极性，使经济效率高的区域在实际上能获得较多的人均可支配财力。

（二）注重立法，规范运作

区域间横向转移支付是将"取之于民"的财政资金"用之于民"的过程，是国家财政税收体制中的重要组成部分，是关系国计民生的头等大事，需要相应的法律法规保障。从世界上很多国家的实践来看，不论是采用纵向转移支付还是采用横向转移支付，往往都会有专门针对财政转移支付的法律法规，而且往往还有相应的实施细则，对如何开展转移支付具有明确的要求，并有具体的实施细则可以遵守，防止了转移支付中的过度随意性和不确定性。规范化要求转移支付的计算方法要以法律形式确定，一经确定不能随意更改。规范化要求在转移支付的实施过程中力求客观，排除任何人为因素的影响，同时还要求转移支付的有关数字必须精心设计、反复测算、真实可靠。采用区域间横向转移支付体制的国家，要通过立法，将区域间横向转移支付作为财政体制的一部分，形成财政法规的一种，全国上下必须严格执行、严格遵循法定审批程序。

（三）遵循传统，不断完善

从转移支付的实践来看，世界上很多国家往往都是采取多种转移支付方式，有的是以纵向转移支付为主，有的是以横向转移支付为主。是否要采用区域间横向转移支付这一转移支付方式，要充分遵循不同国家的财政转移传统，因为财政转移支付制度的调整，是一个十分浩大的工程，需要法律法规、组织机构、舆论等一系列的保障。短期内完全摒弃传统的财政转移支付制度，新建一种财政转移支付制度在实践上是非常困难的，甚至是不可行的。区域间横向转移支付和纵向转移支付各有其特点，一个国家具体要采取哪一种财政转移方式，关键还是依据这个国家的传统财政习惯。因为不论是纵向财政转移支付还是横向转移支付，只要设计合理，都可以达到均衡区域间人均可支配财力的作用。像其他财政转移支付制度一样，区域间横向转移支付也需要一个逐步完善的过程，在转移支付制度的总体目标设定、具体操作细则、计算方法的采用等方面，都要尽量体现这种渐进性。

二、区域间横向转移支付实施步骤

从相关的文献综述和转移支付实践来看，要实施区域间横向转移支付，首先要对转移支付实施立法，明确区域间横向转移支付在整个转移支付乃至整个财政体系中的地位和作用，这是实施区域间横向转移支付非常重要的前提。有了立法，区域间横向转移支付才能做到依法行使，具有严肃性和权威性。其次，要出台相应的实施细则。因为区域间横向转移支付对区域间的人均可支配财力有着非常重要的影响，是社会资源的一种重新分配，影响相关地区的切身利益。因此，需要有相关的实施细则，以免在实施过程中受到过多的人为干扰，影响区域间横向转移支付实施的规范性、公正性和科学性。要注意收集、梳理和分析区域间横向转移支付在实施过程中的各种反馈信息，以便对相关的法律和实施细则进行相关调整，使区域间横向转移支付不断完善。区域间横向转移的主体应以地方各级政府为主，也可参照专项转移支付的模式，将相关的企业纳入到横向转移支付的范畴之中。各地区要根据具体情况，探索针对特定区域的横向转移支付或针对所有区域的横向转移支付模式，具体支付标准在起步阶段可以稍低，通过实践不断完善后再适当提高标准（见图 13 - 5）。

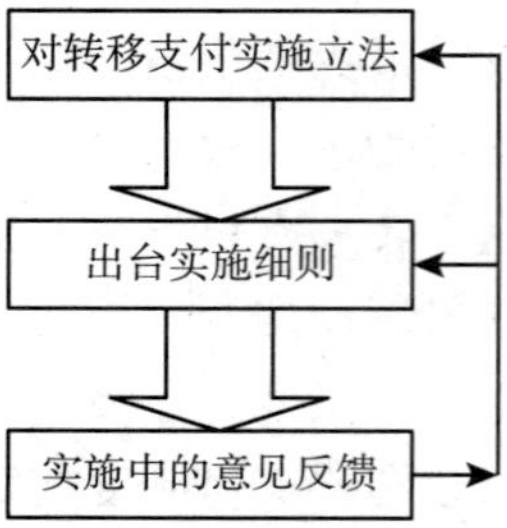

图 13 - 5　区域间横向转移支付实施步骤示意图

第五节　进一步完善我国区域间横向转移支付的建议

我国是在 1994 年实现分税制改革以后，才逐步建立起相对规范的财政转移支付制度，并且是以纵向转移支付为主。到目前为止，我国还没有严格意义上的区域间横向转移支付，但是，我国很早就开展的对口支援，在一定程度上具有区域间横向转移支付的特点，可以从广义上理解为区域间横向转移支付的实践。推进我国区域间横向转移支付，主要是要对我国目前已经存在的各种具有区域间横向转移支付特点的实践进一步规范。

一、建立区域间横向转移支付的制度或法理依据

作为区域间横向转移支付主要形式的对口支援和生态补偿，目前还没有制度性或法理性依据，尤其是对口支援，往往是作为政治任务下达。对于为何要开展区域间横向转移支付，目前还主要限于理论研究层面，主要有共同致富论、民族团结论、生态补偿论、权力均等论、自然灾害论等不同的依据，但在实践层面缺乏制度性或法理性依据。因此，要加快建立区域间横向转移支付的制度甚至法理依据，只有这样，才能使得我国区域间横向转移支付由政治任务逐步演变为一种制度化的经常性财政行为，才能使得区域间横向转移支付在实践操作过程中做到有法可依或有规可依。

二、完善有中国特色的区域间横向转移支付内容体系

目前，我国区域间横向转移支付的实践主要围绕以下几个领域展开：巨大自然灾害灾后恢复重建和突发事故救助、资源开发与生态环境补偿、民族团结和民族文化保护等相关领域。完善有中国特色的区域间横向转移支付内容体系，要很好地围绕我国传统的区域间横向转移支付实践，不断规范和丰富内容。应根据"责任共担、成果共享"的原则，构建有中国特色的区域间横向财政转移支付的架构体系、运行模式和组织体系。比如，对于巨大自然灾害灾后恢复重建和突发事故救助、资源开发与生态环境补偿，要按照责任共担的原则开展区域间横向转移支付工作，对于民族团结和民族文化保护，则要按照成果共享的原则开展区域间横向转移支付工作。

三、合理确定区域间横向转移支付标准

对于区域间横向转移支付实践，目前有定量和定性两种标准，其中定量标准一般按照不低于上一年度财政收入1%确定，定性标准则对横向转

移支付规模没有定量要求，具体规模往往由支援方和受援方双方友好商榷后确定，而且呈现逐年有所增长的态势。在区域间横向转移支付实践中，有定量要求的区域间横向转移支付更容易操作，因为有中央政府或者上级政府的定量要求，支援方很容易将其纳入当地的财政预算，区域间横向转移的资金来源渠道非常明确。而定性的区域间横向转移支付，则在操作层面面临诸多困难，特别是在纳入当地财政预算之中时，面临很大困难。在我国预算制度日益规范的背景下，区域间横向转移支付标准也应该日益规范化，要在纵向转移支付的大背景下，根据灾后恢复重建的资金需求、生态价值或生态足迹、人均财力等诸多方面综合考虑区域间横向转移的支付的标准，既不过度增加支援方的负担，又能满足受援方的合理诉求，使区域间横向转移支付成为纵向转移支付的有益补充。

四、探索有效的区域间横向转移支付绩效考评体系

区域间横向转移支付在当前既是一项重要的政治任务，又是发达地区对落后地区（灾区、生态功能区）的人文关怀，因此，有中国特色的区域间横向财政转移支付绩效考核体系必须既体现公平，又兼顾效率；既体现政治意图，又遵循经济规律；既着眼于受援地，又兼顾于支援地。目前对区域间横向转移支付的对口支援工作的绩效考核评价往往是以"交钥匙"、"开支票"等实物量为标准考核，而对于这部分资金使用的是否有效，是否使用到恰当的领域，往往缺乏针对性的绩效评价和政绩考核。探索有效的区域间横向转移支付绩效考评体系，一方面要体现对支援方的激励性考核，即考核转移支付的规模和质量，并出台相应的激励性政策；另一方面要体现对受援方有效使用横向转移资金的约束性考核，确保区域间横向转移资金能够在受援方的合适领域得到高效利用。

第十四章

建立横向生态补偿制度[①]

加快建立健全生态补偿制度，是党中央、国务院做出的重大决策，也是生态文明建设的重要制度保障。横向生态补偿制度作为生态补偿制度中的有机组成部分，对于调整生态关系密切地区间的利益关系，促进生态保护的经济外部性内部化，走出一条生产发展、生活富裕、生态良好的文明发展之路具有重要意义。

第一节　横向生态补偿的内涵、特征和理论基础

横向生态补偿作为一个新概念，目前还没有统一规范的定义。开展横向生态补偿制度研究，首先需要明确横向生态补偿的内涵和特征，这是建立横向生态补偿制度的前提和基础。

一、相关概念界定

要明确什么是横向生态补偿，首先要明确什么是生态补偿，以及横向生态补偿在生态补偿中的地位和作用，然后才能明确什么是横向生态补偿制度。

（一）生态补偿

生态补偿（Ecological Compensation，EC）起源于生态学理论，最初

---

① 本章内容根据贾若祥、高国力主持的国家发改委宏观经济研究院 2014 年度重点课题《地区间建立横向生态补偿制度》总报告整理。

专指自然生态补偿的范畴，后来，生态补偿被理解为是一种加强生态环境保护的经济调节手段，国外一般将生态补偿称作生态（环境）服务付费（Payment for Ecological/Environmental Services，PES）。生态补偿是指以保护生态环境和促进人与自然和谐发展为目的，通过将生态保护中的经济外部性内部化，采用公共政策手段或市场化手段，调节生态保护区与生态受益区等相关区域之间利益关系的制度安排。

（二）横向生态补偿

根据补偿者与受偿者之间的行政隶属关系，可以将生态补偿分为纵向生态补偿（Vertical Ecological Compensation，VEC）和横向生态补偿（Horizontal Ecological Compensation，HEC）两种形式。补偿者与受偿者之间具有行政隶属关系的为纵向生态补偿，比如中央政府对不同层级地方政府开展的生态补偿，省级政府对本行政辖区内市、县、乡镇等开展的生态补偿等。补偿者与受偿者之间不具有行政隶属关系的为横向生态补偿，比如省际之间或市际之间的生态补偿等。横向生态补偿作为生态补偿的一种重要方式，以保护和可持续利用生态系统为目的，通过采用公共政策或市场化手段，调节不具有行政隶属关系但生态关系密切的地区间利益关系的制度安排。需要说明的是，不具有行政隶属关系的地区，既可以是省与省、市与市、县与县等同级行政区，也可以是省与市、省与县、市与县等不同层级行政区。

（三）横向生态补偿制度

制度是人们有意识建立起来并由权力机构保障其实施的具有强制性和约束力的一系列规则安排，如法律、法规、政策、规章、契约等。横向生态补偿制度是为实施横向生态补偿而建立的一系列法律、经济和行政手段的总和，是对补偿主体、补偿对象、补偿标准、补偿方式、监管评估等横向生态补偿核心内容做出的规则性安排。

二、横向生态补偿的特征

横向生态补偿是纵向生态补偿的有益补充，主要在生态相关性十分密切而且不具有行政隶属关系的地区之间开展，区域范围相对较小，相互之间生态利益关系紧密，比较容易明确各自的责权利。

（一）　生态相关性十分密切

横向生态补偿主要在生态相关性十分密切的地区之间展开，即补偿方和受偿方之间的生态利益关系十分明确。对于生态受益主体难以确定的生态补偿，往往由中央政府（上级政府）通过纵向生态补偿的方式解决，比如中央政府对国家级重点生态功能区的生态补偿等。对于生态利益关系明确的区域，如流域的上下游之间、调水工程中送水区和受水区之间、资源开发地与资源消费地之间等，可建立横向生态补偿制度，通过公共政策手段或市场化手段开展横向生态补偿。

（二）　相互之间不具有行政隶属关系

横向生态补偿的主体和对象多是跨行政区的（如跨省、跨市、跨县），补偿方与受偿方之间不存在行政隶属关系，既可以是相同层级的关系，也可以是不同层级的关系，如北京市对河北省张家口、承德两市的补偿是不同层级政府之间的生态补偿，福建省九龙江流域下游的厦门市对上游龙岩市的补偿是相同层级政府之间的生态补偿。

（三）　双方具有自主协商的特点

横向生态补偿是在补偿方和受偿方自愿协商的基础上建立起来的，在补偿标准、补偿方式、监管方式等方面具有自主协商的特点。在国外，由于产权关系比较明晰，主要在补偿区的政府与受偿区的居民之间以及补偿区的企业与受偿区的居民之间通过自主协商开展横向生态补偿。比如纽约市为了提高其城市饮用水水质，通过自主协商，纽约市和纽约州等相关部门投入约5亿美元，实施凯兹基尔（Catskill）和特拉华（Delaware）水源保护项目，用于上游地区农民农业生产方式的转变、农地用途的转变、农村污水处理设施的建设等，为纽约市节省了60亿美元的水净化厂建设费用和3亿美元的运行维护费用。

（四）　责权利对等的特点突出

横向生态补偿的补偿方和受偿方之间往往会对各自的责权利有明确的约定，责权利对等的特点十分突出。补偿方往往会要求受偿方提供更好或更多的生态产品，并分担由此而增加的额外成本，在满足双方约定的情况下，及时足额地向受偿方提供补偿资金。受偿方为了提高提供生态产品的能力，会对本辖区内的林地、耕地、草地等实施更严格的用途管制，同时对企业排污也有更为严格的标准，对农业污染进行更有效的治理，这些活动会额外增加受偿方的生态保护和环境治理成本，并会丧失一定的发展机会成本，需要通过生态补偿弥补上述损失。如果受偿方在生态保护和环境治理领域出现重大失误而对补偿方造成严重不利影响，致使生态产品质量或数量不能达到双方约定的标准，受偿方就要对补偿方进行赔偿。

三、横向生态补偿的理论基础

横向生态补偿的理论主要是在理论层面回答"谁来补、补给谁、补多少、如何补、如何管"等核心问题，为建立横向生态补偿制度提供理论支撑。

（一）公共产品理论是明确补偿主体的理论基础

制度学派认为政府提供的公共利益通常被称作公共产品，那些没有购买公共产品的人不能排除在对这种产品的消费之外。学者们普遍认为生态产品具有公共产品或准公共产品的属性，在消费的时候具有非排他性和非竞争性的特征。基于非竞争性和非排他性这两大特征，生态保护普遍存在着"搭便车"和"公地悲剧"等现象，致使生态产品面临供给不足和过度使用等问题。横向生态补偿制度将享受生态产品的生态受益区作为补偿主体，在一定程度上弥补了生态产品非排他性特征的不足。生态受益区通过实施横向生态补偿，与生态保护区之间形成一种"俱乐部经济"，减少或避免生态保护中的"搭便车"和"公地悲剧"现象，使生态受益区和生态保护区在提供生态产品方面形成合力。

（二）产权理论是明确补偿对象的法理基础

我国在生态环境领域存在比较严重的"产权残缺"，致使生态产品难以转变为商品，存在"生态无价"的现象，人们可以近乎无偿地使用生态产品。自然资源资产产权理论就是要将自然资源作为资产，并且要清晰界定自然资源的所有权、使用权、收益权和转让权，形成"四权分置"的自然资源资产产权体系。建立完善的自然资源资产产权体系需要明确自然资源资产的"主人",进而明确生态产品的"主人",这是明确补偿对象的法理基础。我国横向生态补偿在推进过程中面临的最大困难就是生态产品的产权不明晰,通过完善自然资源资产产权制度,可以为明确补偿对象提供法理支撑。

（三）生态产品价值理论是确定补偿标准的依据

生态产品价值理论是生态文明制度建设中的重大理论创新。人类需求既包括对农产品、工业品和服务产品的需求,也包括对清新空气、清洁水源、宜人气候等生态产品的需求。这些生态产品与其他产品一样,是具有市场价值的,享用生态产品与享用其他产品一样也要支付一定的成本。保护和扩大自然界提供生态产品能力的过程也是创造价值的过程,保护生态环境、提供生态产品的活动也是发展。横向生态补偿就是需要享用生态产品的地区为提供生态产品的地区提供补偿,在一定程度上相当于购买生态产品,分担生态产品的部分生产成本。生态产品的价值主要参考生态产品提供区在生产生态产品时的生态环境投入成本和丧失的发展机会成本。生态产品价值的高低可以反映一个地区的生态重要性程度,并可以在一定程度上为确定横向生态补偿标准提供依据。生态产品价值既有自然形成的成分,也有人工投入的成分,因此,横向生态补偿并不能严格按照生态产品的价值进行补偿,而应该按照生态产品价值的变化情况合理确定补偿标准,即根据生态产品提供区按照补偿方的要求提供更好或更多的生态产品而额外增加的成本确定补偿标准（见表14-1）。

表14-1　　　　　　　　生态产品价值评估方法对比

评估方法	优点	缺点
市场价值法	评估比较客观,争议较少,可信度较高。	数据必须足够、全面。
投入成本法	根据生产生态产品的投入情况确定,简便易行。	不能很好反映市场供需情况。
机会成本法	适用于对具有唯一特性或不可逆特性的生态资源开发项目的评估。	生态资源使用状态不同导致评估结果不同。
影子工程法	可以将难以直接估算的生态价值用替代产品表示出来。	替代产品非唯一性,由此造成评估结果差异较大。

评估方法	优点	缺点
恢复费用法	可以在评价生态环境质量改善的效益有困难时使用。	只能算出生态改善的最低估值。
旅行费用法	可以核算生态系统游憩的使用价值,可以评价无市场价格的生态环境价值。	不能核算生态系统的非使用价值,可信度低于市场价值法。

资料来源:黄寰等:《区际生态补偿的价值基础与评估》,载《当代经济》2011 年第 10 期。

(四) 外部性理论是选择补偿方式的主要依据

生态保护是一种具有正外部性的行为,实施过程中会引发两种矛盾:一是较低的边际社会成本与较高的边际私人成本之间的矛盾,二是较高的边际社会收益与较低的边际私人收益之间的矛盾。在这两种矛盾的作用下,生态保护往往以牺牲部分人的当前利益来获取社会大范围的长远利益。针对如何解决外部性这一问题,经验研究表明要么依靠政府干预,要么依靠市场行为,两种解决思路也被称为庇古手段和科斯手段。庇古手段强调政府的作用,主要通过税收等相关的公共政策手段(如财政补贴)实现生态保护的经济外部性内部化,这种情况一般发生在生态保护区和生态受益区之间利益关系不明确、生态产权不明晰、谈判成本很高的情况下。科斯手段强调市场的作用,认为在生态产品产权明晰而且交易成本较低的情况下,可以通过生态保护区与生态受益区之间的协商,通过开展水权交易、碳汇交易、排污权交易等市场化手段将生态保护的经济外部性内部化。

(五) 法治理论是构建补偿监管评估体系的主要依据

法治强调一个国家具备完善的法制体系并处于依法治理的状态。法治理论强调一个国家要有完善的法制体系以及有相应的立法、司法、执法、监督等机构保障,使相关的法制内容得到普遍接受和自觉遵守。法治理论注重公共权力行使的法定范围、法定程序和滥权的责任追究,注重公民权益的保障、依法办事、行政公开和司法公正。建立地区间横向生态补偿制度,要按照法治理论依法推进,构建公平公正的监管评估体系,确保横向生态补偿有法(规)可依、有法(规)必依、违法(规)必究、执法(规)必严。首先要推进横向生态补偿制度化,并适时实现横向生态补偿法制化；其次要建立相应的监督评估体系，通过违法（规）必究和执法（规）必严，确保补偿方和受偿方普遍接受并自觉遵守横向生态补偿制度。要按照公平公正公开的原则，为实施横向生态补偿构建监督主体多元化、监督内容明确化、责任追究严肃化、自我监督和独立第三方监督有机结合的监管评估体系。

第二节　地区间建立横向生态补偿制度的意义和国内外实践

推进地区间建立横向生态补偿制度，既是我国要在 2020 年全面建成小康社会宏伟目标和"五位一体"总体布局大背景下的新要求，又是生态文明理念下不同地区之间强调公平发展权的新要求。此外，国内外有关横向生态补偿的实践，也为地区间建立横向生态补偿制度提供了有益参考和启示。

一、地区间建立横向生态补偿制度的意义

加快建立健全地区间横向生态补偿制度，有利于实现生态文明理念下区域发展权的公平化，有利于促进横向生态补偿制度的法制化，有利于完善区域治理体系和提高区域治理能力，有利于规范和指导横向生态补偿实践。

（一）有利于实现生态文明理念下区域发展权的公平化

党的十八大报告首次把生态文明建设摆在"五位一体"总体布局的高度来论述，十八届三中全会对加快生态文明制度建设提出了具体安排，并明确指出"推动地区间建立横向生态补偿制度"。在生态文明理念下，生态产品是有价值的，提供生态产品的发展也是发展。通过横向生态补偿，可以在一定程度上体现生态产品的市场价值，使提供生态产品的地区能够获得一定的经济回报，为不同地区之间尤其是生态产品提供区与生态产品享用区之间发展权的公平化提供保障。实际上，早在 2001 年中央财政就已安排了 23 亿元生态补偿资金，到 2012 年该资金已达 780 亿元，累计投

入约 2500 亿元①。对生态利益关系明确的生态产品提供区和生态产品享用区，通过建立横向生态补偿制度，可以在很大程度上实现生态产品提供区和生态产品享用区之间发展权的公平化，并在一定程度上缓解中央财政的生态补偿支出压力。

（二）有利于实现横向生态补偿的法制化

《中共中央关于全面推进依法治国若干重大问题的决定》指出，要加强重点领域立法，制定完善生态补偿等领域的法律法规。横向生态补偿作为生态补偿的有机组成部分，也会随着生态补偿法律法规的不断完善而规范化和法制化。1993～2002 年，我国通过在主要矿产资源开发领域征收生态补偿费的做法探索生态补偿，在全国 17 个地方不同程度地开展了生态补偿费征收工作。但当时在全国层面缺乏对生态补偿费征收的统一法律法规，部门之间缺乏必要的衔接和协调，出现针对同一补偿对象征收多种名目补偿费的现象，导致在 2002 年全国整治乱收费过程中，许多地方的生态补偿费征收由于立法依据不足而被取消②。为了推进生态补偿的法制化，《中华人民共和国森林法》（1998 年修订）明确规定"国家设立森林生态效益补偿基金，用于提供生态效益的防护林和特种用途林的森林资源、林木的营造、抚育、保护和管理"。2001 年，我国开展森林生态补偿试点。2004 年 12 月 10 日，在 3 年试点取得圆满成功的基础上，我国正式建立中央森林生态效益补偿基金③。横向生态补偿也要在试点的基础上，抓紧总结经验，逐步走向法制化的轨道。

（三）有利于完善区域治理体系和提高区域治理能力

十八届三中全会提出要推进国家治理体系和治理能力现代化，这就要求通过系统性、整体性和协同性的改革，完善区域治理体系和提高区域治理能力。通过横向生态补偿制度建设，可以发挥多元主体在区域治理中的积极作用。在横向生态补偿制度建设过程中，补偿方和受偿方的政府、企业、居民和相关的社会组织都会参与其中，充分体现了多元主体参与的特

---

① 徐绍史，国务院关于生态补偿机制建设工作情况的报告——第十二届全国人民代表大会常务委员会第二次会议，2013 年 4 月 23 日。
② 刘晓星：《矿产资源生态补偿缘何步履蹒跚?》，载《中国环境报》2013 年 4 月 8 日。
③ 林济财：《回望森林生态效益补偿基金制度的确立》，载《中国绿色时报》2009 年 10 月 10 日。

征，改变了过去主要依靠政府推进区域治理的模式。通过横向生态补偿制度建设，可以按照生态区的理念完善区域治理体系，提升区域治理能力。生态区和行政区在空间上并不完全对应，而我国主要依照行政区推进区域治理，这样生态保护的外部性问题就非常难以解决，造成生态保护区和生态受益区之间责权利不明。横向生态补偿制度就是要解决生态保护的外部性问题，使生态保护区和生态受益区作为一个整体共同应对生态保护问题，在生态保护和环境治理方面形成合力。

（四）有利于规范和指导横向生态补偿实践

对于如何推进横向生态补偿，目前国内还缺乏相应的制度可以遵循。有的地方为了促进生态保护，在上级政府部门的牵头协调下，积极开展试点探索，比如新安江流域的浙江省和安徽省，就在财政部和环保部的牵头协调下，就新安江流域水环境生态补偿开展了试点，取得了较好成效。在新安江流域水环境生态补偿成功经验的示范带动下，2014 年，安徽省在巢湖流域探索开展水环境生态补偿，即巢湖流域下游的合肥市和巢湖流域上游的六安市围绕巢湖的水环境治理开展横向生态补偿。此外，在珠江上游的东江源流域和西江流域，江西、广西、云南、贵州等也在积极与广东开展横向生态补偿的探索性研究工作。这就需要国家加快推进横向生态补偿制度建设，为地方开展横向生态补偿提供制度依据，从而使地方的横向生态补偿能够更加规范和持续。

二、国外横向生态补偿实践

国外的横向生态补偿实践主要是围绕流域治理，在较小的区域范围内开展，并形成了相对规范的横向生态补偿制度。第一，国外横向生态补偿制度大部分是由补偿方和受偿方通过协商共同建立的，大部分以协议的形式将生态补偿的主要内容规范化，其中政府也在监督、协调等环节发挥了积极的推动作用。第二，在国外横向生态补偿方式中，大部分采用的是市场化的补偿方式，生态保护区与生态受益区之间通过成立专项基金（资金）、提供技术或设备等方式进行生态补偿，生态产品的市场价值得到较充分的体现。第三，国外横向生态补偿制度中，补偿对象大部分为自然资源资产所有人，比如农场主或林场主等，很少有针对生态保护区地方政府的补偿。第四，在国外横向生态补偿制度制定过程中，多方参与的特点非常突出。其中政府主要发挥引导和监督的作用，补偿方和受偿方的利益相关方积极参与，共同制定补偿方式、补偿标准、监管评估等相关内容（见表14-2）。

表14-2　　　　　　国外有关横向生态补偿实践情况

案例	补偿主体	补偿对象	补偿资金	补偿方式	监管方式
德国捷克易北河生态补偿	德国政府	捷克政府	2000年德国出资900万马克	资金支付	双方共同设置了监测小组确定监测参数目录、监测频率，建立监测数据网络
纽约市对饮用水上游地区生态补偿	纽约市、纽约州政府和用水户等	凯兹基尔和特拉华供水区农民	共筹资15亿美元	资金支付	纽约市政府每年要从300个点采集3.5万个水样，进行30多万项试验分析
法国毕雷（Perrier）对上游地区生态补偿	毕雷矿泉水公司	Rhi-Meuse流域水的农民	每个农场可以获得长达7年的每年每公顷230美元的补偿	资金支付	毕雷矿泉水公司对水质进行监测
澳大利亚马奎河生态补偿	马奎瑞河食品与纤维协会	新南威尔士州林地所有者	每公顷42美元	资金支付	马奎瑞河食品与纤维协会的600名灌溉农民开展联合水质监测
哥斯达黎加森林生态补偿	水力发电企业和用水户	林地所有者	平均补偿标准为每年每公顷78美元	资金支付；碳汇交易	哥斯达黎加法人机构FONAFIFO进行监管

资料来源：根据相关资料整理。

三、国内横向生态补偿实践

为了加强生态保护，我国也围绕流域开展了横向生态补偿的实践。例如，2011年9月，财政部、环保部印发实施《新安江流域水环境补偿试点实施方案》（以下称《实施方案》），正式启动新安江流域水环境补偿试点工作，试点期限为 2012 ~ 2014 年。新安江流域补偿资金额度为每年 5 亿元，其中：中央财政出资 3 亿元，安徽、浙江两省分别出资 1 亿元，形成纵横结合的生态补偿模式。新安江流域水环境补偿采用"街口断面补偿指数"来确定上下游资金补偿办法，按照《地表水环境质量标准》（GB3838—2002），以高锰酸盐、氨氮、总磷和总氮四项指标常年平均浓度值（2008 ~ 2010 年 3 年平均值）为基本限值，测算补偿指数 P，根据补偿指数核算补偿资金。补偿指数测算公式如下：

$$P = K_0 \times \sum_{i=1}^{4} \frac{C_i}{c_{i0}}$$

式中：P——街口断面的补偿指数。K_0——水质稳定系数，考虑降雨径流等自然条件变化因素，K_0 取值 0.85。C_i——某项指标的年均浓度值，c_{i0}——某项指标的基本限值。如果 $P \leq 1$，浙江省 1 亿元资金拨付给安徽省；如果 $P > 1$ 或新安江流域安徽省界内出现重大水污染事故（以环保部界定为准），安徽省 1 亿元资金拨付给浙江省。不论上述何种情况，中央财政资金全部拨付给安徽省（见图 14 - 1）。

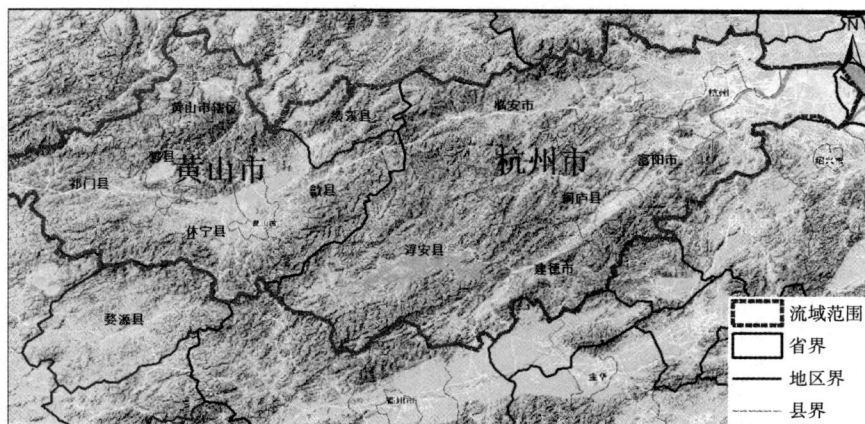

图 14 - 1　新安江流域水环境补偿空间示意图

试点实施以来，新安江流域总体水质保持为优。2011 年千岛湖水质营养状态开始出现好转的拐点，随后其水质状态逐步好转，并且与新安江上游水质变化趋势保持一致，表明补偿试点对于保持和改善新安江流域水质的效应正逐步显现。2013 年安徽浙江跨省街口断面水质满足地表水环境质量Ⅱ类标准，与 2008～2010 年三年均值相比，2013 年街口断面高锰酸盐、总氮、总磷指数年均值分别下降 1.2%、6.9%、11.3%，氨氮浓度略有上升但处于一类水质标准内。2012 年 P 值为 0.833，2013年 P 值为 0.828，2014 年 1～9 月 P 值为 0.787，连续三年满足补偿条件（见图 14－2）。

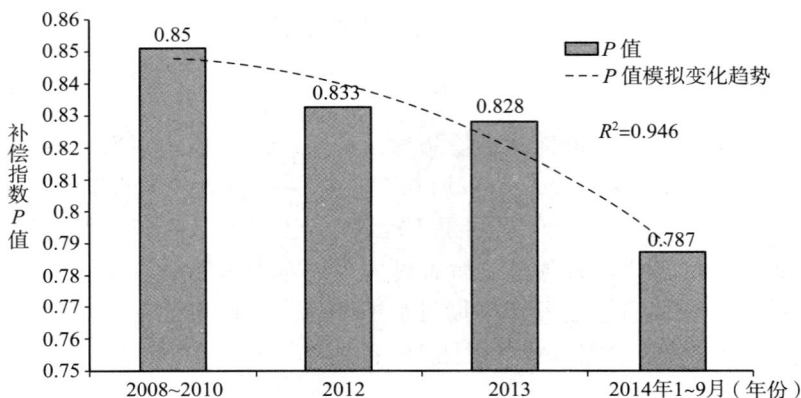

图 14－2　新安江流域测算补偿指数 P 值变化

注：P 值越小，则水环境改善程度越大。
资料来源：根据安徽省发改委提供资料整理绘制。

　　此外，江苏省在太湖流域、湖北省在汉江流域、福建省在闽江流域分别开展了流域生态补偿，断面水质超标时由上游给予下游赔偿，断面水质指标值优于控制指标时由下游给予上游补偿。还有，北京市安排专门资金，支持密云水库上游地区的河北省张家口市和承德市实施"稻改旱"工程，在周边有关市（县）实施 100 万亩水源林建设工程①。首先，我国横向生态补偿仍在探索之中，尚未形成系统化和规范化的制度体系。其次，相关地方政府是横向生态补偿的重要的发起者、规则制定者、实施者和监管者，财政资金在横向生态补偿中发挥着重要作用。最后，补偿方和受偿方之间的生态利益关系比较明确，所涉及的空间范围较小，协商的利益主体较少，比较容易实施，如表 14－3 所示。

_____

　　①　徐绍史：国务院关于生态补偿机制建设工作情况的报告——第十二届全国人民代表大会常务委员会第二次会议，2013 年 4 月 23 日。

表 14 – 3　　　　　　国内有关横向生态补偿实践情况

	地区	补偿主体与补偿对象	补偿依据	补偿方式
省内生态补偿	浙江省	省内8大水系下游市县对上游市县；生态受益区对生态功能区	流域断面水质监测结果；生态区污染物控制指标	省财政转移支付统筹；水资源使用权交易、排污权交易
	河北省	省内7大水系下游市县与上游市县	根据省市两级跨界断面水质监测结果	省财政资金在市县间统筹双向支付
	江苏省	太湖流域下游市县对上游市县；生态受益区对15类生态红线区	流域断面水质监测结果；生态红线地区面积	生态受益地区上缴资金由省财政资金统筹转移支付
	辽宁省	辽河流域下游地级市与上游地级市	出市断面水质监测结果	上下游地级市上缴资金由省财政资金统筹双向补偿支付
	福建省	闽江、九龙江和晋江流域上下游市县	下游城市工业和居民生活用水量	下游地市按用水比例差别化出资整合到省环境专项资金
	湖北省	汉江流域下游市州与上游市州	跨界断面水量水质监测结果	上下游地级市上缴资金由省财政资金统筹双向补偿支付
省际生态补偿	浙江省—安徽省	新安江流域下游浙江省补偿上游安徽省	省界国控街口断面水质监测结果	浙江省及国家财政资金补偿安徽省
	北京市—河北省	海河流域及京津风沙源区；北京补偿河北	根据生态地区的经济条件及生态环境保护成本双方协商	北京市对河北省张承地区资金补助、技术援助、项目合作等
	香港—广东省—江西省	东江流域广东补偿江西、香港补偿广东	根据上游供水地区的经济条件及生态环境保护成本由利益方协商确定	广东东江 – 深圳供水工程管理局每年从水费中安排1.5亿资金补偿江西东江源区；香港向广东逐年递增支付水费并提供免息贷款支持

资料来源：根据相关资料整理。

四、相关启示

通过对国内外横向生态补偿实践的分析，对于建立我国地区间横向生态补偿制度主要有以下几方面的借鉴和启示。

第一，横向生态补偿的参与区域数量要少，便于相互之间的谈判协商。国内外的横向生态补偿实践一般都在生态利益关系十分密切的小区域范围内展开，参与谈判的区域较少，一般为两三个，相互之间容易在补偿标准、补偿方式、监管评估等方面达成一致。

第二，要有明晰的产权制度做支撑，便于明确补偿对象。明晰的产权制度可为建立完善的横向生态补偿制度提供有力支撑，在明晰的产权制度下，更容易确定生态产品的"主人"，可以为提高生态产品供给能力探索出更加有效的补偿方式。

第三，要有严格的监管和评估，便于推进横向生态补偿的实施。对生态补偿资金及时足额的拨付、补偿资金使用、生态建设和环境治理效果的严格监管和科学评估，可以厘清补偿方和受偿方的履约情况，同时也可以发现补偿中存在的问题，为进一步完善横向生态补偿制度提供建议。

第四，要有利益相关方的积极参与，便于在提升生态产品供给能力方面形成合力。建立横向生态补偿制度，需要补偿方和受偿方的政府、企业、居民和相关社会组织主动参与并按照各自职责分工发挥积极作用，只有这样才能取得补偿方和受偿方都能满意的效果。

第五，可在小流域范围内先行先试，然后向其他类型和地区逐步拓展。小流域范围的横向生态补偿涉及区域少，相互之间的生态利益关系十分密切，便于协商谈判，国内外往往也主要是围绕小流域开展横向生态补偿实践。横向生态补偿制度建设可以围绕小流域先行先试，在总结经验的基础上，再向跨区域调水的送水区和受水区、资源开发区和资源消费区等其他类型区逐步拓展。

第三节　地区间建立横向生态补偿制度的总体思路

推动地区间建立横向生态补偿制度是国家建立生态补偿制度和生态文明制度的要求，要按照生态有价的理念，坚持"谁受益谁补偿、谁保护谁受偿"的原则，加快完善以补偿主体、补偿对象、补偿标准、补偿方式、监管评估为主要内容的横向生态补偿制度框架，促进生态保护的经济外部性内部化，合理调整不具有行政隶属关系但生态关系十分密切的生态保护区和生态受益区之间的利益关系，逐步形成补偿主体和补偿对象明晰、补偿标准合理可行、补偿方式灵活多样、监管评估公平公正的制度体系，为生态文明制度建设提供有力支撑（见图 14 – 3）。

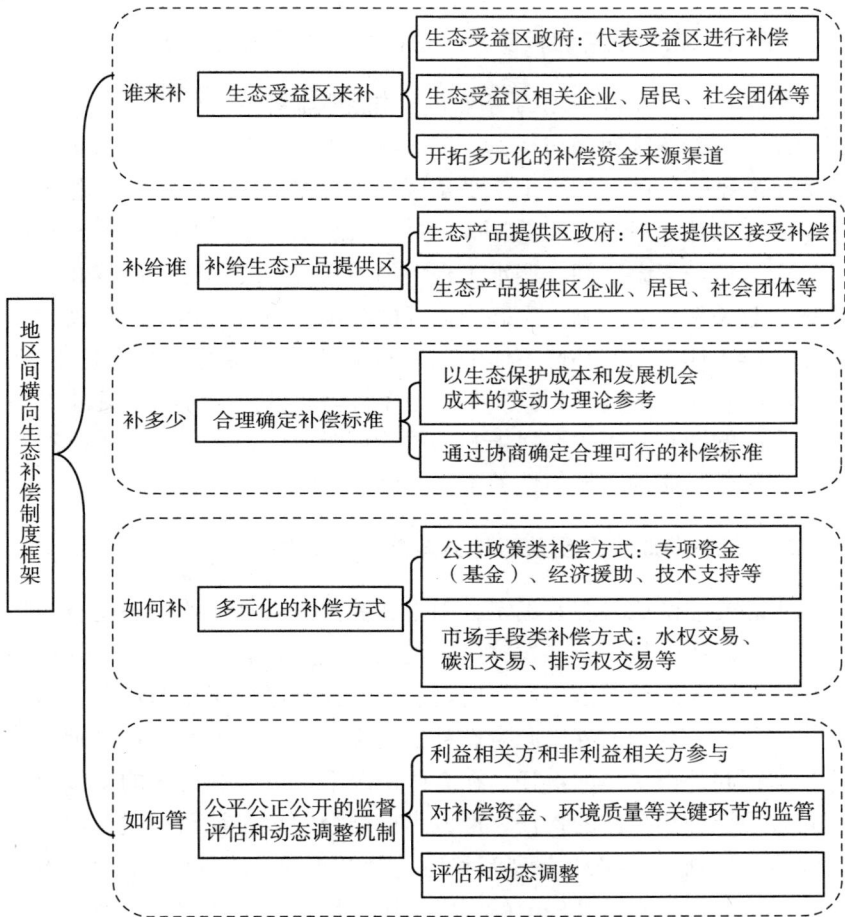

图 14 - 3　地区间横向生态补偿制度框架

一、根据生态相关性确定生态受益区范围，明晰补偿主体

明确横向生态补偿的主体，即明确"谁来补"。生态产品作为公共产品，其正外部性非常明显，要根据生态产品正外部性的影响范围，明晰补偿主体。通过横向生态补偿，使生态受益区和生态保护区在提供生态产品领域形成"俱乐部经济"，促进生态受益区和生态保护区在生态建设和环境治理领域形成合力。

（一） 生态相关性密切程度是确定补偿主体的主要依据

只有在生态受益区明确的情况下，才能明晰补偿主体并开展横向生态补偿。而生态受益区明确与否，主要取决于生态受益区与生态保护区之间生态关系的密切程度。如果生态受益区与生态保护区之间的生态相关性十分密切，那么就比较容易确定补偿主体。比如饮用水源区与其汇水区之间、流域上游与下游之间、调水工程中的送水区与受水区之间等相互之间的生态利益关系十分明确，生态受益区的范围比较容易确定，也就比较容易明晰补偿主体。明晰补偿主体的主要目的就是要根据"谁受益谁补偿"的原则将生态受益区纳入到其所在生态系统保护的"俱乐部"之中，在享用生态产品的同时分担生态保护和环境治理领域的成本，弥补生态产品作为公共产品所具有的非排他性的不足。

（二） 积极发挥生态受益区地方政府的引导性作用

当生态受益区比较容易确定，而生态受益区内具体的生态受益主体不容易确定的时候，往往就要发挥生态受益区地方政府在横向生态补偿中的积极作用，由生态受益区地方政府代表生态受益区购买生态产品，承担补偿主体的角色。从国内外横向生态补偿的实践来看，生态受益区地方政府往往要承担起补偿主体的责任，在有些情况下，生态受益区的上级政府往往也同时承担补偿主体的责任，形成纵横结合的生态补偿模式。比如在纽约市清洁水计划中，纽约市政府和纽约州政府都承担起了补偿主体的责任。在我国浙江和安徽开展的新安江流域水环境生态补偿中，浙江省和财政部承担起了补偿主体的责任。在密云水库上游地区的河北省张家口市和承德市实施的"稻改旱"工程中，北京市政府承担起了补偿主体的责任。从理论上分析，在生态受益区内具体受益人不好确定的情况下，就要由受益区地方政府代表受益者承担补偿主体的责任。而且在很多情况下，生态受益区所享受的生态效益往往是综合性的，这就需要当地政府甚至连同其上级政府共同承担补偿主体的责任。

（三） 鼓励生态受益区企业、居民、社会团体和非政府组织等积极参与

当生态受益区内的具体生态受益主体比较容易确定时，相应的生态受益主体，包括企业、居民、社会团体和非政府组织等就要为享用生态产品

分担相应费用，承担起补偿主体的角色。尤其是生态受益区内直接利用生态产品并由此而获益的企业，更是要承担起补偿主体的责任。比如法国毕雷（Perrier）矿泉水公司为保持水质，对上游地区的农户承担起了补偿主体的责任。20 世纪 80 年代，位于法国东北部的 Rhin－Meuse 流域水质受到当地农民农业生产活动的威胁，依赖该地区干净水源生产天然矿物质水的毕雷矿泉水公司不得不做出选择，要么新建水质过滤设施，要么迁移到新的水源地，要么保护该地区水源。经过综合考虑，毕雷矿泉水公司决定对上游地区的农民进行生态补偿，为上游地区农民牲畜粪便的处理和农业生产方式改进提供技术支持，从源头上控制污染，获得了很好成效[①]。在有的横向生态补偿实践中，居民往往也承担起补偿主体的责任，比如在纽约市的清洁水计划中，纽约市的用水居民通过缴纳附加税承担起了补偿主体责任。此外，受益的社会团体和非政府组织等也要根据生态受益的多少和自身可承受能力承担起补偿主体的责任。

二、建立健全自然资源资产产权制度，明晰补偿对象

明确横向生态补偿的对象，即明确"补给谁"。地区间建立横向生态补偿制度，需要明晰补偿对象，明确生态产品的"主人"。生态产品是自然资源的衍生品，明确生态产品的"主人"，需要建立和完善自然资源资产产权制度，做到产有主、主有权、权有责、责连利，实现自然资源资产的产权所属人格化，为明确补偿对象提供制度支撑。

（一）构建"四权分置"的自然资源资产产权体系

完善的自然资源资产产权是界定生态产品提供方、确定生态补偿对象的基础，也是使生态产品作为商品在市场经济准则下进行交易的前提。要在加强自然资源用途管制的前提下，加快推进自然资源资产产权制度建设，构建所有权、使用权、收益权和转让权"四权分置"的自然资源资产产权体系，为推进地区间建立横向生态补偿制度提供支撑。要通过市场交易或自愿协商实现自然资源资产的最优配置，政府的责任就是要界定和保护好自然资源资产产权，形成归属清晰的自然资源资产产权制度，只有这

---

① 任世丹、杜群：《国外生态补偿制度的实践》，载《环境经济》2009 年第 11 期。

样，才能进一步明晰依附在自然资源资产上生态产品的"主人"，解决"补给谁"的问题。要规范自然资源资产使用权，通过划定生产、生活、生态空间开发管制界限，落实用途管制。适当延长自然资源资产使用权期限，使之与生态建设的长周期性相匹配。切实保障自然资源使用人的收益权，通过生态补偿，提高自然资源资产使用人保护自然资源资产的动力和积极性。不断拓宽自然资源资产使用权获得途径，除了划拨、承包经营、颁发许可证外，还可以通过租赁、招标、拍卖、合资、合作、入股等多种方式获得自然资源资产使用权。

（二）发挥生态产品提供区地方政府的引导性作用

将生态产品提供区地方政府列为补偿对象具有非常重要的现实意义。生态产品提供区地方政府承担着生态建设、环境治理、加强自然资源用途管制、引导产业转型发展等方面的职责，对于提高生态产品供给能力起着非常重要的作用。从我国横向生态补偿试点的情况来看，在试点的初期阶段，生态产品提供区往往要开展较大规模的生态保护和环境治理等工程建设，这些工程的建设资金很大一部分来自补偿资金和地方政府的融资，因此，将生态产品提供区地方政府列为补偿对象，可以发挥生态产品提供区地方政府的积极性，提高其提供生态产品的能力。从法理上看，生态产品提供区的地方政府作为自然资源的所有人和监管人，也应该获得相应的生态补偿。

（三）鼓励生态产品提供区的企业、居民、社会团体和非政府组织等积极参与

生态产品提供区的企业、居民、社会团体和非政府组织等对生态产品提供做出贡献的主体，也应该成为补偿对象。为了提高生态产品供给能力，生态产品提供区的企业要执行更为严格的环境治理标准，有的企业还要进行搬迁、技术升级改造甚至是关闭停产，企业应该获得对额外增加成本的补偿。为了提高生态产品供给能力，生态产品提供区的居民也要转变相应的生产和生活方式，比如其承包的经济林要转变为生态公益林，从事网箱养殖的渔民要退出网箱养殖，农业生产过程中要采用防止水土流失和面源污染的耕作方式等，这一方面使当地居民丧失一定的发展机会成本，此外也会额外增加当地居民的生产和生活成本，应该对居民丧失的机会成本和额外增加的生产和生活成本进行补偿。此外，为提供生态产品做出贡

献的社会团体和非政府组织等也应该获得一定的生态补偿。从法理上看，生态产品提供区的居民作为自然资源的具体使用人，在服从自然资源用途管制的前提下，应该获得相应的生态补偿。

（四）开拓多元化的补偿资金来源渠道

从国内外横向生态补偿的实践来看，补偿资金的来源渠道主要有财政资金、征收专门税费、企业资金、市场交易所获收益等不同类型。我国横向生态补偿的资金来源渠道主要是财政资金，比如浙江对安徽的新安江流域水环境生态补偿，补偿资金为浙江省财政资金，北京对张承地区"稻改旱"补偿以及对张承地区生态公益林的补助，补偿资金为北京市财政资金。在国外，受益地区地方政府往往也会拿出部分财政资金用于生态补偿，比如在纽约市清洁水计划中纽约市和纽约州都分别拿出部分财政资金用于对上游地区的生态补偿。在国外横向生态补偿实践中，征收专门税费、企业资金和市场交易所获收益等是横向生态补偿的重要资金来源渠道。比如在纽约市的清洁水计划中，就对使用自来水的用户征收额外的附加税用于对上游地区农民进行生态补偿，法国毕雷矿泉水公司则用本公司资金对上游地区农户进行生态补偿。此外，水权交易、碳汇交易、排污权交易等也是横向生态补偿资金的来源渠道。

三、基于边际成本法和双方博弈，确定合理可行的补偿标准

明确横向生态补偿的标准，即明确"补多少"。生态补偿标准的确定是地区间建立横向生态补偿制度中的核心内容，也是我国横向生态补偿理论研究和实践中面临的难点之一。补偿标准的确定，既需要有严谨的理论分析，也需要考虑补偿方的支付意愿和受偿方的现实需求，使补偿标准既科学合理，又现实可行。

（一）补偿标准要兼顾科学性和可行性

"补多少"是横向生态补偿中补偿方和受偿方都十分关注的核心问题，而且也是双方最难协商的问题。生态产品作为公共产品，很难确定其价值和市场价格，受偿方往往希望能够获得较多的补偿，而补偿方则希望降低补偿标准，甚至免费消费生态产品。科学合理而又现实可行的补偿标准可

以最大程度地满足补偿方和受偿方的需求，在推进生态保护方面发挥积极作用。横向生态补偿的补偿标准确定既不是完全市场条件下供需平衡的结果，也不是仅靠政府调控的结果，而是两者相互结合的妥协产物。按照市场理论，在生态产品产权明晰而且可以自由交易的情况下，生态补偿标准可以按照生态产品的供需曲线找到合适的平衡点。从实践的角度看，需要在国家完善自然资源用途管制的大背景下，根据生态保护区生态保护成本和机会成本的变化情况，具体核算应该补偿多少，为补偿方和受偿方协商合理可行的补偿标准提供参考。

（二）基于边际成本的生态补偿标准确定法

由于生态产品具有正的外部性，生态产品的边际社会收益（Marginal Social Benefit，MSB）会大于边际私人收益（Marginal Private Benefit，MPB）。为了便于分析，假设生态产品是由私人提供的，生态产品有价而且是可以自由交换的，在完全竞争的市场条件下，生态保护者提供生态产品的行为是由边际私人收益和边际成本（Marginal Cost，MC）确定的（见图 14-4）。边际私人收益与边际成本曲线决定了完全竞争市场条件下的生态产品提供量为 Q_1，Q_1 可理解为根据国家法律法规区域平均生态环境质量下生态产品的提供量，小于社会福利最大化的生态产品提供量 Q_2。如果单纯依靠市场力量配置生态产品，从边际社会收益的角度看，则存在 D_1D_2F 的损失。而要达到边际社会收益下的均衡，即社会福利的最优化，就需要采取生态补偿的手段，使生态产品的提供量由 Q_1 提升到 Q_2。在市场条件下，生态产品提供量达到 Q_2 后，其价格为 P_2，社会总成本为 $Q_1Q_2D_2G$，生产者愿意承担生态产品 Q_1 部分的成本，即生产者承担成本为 $Q_1Q_2D_1D_2$，生态补偿的费用为 GD_1D_2（图中阴影部分），因此通过用 GD_1D_2 的生态补偿实现了 D_1D_2F 的社会效益增加，社会纯福利增加了 D_2FG。在横向生态补偿过程中，生态保护方的平均生态产品提供量为 Q_1，而作为补偿方则希望生态产品的提供量提高到 Q_2，在这一过程中，要求将生态产品提供量由 Q_1 提升到 Q_2 的要求方就要承担生态补偿的责任，补偿的标准即为 GD_1D_2。通过生态补偿，不仅可以满足补偿方对提供更多生态产品的需求，而且还可以实现社会福利的净增加 D_2FG，实现补偿方和受偿方的双赢。

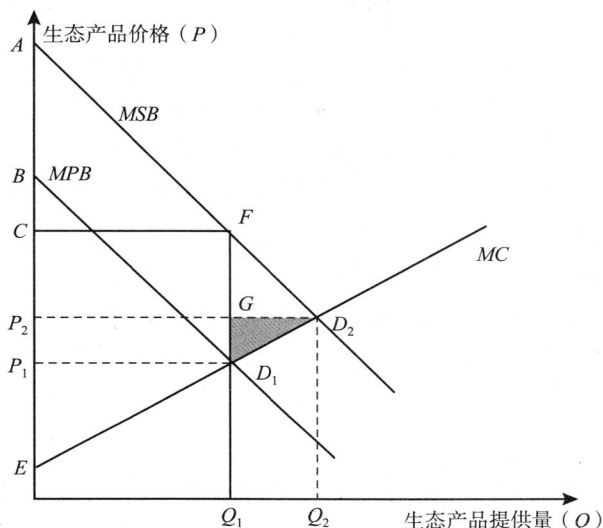

图 14 - 4 基于边际成本的补偿标准确定示意图

具体的补偿标准可以通过对生态产品的简单生产过程来分析。假设生态产品为 C，生态保护者生产生态产品的成本为 P（生态环境建设成本和丧失的发展机会成本等），最后得到的经济回报或生态产品的价格为 R，则生态保护者完成生态产品生产的简单过程是 $P \to C \to R$，即保护者投入了成本 P，生产出了生态产品 C，最后获得的经济效益为 R。其中 $R > P$，否则生态保护者因无利可图无法扩大再生产。所以 R 实际上是在 P 的基础上，有一个净利润 R_N，即 $R = P + R_N$。但是生态补偿的标准不是 R，因为按照国家的法律法规，生态保护者必须要有一个相当于 Q_1 的生态产品供给量，对应的生态产品价格是 P_1，而不是 P_2，这是生态保护者自身应尽的义务。生态受益区实际上要购买（补偿）的，只是相当于 Q_2 与 Q_1 之间的生态产品量就可以了。因此，生态补偿的标准应该是 ΔR，它相当于图中的阴影部分 GD_1D_2 的面积，即 $\Delta R = \Delta P + \Delta R_N$，$\Delta P$ 是生态产品提供者为了满足生态受益者的要求而额外投入的生态环境建设成本和额外丧失的发展机会成本，ΔR_N 是因为生态保护者多提供了生态产品（Q_2 与 Q_1 之差）而应该得到的净利润。

（三）基于生态保护成本和发展机会成本变化的补偿标准确定法

从理论上分析，横向生态补偿标准主要考虑生态保护成本、发展机会成本和生态产品价值三个重要因素的变化情况，并依此确定合理的补偿标准。从投入产出的角度看，生态产品价值的变化情况主要体现在生态保护成本和发展机会成本的变化上，因此，补偿标准主要参考生态保护成本和发展机会成本的变化情况。生态保护区由于要执行高于一般要求的生态环境标准，需要高于一般标准的生态保护投入，高出一般标准的生态保护投入需要生态受益区给予补偿。生态保护区由于要执行高于一般要求的产业准入门槛，因此会丧失一定的发展机会，生态受益区需要对生态保护区丧失的发展机会成本给予补偿。上述两种情况的变化最终体现在生态保护区提供生态产品价值的变化上（见图14-5）。

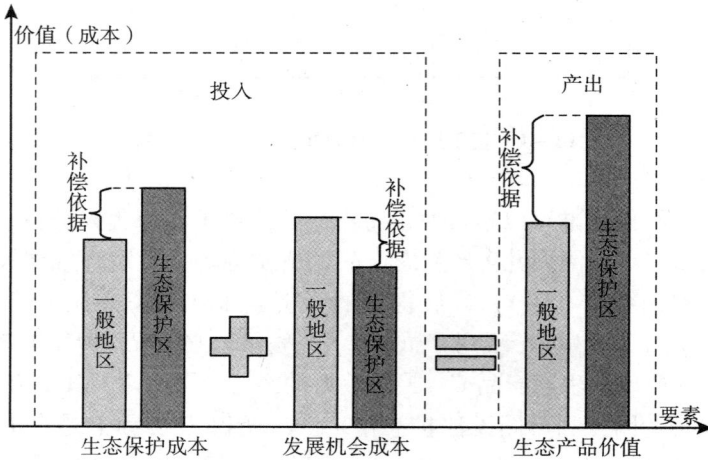

图14-5 基于生态保护成本和发展机会成本的补偿标准确定示意图

对于生态保护成本和发展机会成本的变化，可以采用不同的方法进行估算。对于生态保护成本的变化相对容易，主要是生态保护区为了提供更好或更多的生态产品而额外增加的生态保护投入、环境治理投入、产业结构调整和产业布局优化等成本以及生态环保设施建设成本及其建成后的部分管护运营成本。对于发展机会成本的变化，可以通过机会成本法进行测算。比如生态保护区为了生态保护的需要，将部分经济林划为生态公益林，由此丧失的机会成本可以参考其原来作为经济林时产生的经济效益。

（四）基于利益相关方博弈的生态补偿标准确定法

从实践来看，很少有横向生态补偿能够按照严格的理论测算生态补偿标准并付诸实施，更多的则是采取利益相关方协商的办法，通过协商确定补偿方和受偿方都能够接受的生态补偿标准。在补偿方和受偿方就补偿标准进行博弈时，补偿方的支付意愿和受偿方的实际需求对于补偿标准的确定非常重要。在补偿方和受偿方就补偿标准进行博弈时，会受到各种因素的影响，根据市场条件的供需博弈，可以总结为以下公式：

$$S = F(Q^s,\ Q^d)$$
$$S_s = f(Q^s) = f(Mac_s,\ Mic_s,\ \varepsilon)$$
$$S_d = f(Q^d) = f(Mac_d,\ Mic_d,\ \varepsilon)$$

式中，S——补偿标准；S_s——受偿方标准；S_d——补偿方标准；Mac——宏观因素；Mic——微观因素；ε——噪声（其他因素）。

由于宏观因素的不确定性和复杂性，目前很少有关于宏观因素的变动对生态补偿标准影响的研究，相关研究大多以微观因素为基础。对于补偿方来说，影响其补偿标准的微观因素（Mic_d）包括收入、偏好以及预期等，这些因素可以通过补偿方的意愿（Willing）体现。对受偿方来说，其主要影响因素为直接成本、机会成本、收入、预期等。如果补偿方的支付意愿与受偿方的受偿意愿相差不大，双方比较容易就补偿标准达成一致意见，如果两者具有较大差距，往往需要上级政府协调，才能形成双方都能接受的补偿标准。

从我国横向生态补偿的实践来看，补偿标准的确定大都是补偿方和受偿方协商的结果，比如浙江、安徽两省各出1亿元用于新安江流域水环境治理，就是浙江省和安徽省协商的结果。国外横向生态补偿标准的确定，也一般由补偿方和受偿方协商而定。比如毕雷矿泉水公司就通过与上游地区的农民开展协商，确定对上游地区农民的补偿标准。补偿方在确定生态补偿标准的时候，往往会对补偿标准和获得同类生态产品的替代成本进行比选，选择更有利于自身的补偿方式。在实践中，生态补偿标准一般要远远低于生态受益区获得同类生态产品的替代成本。

四、政府调控与市场机制相结合，探索灵活多样的补偿方式

明确横向生态补偿的方式，即明确"如何补"。地区间建立横向生态

补偿制度，要综合运用公共政策手段和市场手段，积极引导社会各方参与，探索多渠道、多形式的生态补偿方式，拓宽生态补偿市场化、社会化运作的路子。

（一）因地制宜探索灵活多样的补偿方式

根据横向生态补偿的不同类型、面临的主要任务、亟须解决的问题等实际情况，因地制宜地探索灵活多样的补偿方式。补偿方式的选择，要考虑补偿方的意愿、承受能力和受偿方的实际需求，还要考虑哪种补偿方式更有效，更能有利于促进生态保护区提高提供生态产品的能力。从国内外横向生态补偿的实践来看，目前的补偿方式主要有公共政策类的补偿方式和市场手段类的补偿方式。中央和地方政府要积极搭建协商平台，完善支持政策，引导和鼓励开发地区、受益地区与生态保护地区、流域上游与下游、调水工程的送水区和受水区之间通过自愿协商建立横向生态补偿关系，探索务实可行灵活多样的补偿方式。

（二）积极发挥公共政策类补偿方式的引导作用

生态产品具有公共产品的属性，因此，横向生态补偿在很大程度上要依托公共政策类的补偿方式将生态保护中的经济外部性内部化。在很多情况下，横向生态补偿的补偿方和受偿方的生态利益关系是明确的，但是生态受益区内具体的生态产品受益人往往很难确定，在这种情况下，需要生态受益区采用公共政策类的补偿方式对生态保护区进行补偿。政府要发挥在横向生态补偿中的引导作用，合理制定相应的公共政策，通过调整公共政策实现生态保护中的经济外部性内部化，实现生态保护区和生态受益区良性互动发展。

1. 专项资金（基金）类补偿方式

专项资金一般是从财政资金中列出的指定专门用途的资金，专项资金简便易行，补偿方和受偿方的责权利相对明确，是国内外横向生态补偿实践中采用比较多的补偿方式。我国目前开展的横向生态补偿实践，绝大部分都是采用专项资金补偿的方式。比如浙江和安徽两省开展的新安江流域水环境生态补偿，就是由浙江省和安徽省政府各在本省财政中列出1亿元的专项资金用于新安江流域水环境治理。北京对张承地区开展的"稻改旱"补偿和生态公益林补助等，也是采用专项资金的方式。在国外，除了专项资金外，往往会依托专项资金，开拓更广阔和更稳定的资金来源渠道，比如从生态受益区居民的水费、企业的水费、发电企业的电价等中划出一定比例成立专项基金用于横向生态补偿。如果将来能够建立横向转移支付制度，也可考虑将横向生态补偿纳入到横向转移支付之中，在横向转移支付中增加生态补偿因子，设定专门系数。

2. 经济援助类补偿方式

生态保护区要提高提供生态产品的能力，就需要减少对生态环境有不利影响的经济活动，大力推进产业转型，在产业转型的过程中，会额外增加生态保护和环境治理的成本以及产业转型的机会成本，为了促进生态保护区提高提供生态产品的能力，可以采取经济援助类的补偿方式。比如生态受益区可以帮助生态保护区建设循环产业园区，促进生态保护区内的产业向循环产业园区搬迁，也可以在生态受益区的产业园区内专门划出一定的空间，与生态保护区共建异地园区或飞地园区，促进生态保护区内的企业外迁，提高生态保护区提供生态产品的能力。比如成（都）阿（坝）工业园就是阿坝在成都建设的异地园区，对促进阿坝州灾后重建、经济社会发展和生态环境保护都起到积极作用。

3. 技术支持类补偿方式

技术支持类补偿方式就是生态受益区对生态保护区提供有利于提高生态产品供给能力的技术帮助。生态保护区要提高生态产品供给能力，既需要资金方面的投入，又需要技术方面的投入。生态受益区可以为生态保护区生态保护工程、环境治理工程、有机农业发展、工业污染治理等方面提供技术支持，同时为生态保护区内的居民和企业外迁提供技术帮助。此外，生态受益区还可以对生态保护区开展人力资源培训等方面的技术支持，提高生态保护区内适龄劳动人口的就业能力，促进生态保护区内人口的外迁，减轻生态保护区内资源环境压力。

（三）不断拓展市场手段类的补偿方式

在产权明晰的情况下，生态产品也可以进行市场交易。要不断完善生态产品的产权制度，积极运用碳汇交易、排污权交易、水权交易等补偿方式，探索市场化补偿模式，为横向生态补偿拓宽资金来源渠道。目前，市场手段类的补偿方式在我国横向生态补偿中运用的还不多，大部分处在试点或探索阶段。要根据试点或探索中发现的问题，加快完善相应的配套制度建设，为发挥市场机制在横向生态补偿中的作用创造条件。随着相关配套制度的不断完善，市场手段类的补偿方式将在横向生态补偿中发挥越来越重要的作用。

1. 一对一市场交易类补偿方式

当补偿方和受偿方明确，相互之间利益关系清晰，特别是一对一的情况下，可通过补偿方和受偿方的协商，直接就生态产品进行市场交易。目前比较常见的就是水权交易，该补偿方式适合对水资源具有需求的横向生态补偿，比如城市与城市饮用水水源区之间或小流域范围内上下游之间。浙江义乌市为了缓解用水紧张的局面，2000 年 11 月，义乌市一次性出资2 亿元，向东阳市买断了其横锦水库每年 5000 万立方米水资源的永久使用权，同时按期支付 0.1 元/立方米的综合管理费（含水资源费、工程运行维护费、折旧费、大修理费、环保费、税收、利润等所有费用），综合管理费中的水资源费按照浙江省有关规定进行动态调整①。义乌和东阳的水权交易模式，为缺水地区开展水权交易提供了很好的案例。开展一对一的市场交易，需要对相关地区的生态产品产权进行初始赋值，比如在水权交易的时候，要对相关地区的水权进行初始赋值，才能真正开展一对一的市场交易。我国已经在主要流域建立了水量分配制度，全面实行了取水许可制度，为水权交易奠定了基本制度框架，为今后进一步推广奠定了较好基础。

2. 可配额市场交易类补偿方式

当生态产品可以被标准化为可计量和可分割的商品而且补偿方和受偿方数量较多或者不确定的情况下，这时生态产品可以进入市场进行交易。在生态环境领域，可配额的市场交易一般采取总量限制和交易的方式（Cap and Trade，C&T）。即国家就某个生态指标（比如碳排放量或排污量）设定一个总量限制（Cap），并把这些总量以配额的形式拍卖或者直接分配给相应地区（企业），不同地区之间可以就配额开展交易。目前，主要是在碳汇和排污权领域开展了可配额的市场交易。通过配额交易，可以在实施生态环境总量控制的前提下，引入市场机制，促进生态保护和环境治理的专业化和高效化。对于生态利益关系明确的生态保护区和生态受益区之间，可以探索可配额市场交易补偿方式，即由生态受益区购买生态保护区的碳汇和排污权，使生态保护区在加强生态建设和环境治理时能够

---

① 水利部经济调节司、水利部发展研究中心，浙江"东阳—义乌"水权转让的调研报告，2001 年。

获得经济效益。2003 年日本、澳大利亚、欧盟等相继建立了各自的国家碳汇交易体系，随后，美国、加拿大等国也构建了一系列的地方交易体系，使得碳汇交易体系建设日益完善，哥斯达黎加作为原始森林保存比较好的国家，通过向发达国家出售碳汇，实现了国与国之间的横向生态补偿，有力地促进了生态环境保护[①]。

五、按照公平公正公开的原则，构建多元参与和双向对等的监管评估体系

明确横向生态补偿的监管和评估，就是要加强监督考核和监测评估，并根据评估结果实现动态调整，即明确"如何管"。要按照依法治理的理念，建立健全监管和评估体系，这是确保横向生态补偿制度顺利实施的重要保障，也是使横向生态补偿制度能够与时俱进和不断完善的重要保障。

（一）按照公平公正公开的原则建立健全监管评估体系

横向生态补偿的监管和评估，一定要遵循公平公正公开的原则，只有这样才能确保横向生态补偿的长期稳定实施。为了确保横向生态补偿监管评估的公平公正，相关的监管和评估结果要及时对外公布，接受社会监督。建立和完善相关技术规范和评估、监测指标体系，将生态环境监测评估结果纳入到地方政府的绩效考核之中。切实加强监测能力建设，健全重点生态功能区、跨省流域断面水量水质国家重点监控点位和自动监测网络，制定和完善监测评估指标体系，及时提供动态监测评估信息。逐步建立健全横向生态补偿统计信息发布制度。

（二）构建多元参与、双向对等的监测评估体系

构建多元参与、双向对等的监测评估体系，确保横向生态补偿的顺利实施。一是要体现多元参与的特点。横向生态补偿的监督考核和监测评估需要补偿方和受偿方的共同参与，必要时还需要上级政府部门的参与协调，同时还需要利益相关方和非利益相关方的积极参与，监督考核和监测评估结果要及时向外公布，一方面体现各利益相关方的诉求，另一方面也

---

① 石媛媛：《论林业碳汇的市场交易机制》，载《科技与企业》2013 年第 20 期。

可实现监督考核和监测评估中的相互监督，使监督考核和监测评估结果更加公平和公正。二是要体现双向性的特征。既要加强对受偿方提供生态产品能力的监管以及生态补偿资金使用的监管，也要加强对补偿方是否及时履约的监管。对于受偿方，首先要监管其生态补偿资金使用是否合规合法，其次要对受偿方提供生态产品的能力进行监管评估，看其提供生态产品的能力是否得到提升和改善。如果受偿方提供的生态产品质量或数量出现下降，不能达到双方约定的标准，受偿方要向补偿方赔偿相应的损失。对于补偿方，主要监管其是否能够及时足额地将生态补偿资金拨付给受偿方。

（三）形成统筹协调和有所侧重的监督考核体系

横向生态补偿涉及的部门和相关利益主体较多，需要监督考核和监测评估内容也比较多，在实践中要瞄准横向生态补偿的关键环节，形成统筹协调、有所侧重的监督考核和监测评估体系，促进横向生态补偿监督考核和监测评估的便捷化和高效化。一是要加强对跨界断面水质、水量、退耕还林面积、森林覆盖率、林木蓄积量、水土流失治理面积、退牧还草面积等核心指标的监测评估，并以此作为生态环境好坏的主要依据。浙江和安徽在新安江流域水环境生态补偿中，就选择了高锰酸盐、氨氮、总磷、总氮四项指标由浙江省环保部门、安徽省环保部门、环保部监测总站三家联合对跨界断面的水质进行监测，并以此作为拨付横向生态补偿资金的依据。二是要加强对资金拨付和资金使用的监督。在生态环境满足双方约定条件的前提下，要监督生态补偿资金能否及时足额拨付。在补偿资金拨付后，要监督生态补偿资金使用是否合规合法。对于补偿方和受偿方的考核，建议由当地政府的组织、纪检和审计部门牵头，并将考核内容纳入到当地干部政绩考核体系之中。如为了提高监督考核的权威性，安徽省黄山市在新安江流域生态补偿中成立了由纪检和审计部门牵头、相关部门参与的监督考核体系。

（四）探索相对稳定和动态调整相结合的长效机制

横向生态补偿具有长期性的特征，因此横向生态补偿制度要保持相对的稳定，相应的监督考核和监测评估也要保持长期稳定，只有这样才能形成保护生态的长效机制，满足补偿方和受偿方的长远需求。同时，在横向生态补偿实施的不同阶段，所面临的主要任务也有所不同，生态保护成本和发展机会成本也不相同，因此，又要体现动态性。在横向生态补偿的启动阶段，面临的主要任务是污水处理厂、垃圾收集转运和处理站、企业搬迁转产、循环产业园区建设、退耕还林还草、网箱养殖退养等工程建设，在监督考核和监测评估方面，要重点加强对上述工程建设的监督考核，确保工程建设资金使用合法合规，工程建设进度和工程建设质量满足预期要求。在上述工程建设完成后，面临的主要任务是上述工程的管护运营，此时监督考核的重点就要放在工程设施是否能够正常运转方面。此外，根据不同类型区域在不同时期面临的不同任务，补偿标准和补偿方式也应根据具体情况进行适当调整。

第四节　地区间建立横向生态补偿制度的对策措施

按照《中共中央关于全面推进依法治国若干重大问题的决定》《中共中央关于全面深化改革若干重大问题的决定》、十八大有关生态文明建设重要精神等相关要求，加快完善相关的对策措施，确保横向生态补偿制度建设的规范化和法制化。

一、建立健全相关法律法规和配套体制机制

按照依法行政的要求，加快完善相关法律法规，加强顶层设计，为地区间建立横向生态补偿制度提供法律法规支撑。在总结试点经验的基础上，尽快出台《关于建立健全生态补偿机制的若干意见》，并对地区间如何建立横向生态补偿制度做出专门规定，使横向生态补偿做到有规可依。在出台《关于健全生态保护补偿机制的意见》的基础上，力争能够尽早出台《生态补偿条例》，进一步规范横向生态补偿。在条件成熟时，及时出台《生态补偿法》，使横向生态补偿做到有法可依。

健全自然资源资产产权制度和用途管制制度，为进一步明晰横向生态补偿主体和对象提供制度基础。建立空间规划体系，划定生产、生活、生态空间开发管制界限，落实用途管制。健全国家自然资源资产管理体制，建议成立国家自然资源资产管理委员会，统一行使全民所有自然资源资产

所有者职责。完善自然资源监管体制，统一行使所有国土空间用途管制职责。探索编制自然资源资产负债表，对领导干部实行自然资源资产离任审计。建立生态环境损害责任终身追究制，健全生态环境保护责任追究制度和环境损害赔偿制度。加强环境监管，完善信息公开与公众参与制度，健全最严格的环境执法体系，提高环境违法成本，依靠强有力的法制规范环保行为。

进一步完善我国的财税制度和预算管理制度，为横向生态补偿开拓稳定的资金来源渠道。按照价、税、费、租联动机制，适当提高资源税税负，推进环境保护费改环境税，完善计征方式。完善我国的预算管理制度，在财政预算安排中增设横向生态补偿的科目，将横向生态补偿所需资金纳入财政预算安排。在开展横向生态补偿的地区研究推进横向转移支付的可行性，将横向生态补偿作为开展横向转移支付的重要因子，并设定相应的系数。研究由补偿方、受偿方、上级政府联合设立横向生态补偿基金的可行性，逐步实现横向生态补偿的制度化和法制化。

二、建立中央和地方共同参与和责任分担机制

建立中央和地方共同参与和责任分担机制，共同推进横向生态补偿制度建设。建立由发展改革委、财政部、环保部等部门组成的部际协调机制，加强对省际横向生态补偿工作的指导、协调和监督，研究解决省际横向生态补偿制度建设中的重大问题。发展改革委主要侧重在规划制定、政策引导、补偿主体、补偿对象和补偿范围确定等方面发挥作用；财政部主要在补偿标准确定、补偿资金筹集、补偿资金使用监管等方面发挥作用；环保部主要在生态环境质量监测、生态产品价值测算等方面发挥作用。地市之间和县之间的横向生态补偿可参照省际间的横向生态补偿，建立由地方政府和上级政府共同参与的责任分担机制。

对于横向生态补偿的补偿方和受偿方来说，要对补偿范围、补偿标准、补偿方式、监管评估等内容进行务实协商，探索双方都能接受的实施方案。要不断提升生态补偿意识，使"谁保护谁受偿、谁受益谁补偿"的意识深入人心，这是横向生态补偿制度建立和真正发挥作用的社会基础。进一步加强横向生态补偿的宣传教育力度，使各级领导干部确立提供生态产品也是发展的理念，使生态保护者和生态受益者以履行横向生态义务为

荣、以逃避责任为耻，自觉抵制破坏生态环境的不良行为。引导全社会树立生态产品有价、保护生态人人有责的理念，营造珍惜环境、保护生态的良好氛围。对已经开展横向生态补偿的地区，可以成立专门的部门或者依托既有的部门，专门负责横向生态补偿制度的实施。比如安徽省黄山市就专门成立了新安江流域保护管理局，专门负责新安江流域水环境补偿试点工作，取得了很好成效。

三、积极引导多元主体参与

地区间建立横向生态补偿制度涉及补偿方和受偿方的诸多利益相关者，包括政府、企业、居民、社会团体、非政府组织等，此外，还往往需要上级政府、专业机构等非利益相关方的参与。要从横向生态补偿制度建设的一开始，就引导利益相关方和非利益相关方积极参与，确保横向生态补偿制度设计能够照顾到利益相关方的诉求。同时，上级政府、专业机构等非利益相关方也要积极参与，发挥其监督、中介、协调的作用。在横向生态补偿制度实施进程中，更是需要补偿方、受偿方等利益相关方和上级政府、专业机构等非利益相关方等多元主体的参与，保障横向生态补偿制度的顺利实施。

对于补偿方来说，其主要职责就是要筹集补偿资金，并及时足额拨付给受偿方，同时，还要积极参与生态环境的监测，确保横向生态补偿能够取得实效。从我国开展的安徽和浙江的新安江流域水环境生态补偿试点来看，作为补偿方的浙江省，一方面将生态补偿资金纳入当地财政预算，保障了能够及时足额拨付补偿资金；另一方面，浙江还积极参与新安江跨省断面的水质联合监测，确保水质监测结果能够公平公正。

对于受偿方来说，其主要职责就是在接受补偿资金后能够将补偿资金用于生态建设和环境治理，不断提高其提供生态产品的能力。在这一过程中，需要受偿方地方政府、企业、居民、社会团体、非政府组织等的积极参与。政府需要完善规划，加强补偿资金使用管理，推进生态保护和污染治理工程建设，推进循环产业园区建设。企业需要根据政府规划向循环产业园区搬迁，实现污染的集中治理，并根据需要进行技术改造，甚至可能要转产或者停产关闭。居民需要改变生产生活方式，尤其是农村居民，需要实施退耕还林、退牧还草、退养网箱、生态移民等。积极鼓励各类社会组织通过合适的方式承担各自分工，发挥积极作用，只有多元主体的积极参与，才能确保横向生态补偿制度的顺利实施。

非利益相关方在横向生态补偿中发挥着不可替代的作用，对于横向生态补偿制度的构建、实施和监管都发挥着重要作用。非利益相关方主要包括上级政府、专业机构、中介组织等，在横向生态补偿中发挥着引导、监督、中介、协调的作用。在横向生态补偿制度的建立阶段，上级政府发挥着重要的引导和协调作用。在横向生态补偿制度的实施阶段，上级政府在监督考核、协调等方面发挥重要作用。此外，生态环境领域的专门监测机构、舆论宣传机构、独立咨询评估机构等也对横向生态补偿制度的实施发挥着重要的监督作用。

四、不断强化科技支撑体系建设

建立健全横向生态补偿制度是一个新的研究领域，要不断强化相关的科技支撑体系建设，使横向生态补偿制度设计更科学、实施更有效、监管更有力。开展横向生态补偿理论和实践重大课题研究，为建立健全横向生态补偿提供理论支撑。补偿标准确定是横向生态补偿制度中的核心环节，也是最难确定的环节，要加强横向生态补偿标准的理论和实践研究，为探索科学合理和现实可行的补偿标准提供支撑。加强生态产品价值的理论和实践研究，对全国重要生态功能区的生态产品价值进行初步评估，确定不同生态功能区的生态重要性，为推进不同地区间横向生态补偿提供参考。加强碳汇交易、排污权交易、水权交易等市场化补偿方式的理论和实践研究，为推进多元化的补偿方式提供支撑。

强化先进科学技术在横向生态补偿实施中的应用，提高横向生态补偿的实施效果。在横向生态补偿中，受偿方要把补偿资金用于提高提供生态产品的能力建设方面，在此过程中，亟须相关的科技支撑来提高生态补偿资金的使用效率，比如在相对分散的农村居民点的垃圾和污水收集处理方面以及农业面源污染治理方面，亟须相关的科技支撑。受偿方的企业在改进生产技术、加强污染治理、发展循环经济等方面，也亟须相关的科技支撑。对于补偿方来说，加强生态建设和环境保护的专门技术研发和推广，大力应用先进的监测等技术和设备，加大对受偿区的技术支持，提高横向生态补偿的科技支撑能力。

　　强化先进科学技术在横向生态补偿监管领域中的应用，提高监测的自动化和科学化程度。积极探索使用卫星遥感图像、水质自动检测、空气自动监测、物联网等现代化实时在线监测手段，为横向生态补偿监测和监督考核提供科学客观的依据。依托先进的科技手段，细化监测内容，使监测更能体现针对性和适用性。中央和地方各级政府应加大对所需技术研发、中试和推广各环节的扶持力度，不断提高先进适用技术在横向生态补偿各领域各环节的应用。

五、进一步完善试点和逐步推广

　　我国围绕流域开展了横向生态补偿试点，取得了较好成效。今后要在完善试点经验的基础上，逐步扩大试点范围，并向其他领域推广。2013年，《国务院关于生态补偿机制建设工作情况的报告》中明确提出要在东江、九龙江、赤水河、滦河、东江湖等开展流域和水资源生态补偿试点，在水土流失严重地区、重要蓄滞洪区开展水生态补偿试点。要抓紧推进上述试点地区围绕"谁来补、补给谁、补多少、如何补、如何管"等关键环节建立健全横向生态补偿制度，积极探索因地制宜、务实可行、稳定持续的横向生态补偿方案。鼓励上述地区就横向生态补偿出台规范性文件或地方法规，不断推进横向生态补偿的制度化和法制化。

　　在不断完善流域横向生态补偿的基础上，积极总结经验，逐步向其他类型和地区拓展，并积极探索灵活多样的补偿方式。通过搭建协商平台，完善支持政策，引导和鼓励开发地区、受益地区与生态保护地区、流域上游与下游通过自愿协商建立横向补偿关系，采取公共政策或市场手段实施横向生态补偿。探索在我国主要资源开发地区与主要资源消费地区之间开展横向生态补偿的可行性。

六、改革绩效考核和监督管理体制

　　只有推进绩效考核和监督管理体制改革，才能确保横向生态补偿制度能够顺利实施。要将横向生态补偿制度建设纳入到地方政府的绩效考核之中，提高相关政府对横向生态补偿制度建设的重视程度。逐步建立横向生态补偿效果的统计信息发布制度，抓紧建立横向生态补偿效益评估机制，积极培育生态服务评估机构。通过及时对外发布有关横向生态补偿的相关进展情况，引起社会各界的重视、参与和监督，共同推进横向生态补偿制度的实施。

对于受偿方来说，其主要职责是保护好生态，不断提高提供优质生态产品的能力，对于受偿方的考核要参照国家对重点生态功能区的考核办法，注重其生态保护、环境治理、循环经济发展、社会发展等相关领域的考核，取消或弱化传统的 GDP 和财政收入等方面的考核。从浙江和安徽开展的新安江流域水环境生态补偿试点来看，浙江省取消了对淳安县的 GDP 考核，安徽省取消了对黄山市和绩溪县的 GDP 考核，从根本上促进了当地发展理念的转变。对于补偿方来说，其职责是集约高效利用生态产品，并向受偿方及时足额支付生态补偿资金。对补偿方的考核要注重其是否及时足额支付生态补偿资金，并侧重对资源集约利用、技术研发和推广、劳动力培训等相关领域的考核。同时，对于非资金的补偿方式也要加强考核，确保相关的补偿方式能够认真落实。

依据相关的监测评估结果，建立动态调整机制和应急预警机制。横向生态补偿制度设计应体现动态调整的理念，能够反映不同时期生态补偿标准、补偿方式、监管方式的变化，体现人们对生态文明建设成果不断提高的需求。此外，要积极建立相关的应急预警机制。横向生态补偿进程中存在一些不可控因素，比如重大地质灾害、重大污染事件、重大疫情等，要抓紧建立相应的应急预警机制，研究处置和防范上述不可控因素的预案，确保横向生态补偿能够持续稳定实施。

第十五章

开展森林生态功能区生态补偿

　　森林生态系统对于维护全球生命支持系统具有不可替代的重要作用，森林生态系统的局部消失或退化将对水土流失加剧、生物多样性降低、水源涵养能力下降、荒漠化扩展、二氧化碳浓度增高等产生不利影响。我国是一个森林覆盖率比较低的国家，维护森林的生态功能对于保障我国的生态安全具有重要意义。当前，世界各国对于减少温室气体排放格外重视，而森林作为吸收温室气体的"碳汇"（Carbon Sink），可以减缓温室气体排放对全球气候变化的影响。在我国，很多森林地区都有或多或少的居民，过去，森林地区的居民或政府往往依靠砍伐林木、转变林地用途等破坏森林生态功能的办法获得经济收益，但这往往要付出极大的生态代价，不仅对当地而且对周边相当大区域的生态造成很大的长期不良影响。建立森林生态功能区补偿机制，可以有效协调林区居民和政府寻求经济收益与推进森林生态保护的关系。森林生态功能区是限制开发区域中的重要组成部分，建立森林生态功能区补偿机制也是推进我国主体功能区建设的重要内容之一。加快建立并不断完善森林生态效益补偿机制，可以有效维护和加快修复森林的生态功能，对于促进人与自然的协调发展具有重要意义。

第一节　森林生态效益补偿的内涵及其计算标准

　　为了建立森林生态效益补偿制度，自 20 世纪 80 年代末开始，至今已经历了几十年的探讨、协调、政策和法律的制定过程。1992 年，林业部门就会同相关部门，就建立森林生态效益补偿基金问题，对国内九省（区、市）进行了深入调研。党中央、国务院高度重视建立森林生态效益补偿基金问题，并多次将其纳入党中央、国务院有关文件。1998 年森林法修正案明确规定"国家设立森林生态效益补偿基金，用于提供生态效益的防护林和特种用途林的森林资源、林木的营造、抚育、保护和管理"。至此，森林生态效益补偿机制在法律上得到确认和保障，并相应建立了森林生态效益补偿基金，由国家财政预算直接拨款方式建立了森林生态效益补偿的资金来源渠道。中央森林生态效益补偿基金制度的建立，结束了我国长期无偿使用森林生态产品的历史，开始进入了有偿使用森林生态产品的新阶段。但是，由于我国森林类型多样，区域分布很不均衡，生态效益大小不一，对于有关森林生态效益补偿中的"谁来补、补给谁、补多少、如何补"等问题，一直有不少争议。因此，界定森林生态效益补偿的内涵，明确补偿标准的计算，是推进我国森林生态效益补偿的基本前提。

一、森林生态效益补偿的内涵

森林是主要的陆地生态系统之一，不仅能提供林产品，而且还能为人类提供重要的生态产品。长期以来，人们主要注重森林的营造、抚育、管护等方面的投入以及森林的林产品价值，而对森林的生态效益价值关注不够。其实，森林生态产品具有公共物品特性，其价值很大一部分未能通过市场化而得到体现。这就需要通过建立相应的生态效益补偿机制将森林生态效益的外部性内部化，部分或全部实现森林生态产品的价值，这样才能有效平衡利益相关者之间的关系，增强森林生态保护区和其他地区参与森林生态系统建设和保护的积极性，促进人与自然的和谐发展。根据以上理解和我国森林生态建设的实践，森林生态效益补偿可以有广义和狭义两种概念。

（一）狭义的森林生态效益补偿

对于森林生态效益补偿的狭义理解，主要是考虑有关森林营造方面的投入和管护成本，以及非生态用林转变为生态用林后所丧失的应得收益。在市场经济条件下，公益林生产经营者投入的成本，在提供生态服务时，不能通过商品交换取得相应报酬，在经营者与受益者、当代人与后代人之间形成不合理的经济利益关系，为了扭转这种不合理利益关系，需要对生态用林的营造、抚育、保护和管理投入给予一定补偿，以及对由经济用林转为生态用林而丧失的经济收益给予相应补偿。这种理解基本与现行的公益林生态效益补偿基金制度所涵盖的内容相吻合。

(二) 广义的森林生态效益补偿

对于森林生态效益补偿的广义理解是将森林生态公共服务功能市场化，同时考虑到将非生态用林转变为生态用林后所丧失的机会成本。广义的补偿内容除了包括狭义的补偿内容外，还包括对生态公益林所提供生态服务的补偿以及非生态用林转变为生态用林后所丧失发展机会成本的补偿。这种理解的补偿在我国部分生态受益主体比较明确的少数流域正在进行试点探索。

森林生态效益补偿的目的在于通过调整保护与利用森林生态功能的相关主体间的利益关系，促进我国的森林生态建设和保护。但是考虑我国当前的实际情况，森林生态效益补偿的内容应在涵盖狭义概念的基础上，适当向广义概念拓展。

二、森林生态效益补偿标准

在界定了森林生态效益补偿内涵以后，就可以对森林生态效益补偿标准进行计算。从理论层面来看，森林生态效益补偿标准的计算要考虑以下几个方面的因素：（1）营造生态林地的直接投入，包括营造、抚育、保护和管理等方面的投入。（2）用途转变成本，即由非生态用林转变为生态用林后所丧失的相关收益，包括前期的营造林投入以及应得的林产品收入。（3）为了保护森林生态功能而放弃经济发展的机会成本。由于生态效益保护的要求，当地必须放弃一些林业产业发展机会，从而影响当地经济社会发展水平。（4）森林生态系统服务功能的效益。根据生态系统服务功能理论，研究人员采用不同的指标及不同的计算方法，所计算的结果不一样。根据相关文献统计，生态系统服务功能的效益约为直接效益（木材价值）的 8 ~ 20 倍左右。在实践层面，对于森林的营造管护投入和森林用途转变成本的补偿比较容易测算，而且与现行的公益林生态效益补偿基金制度中的补偿内容基本一致，是我国开展森林生态效益补偿标准计算的基本内容。对于机会成本和生态服务市场化价值，由于很难进行定量测算，在森林生态效益补偿标准计算过程中，可以采取市场谈判等灵活措施进行处理，而很难根据其理论值进行计算。

第二节　森林生态功能区保护政策的实施进展

我国政府从 20 世纪 80 年代以来，高度重视森林保护工作，先后出台了一系列的法律法规来加强对森林的保护。从森林的权属、抚育、管护、防火、防灾、采伐到对破坏森林资源的惩处，都有相应的法律法规。相对健全的法律法规，为规范森林管护提供了政策上的可能。很多法规都是经国务院（办公厅）发布，有的甚至是中共中央与国务院联合发布，这也大大提高了有关保护森林的各项法规的权威性。我国幅员辽阔，森林种类多样，为了加强对重点地区的森林保护，我国开展了"三北"防护林建设、退耕还林、生态林保护和天然林保护等一系列森林保护工程，取得了明显成效。国家"十一五"规划纲要也对我国的重点森林生态功能区建设提出了要求，并将其列为国家的限制开发区域，着重加强生态修复。2016年，国务院办公厅印发了《关于健全生态保护补偿机制的意见》，指出要牢固树立创新、协调、绿色、开放、共享的发展理念，按照党中央、国务院决策部署，不断完善转移支付制度，探索建立多元化生态保护补偿机制，逐步扩大补偿范围，合理提高补偿标准，有效调动全社会参与生态环境保护的积极性，促进生态文明建设迈上新台阶。对于森林生态补偿，提出要健全国家和地方公益林补偿标准动态调整机制，完善以政府购买服务为主的公益林管护机制，合理安排停止天然林商业性采伐补助奖励资金。

一、"三北"防护林建设进展

"三北"防护林又称修造绿色万里长城活动，是一项正在我国北方实施的宏伟生态建设工程，它是我国林业发展史上的一大壮举，开创了我国林业生态工程建设的先河。1979 年，国家决定在西北、华北、东北（"三北"）风沙危害、水土流失严重的地区，建设大型防护林工程，即带、片、网相结合的"绿色万里长城"。规划范围东起黑龙江省的宾县，西至新疆维吾尔自治区乌孜别里山口，东西长 4480 公里，南北宽 560 ~ 1460 公里，总面积约 406.9 万平方公里，占国土面积的 42.4%，接近我国的半壁河山，包括新疆、青海、宁夏、内蒙古、甘肃中北部、陕西、晋北坝上地区和东北三省的西部共 324 个县（旗）。以求能锁住风沙，减轻自然灾害。

1978 年 11 月 25 日，国务院批准了在三北地区建设大型防护林工程，并特别强调：我国西北、华北及东北西部，风沙危害和水土流失十分严重，木料、燃料、肥料、饲料俱缺，农业生产低而不稳。大力种树种草，特别是有计划地营造带、片、网相结合的防护林体系，是改变这一地区农牧业生产条件的一项战略措施，并把这项工程列入了国民经济和社会发展的重点项目。按照工程建设总体规划，从 1978 年开始到 2050 年结束，分三个阶段，八期工程，建设期限 73 年，共需造林 5.34 亿亩。在保护现有森林植被的基础上，采取人工造林、封山封沙育林和飞机播种造林等措施，实行乔、灌、草结合，带、片网结合，多树种、多林种结合，建设一个功能完备、结构合理、系统稳定的大型防护林体系，使三北地区的森林覆盖率由 5.05% 提高到 14.95%，沙漠化土地得到有效治理，水土流失得到基本控制，生态环境和人民群众的生产生活条件从根本上得到改善。为了推进"三北"防护林建设，国家专门成立了这项工程的主管单位——三北防护林建设局，设在宁夏银川，是国家林业局负责三北地区林业生态工程建设的派出机构，是负责"三北"防护林体系建设和管理工作的职能局，统筹管理三北地区林业生态工程建设，承担工程建设规划计划、督导检查、组织实施和协调服务。

经过多年的努力，"三北"防护林体系工程取得了举世瞩目的成就。完成了"三北"防护林体系一期（1978～1985 年）、二期（1986～1995年）、三期（1996～2000 年）、四期工程（2001～2010 年），目前正在进行"三北"防护林体系建设的五期工程（2012～2020 年）。经过长期建设，三北地区实现了由"沙进人退"向"人进沙退"的重大转变，毛乌素、科尔沁两大沙地扩展的趋势实现全面逆转。

二、退耕还林政策实施进展

1999 年，国家在四川、陕西和甘肃开展了退耕还林试点工作，并在 3年后制定了退耕还林 10 年规划。2002 年 12 月，国务院颁布了《退耕还林条例》，并于 2003 年在全国实施退耕还林（草）政策。2007 年，《国务院关于完善退耕还林政策的通知》颁布，国务院决定完善退耕还林政策，继续对退耕农户给予适当补助，以巩固退耕还林成果、解决退耕农户生活困难和长远生计问题。我国的退耕还林政策规定：对退耕的农户和地方政府分别提供补偿，补偿期限一般为 5~8 年，其中经济林补偿 5 年，生态林补偿 8 年。在黄河上游地区，对退耕还林农户的补偿标准为每亩退耕还林土地补偿粮食 200 斤或 140 元（按每公斤粮食 0.7 元折算）、并补助种苗费 50 元和管护费 20 元；长江上游地区的补偿标准为每亩退耕还林土地补偿粮食 300 斤或 210 元、并补助种苗费 50 元和管护费 20 元。对地方政府因退耕还林减少的财政收入国家通过财政转移支付予以补偿。

由于解决退耕农户长远生计问题的长效机制尚未建立，随着退耕还林政策补助陆续到期，部分退耕农户生计将出现困难。2007 年《国务院关于完善退耕还林政策的通知》决定继续对退耕农户给予适当的现金补助，解决退耕农户当前生活困难。补助标准为：长江流域及南方地区每亩退耕地每年补助现金 105 元；黄河流域及北方地区每亩退耕地每年补助现金 70 元。原每亩退耕地每年 20 元生活补助费，继续直接补助给退耕农户，并与管护任务挂钩。补助期为：还生态林补助 8 年，还经济林补助 5 年，还草补助 2 年。根据验收结果，兑现补助资金。各地可结合本地实际，在国家规定的补助标准基础上，再适当提高补助标准。凡 2006 年底前退耕还林粮食和生活费补助政策已经期满的，要从 2007 年起发放补助；2007 年以后到期的，从次年起发放补助。延长一个周期的补助，中央将新增投入 2000 多亿元，使退耕还林工程总投入达到 43000 多亿元。同时，建立巩固退耕还林成果专项资金，自 2008 年起，中央财政 8 年集中安排一定规模资金，主要用于退耕农户的基本口粮田建设、农村能源建设、生态移民以及补植补造，并向特殊困难地区倾斜。

退耕还林工程是迄今为止我国政策性最强、投资最大、涉及面最广、群众参与程度最高的一项生态建设工程。工程自 1999 年开始试点，2002 年全面启动。至 2007 年，实施范围涉及 25 个省（区、市）和新疆生产建设兵团的 2279 个县（含县级单位）、3200 多万农户、1.24 亿农民。退耕还林工程实施以来，全国累计完成退耕还林任务 3.64 亿亩，其中退耕地造林 1.39 亿亩、荒山荒地造林 2.05 亿亩、封山育林 0.2 亿亩，使工程区森林覆盖率平均提高了 2 个多百分点。

近几年退耕还林工程造林占全国造林总面积的 60%以上，西部许多地方占到90%以上，退耕还林计划任务完成率为98.9%。退耕地造林的年度面积核实率和核实面积合格率以及历年面积核实率和核实面积合格率，连续4年保持在90%以上。退耕还林发放的粮食和生活费补助已成为退耕农户收入的重要组成部分。据统计，退耕还林补助占退耕农民人均纯收入近10%，工程区563个县高于20%。实施退耕还林是党中央、国务院为改善生态环境做出的重大决策，受到了广大农民的拥护和支持。自1999年开始试点以来，工程进展总体顺利，成效显著，加快了国土绿化进程，增加了林草植被，水土流失和风沙危害强度减轻；退耕还林对农户的直补政策深得人心，粮食和生活费补助已成为退耕农户收入的重要组成部分，许多农户依靠国家补助吃上了细粮，生活普遍得到改善。一些地方抓住机遇，大力发展畜牧、林果、草业、旅游等特色产业，促进了当地经济发展。

2014年，国务院批准实施《新一轮退耕还林还草总体方案》，指出到2020年，将全国具备条件的坡耕地和严重沙化耕地约4240万亩退耕还林还草。其中包括：25度以上坡耕地2173万亩，严重沙化耕地1700万亩，丹江口库区和三峡库区15~25度坡耕地370万亩。

三、生态公益林建设政策实施进展

生态公益林指生态区位极为重要，或生态状况极为脆弱，对国土生态安全、生物多样性保护和经济社会可持续发展具有重要作用，以提供森林生态和社会服务产品为主要经营目的的重点防护林和特种用途林。包括水源涵养林、水土保持林、防风固沙林和护岸林，自然保护区的森林和国防林等。生态公益林也是保护和改善人类生存环境、维持生态平衡、保存物种资源、开展科学实验和森林旅游等为主要目的的森林、林木、林地。在我国，生态公益林按事权等级划分为国家公益林和地方公益林。为了切实解决好生态公益林管护、抚育资金缺乏问题，并在一定程度上解决管护人员的经济收益问题，1998年通过的《中华人民共和国森林法（修正）》规定，国家建立森林生态效益补偿基金，用于提供生态效益的防护林和特种用途林的森林资源、林木的营造、抚育、保护和管理。2000年发布的《森林法实施条例》中明确规定，防护林、特种用途林的经营者，有获得森林生态效益补偿的权力。2001年，财政部会同林业局下发《森林生态效益补助资金管理办法（暂行）》。2004 年，财政部又会同林业局印发了《中央森林生态效益补偿基金管理办法》，明确提出建立中央森林生态效益补偿基金，对生态林进行保护。中央补偿基金对生态公益林的平均补助标准为每年每亩 5 元，其中 4.5 元用于补偿性支出，0.5 元用于森林防火等公共管护性支出。

为了落实森林生态效益补偿制度，有关部门将防护林和特种用途林认定为公益林，通过分类区划界定落实到山头地块，逐一签订协议，作为补偿依据。目前，这项工作在绝大多数省区已经完成。2004 年，财政部和国家林业局在广泛调查研究的基础上，选择了 11 个省区的 658 个县和 24 个国家级自然保护区，开始森林生态效益补偿资金试点，涉及 2 亿亩重点防护林和特种用途林，取得了良好的效果。

四、天然林保护政策实施进展

1998 年，我国开始天然林资源保护工程试点工作，主要为天然林管护、造林和林场职工提供有关资金补偿。2000 年，国务院正式批准了《长江上游黄河上中游地区天然林资源保护工程实施方案》和《东北内蒙古等重点国有林区天然林资源保护工程实施方案》，重点对长江上游、黄河中上游和东北内蒙古等地区的天然林进行为期 10 年的重点保护。天然林保护资金的使用基本上是以补人为出发点。该政策在 1998～1999 年国家投入了 101.7 亿元进行试点。在 2000～2010 年 10 年工程期内，国家投入 962 亿元进行天然林保护，其中中央补助 80%，地方配套 20%。2002 年又新增富余职工一次性安置经费 6.1 亿元，使天然林保护资金总投入达 1069.8 亿元。

天然林保护政策具体内容为：第一，森林资源管护，按照每人管护 5700 亩，每年补助 1 万元。第二，生态公益林建设，飞播造林每亩补助 50 元；封山育林每亩每年 14 元，连续补助 5 年；人工造林长江流域每亩补助 200 元、黄河流域每亩补助 300 元。第三，森工企业职工养老保险社会统筹，按在职职工缴纳基本养老金的标准予以补助，因各省情况不同补助比例有所差异。第四，森工企业社会性支出，教育经费每人每年补助 1.2 万元；公检法司经费每人每年补助 1.5 万元；医疗卫生经费，长江黄河流域每人每年补助 6000 元、东北内蒙古等重点国有林区每人每年补助

2500元。第五，森工企业下岗职工基本生活保障费补助，按照各省（区、市）规定的标准执行。第六，森工企业下岗职工一次性安置，原则上不超过职工上一年度平均工资的3倍，发放一次性补助，并通过法律解除职工与企业的劳动关系，不再享受失业保险。第七，因木材量调减造成的地方财政减收，中央通过财政转移支付方式予以适当补助。通过实施天然林保护工程，天然林的砍伐基本上得到了有效遏制，特别是通过对森工企业从采伐到管护和抚育的生产经营活动给予财政上的支持，使保护森林生态功能的活动有了经济收益，并进一步使森工企业职工的生活问题得到了基本保障，基本解决了森林系统从破坏到保护的转变问题。同时，该补偿政策的实施客观上也维护了社会的稳定与和谐发展。

第三节　森林生态效益补偿原则

一、循序渐进，突出重点

森林生态效益补偿概念的提出，在我国还是一个比较新的概念，学术机构、政府部门、社会民众对此的认识也不一致，特别是对于补偿的主体、补偿的客体、补偿的手段等关键问题，现在还没有统一的认识。因此，构建我国森林生态效益补偿机制，不可能一蹴而就，而只能是一个长期的艰巨任务，需要循序渐进地逐步推进。目前，要针对森林生态效益补偿中的关键环节，抓紧解决其中的突出问题，比如森林生态效益补偿资金来源渠道问题，要在稳定既有的森林生态效益补偿基金基础上，逐步扩大规模，并探索其他可行的多样化资金来源渠道。

二、先行试点，逐步推广

国外一般采取生态付费的方式来解决生态投入与生态收益之间的关系，但是由于体制机制不同，国情相差很大，国外的经验很难照搬照用，我国只能根据具体实际情况进行探索。我国森林类型多样，地域分布不均，而且所在地经济社会发展差异很大，全国很难建立一个统一的森林生态效益补偿模式，而是要在森林生态效益补偿模式指导下，根据各地的具体情况，建立适合当地实际的森林生态效益补偿模式。这就要求在具备条件的地方积极开展森林生态效益补偿试点，通过试点，发现问题，总结经验，为在更大范围内推进森林生态效益补偿提供有益的借鉴。

三、综合配套，统筹兼顾

我国很多森林生态功能区往往也是经济贫困落后地区，因此，国家的扶贫政策、生态移民政策、农村"一池三改"工程也与森林生态功能区具有比较密切的联系。对于重点的森林生态功能区，如果能够整合相关政策，则可以有效弥补当前森林生态效益补偿标准偏低的问题，起到较好的综合效果。可以按照"渠道不乱、用途不变、各司其职、各记其功"的原则，整合相关政策，集中向重点森林生态保护区倾斜，发挥相关政策的综合效能。

四、完善立法，规范运作

我国森林生态效益补偿机制，已经在 1998 年的森林法修正案中进行了明确规定，为森林生态效益补偿基金制度提供了法律基础和保障。与此相关的，我国还有不少其他的相关法律法规，如《中华人民共和国森林法实施条例》《退耕还林条例》《中共中央国务院关于加快林业发展的决定》《国务院办公厅关于健全生态保护补偿机制的意见》等，这些法律法规对于加强我国的森林保护工作起到了很大促进作用。随着我国经济的不断发展和人们对森林生态功能认识的不断加深，一些法律法规可以根据具体情况不断完善，以适应新形势下森林生态建设和保护的需要。比如，可以就森林生态效益补偿基金的规模增长机制以及不同类型、不同层级森林生态效益补偿模式做出更为详尽的规定。通过完善相关的法律法规，规范推进我国森林生态效益补偿机制建设。

第四节　建立森林生态效益补偿机制的主要内容

新中国成立以来，特别是改革开放以来，党中央、国务院对森林生态建设十分重视，采取了一系列政策措施，初步建立了符合我国实际的森林生态效益补偿机制，有力地促进了森林生态保护工作，人与自然和谐发展的局面正在形成。如"三北"防护林等生态工程建设成效明显，天然林保护、退耕还林、防沙治沙等重点工程进展顺利，部分地区的生态状况明显改善。全国主体功能区规划中也提出要对包括大小兴安岭森林生态功能区、长白山森林生态功能区、川滇森林及生物多样性功能区、秦巴生物多样性功能区、藏东南高原边缘森林生态功能区、新疆阿尔泰山地森林生态功能区等在内的森林生态功能区建立生态补偿机制。建立森林生态效益补偿机制，既要考虑我国既有相关政策的连续性，又要根据森林生态保护建设的实际需要，进一步充实完善新的内容。

一、建立分级分类补偿机制

由于森林规模和地理区位不同，森林生态功能的重要意义也不一样。国家应该根据森林生态功能的重要性，建立相应的分级分类补偿机制。一是建立森林生态效益补偿分级管理机制。对于那些具有全国意义而且跨省级行政区的重点生态公益林，主要由中央财政进行相关补偿，对于那些具有省级意义而且主要在省内行政区的生态公益林，则主要由省级财政负责补偿。二是建立森林生态效益补偿分类管理机制。按照林区的生态区位、立地条件、林地生产力水平、林区的人口分布、林分质量和所发挥的生态效益状况等因素，对应进行补偿的公益林进行分类，确定切合实际的补偿标准和补偿类型，避免一刀切。

二、完善森林生态效益补偿基金

为了切实解决好生态公益林管护、抚育资金缺乏问题，并在一定程度上解决管护人员的经济收益问题，1998 年通过的《中华人民共和国森林法（修正）》规定，国家建立森林生态效益补偿基金，用于提供生态效益的防护林和特种用途林的森林资源、林木的营造、抚育、保护和管理。随后，在 2000 年发布的《森林法实施条例》中明确规定，防护林、特种用途林的经营者，有获得森林生态效益补偿的权利。2001 年，财政部会同林业局下发《森林生态效益补助资金管理办法（暂行）》。2004 年，财政部又会同林业局印发了《中央森林生态效益补偿基金管理办法》，明确提出建立中央森林生态效益补偿基金。森林生态效益补偿基金的建立，对于推进我国的森林生态保护工作发挥了巨大作用，今后要根据具体情况，对生态公益林范围认定、森林生态效益补偿基金规模扩大、补偿标准调整等进一步完善，以适应森林保护工作进展的实际需要。

三、探索市场化运作方式

除了由国家设立森林生态效益补偿基金对生态用林的营造和管护给予补偿外，在受益主体相对比较明确的情况下，可以探索市场化的运作方式，制定由受益单位承担相应补偿的政策和办法，建立多渠道筹集公益林补偿资金的机制。通过对直接受益主体收取适当的费用，充实到相应的生态补偿基金中，可以大大缓解当前生态建设资金匮乏问题。一是允许向森林生态效益的直接受益单位征收森林生态效益补偿资金，如从利用森林生态效益的水电、水利、旅游等直接受益企业的经营收入中安排一定资金用于公益林生态效益补偿或提取一定的生态保护专项基金。二是探索建立江河下游对上游的生态公益林补偿制度，处于下游的经济发达地区通过转移支付向流域源头及上游地区的生态公益林建设支付生态效益补偿金。通过市场化运作方式，拓展森林生态效益补偿的资金来源渠道，真正形成多层次、多渠道的森林生态效益补偿机制。

四、扶持特色产业

森林生态效益补偿作为促进森林生态建设和保护的重要手段，其最终目的是要实现人与自然的和谐发展，而达到这样的目的，简单的生态效益补偿是很难达到的，也不利于调动森林生态功能区内居民的主动性。要在保护森林生态环境的同时，兼顾地方发展经济的需要。在不妨害森林生态功能的前提下，积极利用当地独特的自然资源优势，大力开发乡村观光、森林之家、农家乐等生态旅游，开发林下经济，实行林菌、林草、林药、林牧结合，发展木本粮油、竹藤花卉、野生动植物繁育，妥善处理森林生态保护与经济发展之间的关系。对于森林生态功能区内不妨碍其生态功能的产业，可以积极推行生态标识，享受财政和税收优惠政策，提高其市场竞争力。同时，考虑到森林生态功能区内不适合大规模集聚产业和人口，可以探索在适宜发展产业的森林生态受益区设立"产业飞地"，森林生态功能区与受益区之间实行合理的税收分成，促进生产要素的合理配置，平衡森林生态保护区与森林生态受益区之间的利益关系。

第五节　建立森林生态功能区补偿机制的保障措施

一、健全相关法律法规

目前，《中华人民共和国森林法》已经明确规定"国家建立森林生态效益补偿基金，用于提供生态效益的防护林和特种用途林的森林资源，林木的营造、抚育、保护和管理"，2000 年发布的《森林法实施条例》中明确规定，防护林、特种用途林的经营者，有获得森林生态效益补偿的权利。国家还出台了《退耕还林条例》（中华人民共和国国务院令（第367号），2003 年实施）等一系列法律法规，2016 年国务院办公厅印发了《关于健全生态保护补偿机制的意见》。可以说，对于森林生态功能区的补偿，我国已经建立起了初步的法律框架，这为今后进一步完善森林生态功能区补偿机制奠定了很好的基础，但是，相对于我国快速推进的森林生态建设，相应的制度建设还显得相对落后，今后，要对现有与森林生态功能区补偿机制建设不相适应的有关法律法规体系进行清理、修订和完善，废止那些已经不能适应当前森林生态补偿机制建设的条款，为森林生态功能区补偿机制建设提供完善的法律法规保障。特别是在目前，针对森林生态功能区建设的财政转移支付、生态移民、特色产业发展等大都缺乏相应的法律依据，因此在实施过程中面临很多困难，应逐步加快建立以上各方面的法律法规，将森林生态功能区补偿机制的建设和实施纳入法制化轨道。

二、明确森林生态功能区的事权与财权

我国森林生态功能区内仍然有不少居民居住，这些地区往往都是经济

发展比较落后的地区，当地居民发展生产改善生活的需求往往与森林保护的目标相冲突，我国作为一个森林覆盖率非常低的国家，又需要加强森林生态功能区建设，这往往会对森林生态功能区内居民的传统发展模式和生产方式产生一定影响，为了实现森林生态功能区内居民生活的改善与森林生态建设的协调统一，我国积极推进森林生态功能区补偿机制建设。按照全国主体功能区的框架，需要明确森林生态功能区的生态功能定位，并进而明确森林生态功能区的事权与财权，落实主体，分清责任。由于森林生态功能具有公益性特点，森林生态功能区的生态建设是政府主导行为，因此，有必要明确中央和地方政府的分工以及各级政府生态建设投入占其财政支出的比重，规定投入增长率。在明确森林生态功能区事权与财权的时候，要充分考虑国家的财政实力和限制开发区域基层政府的财政实力，合理确定限制开发区域面积，减少或者免除限制开发区域基层政府的财政配套，既要充分保障森林生态功能区的生态建设经费，又要防止地方政府对中央政府的过度依赖，做到量力而行，务求实效。

三、建立适合森林生态功能区生态建设的绩效评估和政绩考核机制

森林生态功能区属于限制开发区域中的重要组成部分，明显区别于重点开发区域和优化开发区域，因此，对于森林生态功能区，也要有适合森林生态功能区的绩效评估和政绩考核机制，这样才能够确保有关森林生态功能区补偿机制的贯彻实施。对森林生态功能区，要突出生态环境保护的评价，弱化经济增长、工业化和城镇化的评价。要落实森林生态功能区生态环境保护目标责任制，用科学量化的指标进行考核，通过签订协议的形式来明确森林生态保护区的责任和治理要求。为了防止以前森林建设过程中"年年种树不见树，年年种到老地方"不良现象的出现，要加快建立并不断规范的森林生态功能区补偿机制的管理督查体制，对森林生态功能区的生态保护资金的使用、项目的落实、治理的成效进行跟踪督查，坚决杜绝森林生态建设过程中重建设、轻保护的现象。明确森林生态功能区各级政府主要领导人的生态环境目标和责任，将各级领导在任期内实现辖区内森林生态功能的"保值增值"作为政绩考核的主要内容之一。

四、保持森林生态功能区补偿机制的连贯性和动态性

　　森林生态功能区的生态建设具有建设周期长、见效慢的特点，现行的包括"退耕还林""天然林保护""生态公益林保护"在内的各种政策能否持续，关键是看有没有建立有关森林生态功能区建设的长效机制，这也是森林生态功能区能够长期稳定发挥其生态功能的重要保障。因此，要建立中央和地方财政对森林生态功能区补偿补助的长效机制，保持森林生态功能区补偿机制的连贯性。同时，还要根据森林生态功能区生态建设实施的情况，及时对森林生态功能区进行评估，分阶段、有重点地明确和调整政策区范围，以保持森林生态功能区的动态调整。

第十六章

推进我国参与国际次区域经济合作

深化中国与国际次区域开展经济合作，是新时期落实"一带一路"战略的务实要求，是构建全方位对外开放格局的有机组成部分，也是中国参与甚至主导世界经济规则制定的重要尝试。从我国参与国际次区域合作的空间格局来看，我国已经形成了以大湄公河国际次区域（Great Mekong Subregion Cooperation，GMS）为核心的面向东南亚南亚的国际次区域合作、以中亚区域经济合作（Central Asia Regional Economic Cooperation，CAREC）为核心的面向中亚的国际次区域经济合作和以大图们江开发倡议（Great Tumen Initiative，GTI）为核心的面向东北亚的国际次区域经济合作三大格局。依托这三大格局，各自形成了若干主要的合作方向，主要有澜沧江—湄公河方向、北部湾方向、中缅孟印方向、中哈方向、中吉乌方向、中俄方向、长吉图方向、中蒙方向等。为了更好推进国际次区域合作，要以昆明、南宁、长春、沈阳、哈尔滨、呼和浩特、乌鲁木齐等开放性国际区域中心城市为核心，分别建设国际次区域的区域经济增长极，形成对国际次区域投资贸易的枢纽，争取主导国际次区域发展的先机，同时加快以中等城市为主的专业化城市网络建设，大力发展口岸城市、跨境经济合作区和重点开发开放实验区。

第一节　推进我国国际次区域经济
合作的必要性和条件分析

随着"一带一路"战略的深入实施以及中国成功倡导设立亚投行，中国已经由世界经济规则的被动参与者向世界经济规则的主动倡导者转变。

在中国周边的国际次区域中，中国经济体量大，发展速度快，是国际次区域的中流砥柱，进一步加强与周边国际次区域的经济合作，将会进一步发挥中国优势，促进国际次区域更好发展。

一、国际次区域经济合作亟须边疆区域建设平台

（一）建设国际次区域增长极的需要

随着我国经济实力的不断提升，国家对于沿边地区和沿边省份的发展日益重视。而且从沿边地区或沿边省份的发展来看，部分沿边地区或沿边省份与毗邻国家的经济联系日益紧密，已经成为支撑周边区域发展的重要增长极。从我国推进国际次区域合作的实践来看，在我国主要的国际次区域经济合作区，都形成了若干重点地区，这些重点地区在支撑国际次区域发展方面发挥着积极作用，成为国际次区域经济发展的重要经济增长极。在我国南部的云南和广西，已经形成了北部湾经济区和滇中城市群等具有带动性的区域经济增长极。在西部的新疆，国家专门出台政策，促进喀什地区和天山北坡地区加快发展，喀什和天山北坡地区已经成为推动我国西部国际次区域发展的重要经济增长极。在我国东北地区，国家出台了支持长吉图发展的专门规划，长吉图地区已经成为推动东北地区经济发展的重要经济增长极和参与东北亚国际次区域经济合作的重要平台。建设国际次区域经济合作平台，就是要进一步发挥国际次区域经济合作区内重点地区的引领性作用，不断完善其功能，带动整个国际次区域经济的发展。通过壮大国际次区域经济合作区内的经济增长极，实现"以点带面"的发展。

（二）化解国际次区域特殊地理区位导致运输成本高的需要

从我国已经形成一定规模的国际次区域经济合作区来看，整体规模还不是很大，而且区位条件相对较差，一般都远离我国或世界的主要经济中心。国际次区域经济合作区内一般都有着相对丰富的矿产资源、生物多样性资源、农业资源、水能资源、土地资源、人力资源、人文资源和旅游资源，国际次区域经济合作区内部在资源和市场方面具有较强的互补性，充满巨大的贸易和投资机会，具有极大的发展潜力。如果能够推动国际次区域经济合作区内重点地区（合作平台）发展，通过优先发展重点地区的加

工产业，可以在很大程度上促进国际次区域经济合作区内资源优势向产业优势和经济优势的转变，实现国际次区域经济合作内向外简单地出口资源转为出口中间产品或终端产品，大大提高国际次区域经济合作内的经济收益，改变国际次区域经济合作内向外出口资源→资源在外地加工→从外地进口资源加工产品的循环模式。另外，国际次区域经济合作区内的很多资源经过精深加工后，可以实现增值减重，产品重量大大减轻，体积大大缩小，运输更为便捷经济，经济运输距离更长，在满足本地消费市场的基础上，可以开拓更为广阔的市场空间。

（三）解决国际次区域内部市场规模相对较小的需要

从我国国际次区域经济合作区的经济发展现状来看，我国大部分国际次区域经济合作区都是经济发展相对滞后的区域，毗邻国家和地区经济发展也相对滞后，有很多国家和地区的经济发展状况比中国毗邻区域更为落后，有不少还处在传统的农业社会阶段，工业化刚刚起步，尽管很多国际次区域资源尤其是矿产、农副产品资源非常丰富，但是由于加工能力严重不足，这种资源优势在转化为产业优势和经济优势上还面临一系列困难。比如大湄公河国际次区域涉及澜沧江—湄公河流域内的中国（广西、云南）、缅甸、老挝、泰国、柬埔寨、越南，面积256.86万平方公里，总人口约3.2亿人。但是这一区域经济社会发展还相对滞后，广西、云南属于西部地区，经济发展相对滞后。大湄公河国际次区域拥有丰富的生物多样性资源、农业资源、水能资源、矿产资源、土地资源、人力资源、人文资源和旅游资源，资源优势特别明显。缅甸、老挝、泰国、柬埔寨、越南五国中，除了缅甸工业化发展相对好之外，其他国家基本上还是农业国家，经济优势和产业优势并不明显。国际次区域经济合作区经济社会发展相对滞后，使得国际次区域经济合作区内部市场规模相对较小。通过促进国际次区域平台建设，可以为国际次区域经济合作区创造更多的就业机会，为国际次区域经济合作区内的居民增加收入提供可能，从而在很大程度上拓展国际次区域经济合作区内的消费市场。通过加强国际次区域经济合作平台建设，提高国际次区域经济合作区的资源加工能力，还可以在很大程度上缓解国际次区域加工能力不足的问题。

（四）消除国际次区域合作壁垒的需要

国际次区域一般都是跨越一个或者多个国家的边界，在合作的过程中，"边界壁垒"效应十分明显。在国际次区域合作过程中，这种边界壁垒突出表现在两个方面：一是硬壁垒，突出表现在基础设施领域的壁垒。在边界地区，为了国防安全，基础设施很难互联互通，即使在交通基础设施领域，也是有限的互联互通，而且在互联互通的地方一般都会有双方国家的边防、检验检疫、海关等相关部门设卡值守，其他的地方甚至会有铁丝网等硬壁垒的隔离。二是软壁垒，突出表现在通关和贸易协定等相关法规政策方面。在当前经济国际化不断推进的背景下，软壁垒对国际次区域合作的影响尤为明显。在一些国际次区域内部，即使硬壁垒能够得到有效消除，如果软壁垒不能顺利解决，也会对国际次区域合作产生重大影响。在我国周边部分国际次区域合作中，往往存在一些"通而不畅"的问题，主要症结就在软壁垒方面。构建国际次区域合作平台，可以综合解决国际次区域合作过程中存在的硬壁垒和软壁垒问题，通过构建国际次区域内部版的自由贸易协定（Free Trade Agreement，FTA），促进国际次区域内部人员往来、信息共享、通关便利化、投资和贸易自由化，有效消除国际次区域合作过程中存在的各种显性或隐性壁垒。

（五）适应我国"走出去战略"的需要

我国要把"引进来"和"走出去"更好地结合起来，扩大开放领域，优化开放结构，提高开放质量，完善内外联动、互利共赢、安全高效的开放型经济体系，形成经济全球化背景下参与国际经济合作和竞争的新优势。构建国际次区域合作平台，是我国实施走出去战略的具体举措之一。加快沿边开发开放，可以更好地利用国内国际两种资源和两个市场，推动沿边地区经济社会发展，实现国家对外开放战略的均衡扩展与总体提升。扩大沿边开放，不仅能保证国家能源安全、边境安全、生态安全，更重要的是可以使沿边经济落后地区摆脱贫困，走向富裕，实现我国兴边富民的战略目标。

二、有利条件

（一）中方在国际次区域范围内具备承担平台任务的条件和基础

随着我国对沿边地区的不断重视，特别是通过国家一系列的兴边富民行动，我国边境地区得到较快发展，尤其是与边境地区毗邻的各类各种等级的城市，更是得到较好较快发展，形成了若干具有重要区域带动作用的城市群或以主要城市为依托的经济区，在构建国际次区域合作平台方面具备较好的条件和基础。从我国国际次区域合作的实践来看，中国在整个国际次区域中发展相对较好，往往都有重大城市群（经济区）作为依托，建设国际次区域合作平台的条件和基础好。比如在我国广西和云南，分别有北部湾城市群和滇中城市群作为重要依托，在东北地区，则有长吉图城市群作为依托，在新疆，则有天山北坡经济区和喀什特区作为依托。此外，我国当前的资金和外汇储备相对充裕，产业体系完备健全，可以在国际次区域经济合作平台建设过程中给予强有力的支撑。

（二）中国能力和责任不断提高

改革开放后，我国经济高速持续增长，中国在国际和国际次区域范围内的能力和责任不断提高，有能力也有责任推进平台建设，以通过进一步的开放推进国际次区域繁荣发展。目前，中国已经成为世界第二大经济国，在世界经贸格局中，中国发挥着越来越重要的作用。从中国国际次区域合作的实践来看，中国边境地区一个省份的经济总量往往就大大超过毗邻国际次区域一个国家的经济总量，中国在国际次区域合作中发挥着实际的主导性作用。而且在国际次区域合作的过程中，不仅仅对区域的经济活动具有重要意义，而且对于国际次区域的社会交往、安全防务、区域战略等都有着非常深远的影响。中国作为一个经济大国，要肩负起推进国际次区域合作的重任，充分利用相关国际机构的中介作用，促进国际次区域地区经济繁荣和安全稳定。

（三）国际次区域合作已经有了较好基础

中国与国际次区域国家山水相连，唇齿相依，具备地相连、习相近的特点，在历史上就有着比较密切的经济和社会交往传统。尤其是在 20 世纪 90 年代以来，我国国际次区域合作进展较快，重点地区已经形成相对完善的体制机制，国际次区域合作已经有了较好基础。近年来，在国际次区域经济合作的大背景下，经过不断努力，国家间的互信不断增加，分歧逐步减少，合作明显加强。比如在我国东南亚国际次区域合作中，已经形成了 GMS 和东盟自贸区为特色的国际次区域合作，在东北地区，则形成了以图们江国际次区域合作为特色的合作，在西北地区，则形成以

CAREC 为特色的合作，这些合作都已经形成了自身的特点，并有着相应的合作机制作为支撑，这为构建国际次区域合作平台提供了很好的支撑。

（四）我国重点国际次区域合作区的互补性较强

从我国国际次区域经济合作的参与国家或地区来看，我国边境地区的重点国际次区域合作区内互补性较强，国际次区域合作参与方能够在合作的过程中更好发挥各自的比较优势，能够通过合作实现共赢，这是我国边境地区重点国际次区域合作区建设能够得以顺利推进的重要基础。从我国边境重点地区的国际次区域合作实践来看，主要包括 GMS 和东盟自贸区、中亚国际次区域经济合作和图们江国际次区域经济合作这三个大的区域，在这三大国际次区域内，往往都是国际次区域内的国外方具有相对丰富的矿产资源和农副产品资源，中方则具有较好的产业加工能力、相对雄厚的资金实力、规模较大的市场交易体系和信息平台。在推进国际次区域合作的进程中，参与方能够从合作中获得较大收益，一般积极性都比较高。通过构建国际次区域合作平台，可以进一步发挥国际次区域参与方的比较优势，更好地实现多赢发展目的。

（五）我国边疆地区基础设施的不断完善有利于推进国际次区域合作平台建设

改革开放后我国边疆地区的基础设施建设得到很大程度的改善，尤其是在交通基础设施、电力通信基础设施、水利基础设施、教育卫生基础设施等相关领域十分明显，这些基础设施的不断完善，为构建国际次区域经济合作平台提供了很好的支撑。随着我国"一带一路"战略、区域发展总体战略和主体功能区战略的不断推进，边疆地区作为经济发展滞后区或重要生态功能区，将会获得国家更多的扶持和帮助，尤其是在基础设施建设方面将会获得明显改善，有利于边疆地区的内通外联。而构建国际次区域合作平台，可以按照"点状开发，面上带动"的模式，促进边疆地区更好更快发展。

三、不利条件

（一）缺乏对内对外辐射力和集聚力强大的都市体系

与沿海地区不同的是，我国陆域边境国际次区域合作区中的中方城市大都经济发展相对滞后，除了所在省份的省会城市外，所依托的城市规模相对较小，经济实力较弱，对内对外的辐射力和集聚力不强。越是靠近边境地区，双方的城市数量越少，城市规模也越小。

（二）缺乏区域性的金融服务体系

在我国国际次区域中，由于经济相对落后，在发展过程中对资金的需求强烈，但是，这些区域又缺乏区域性的金融服务体系，在融资方面面临一系列的制约。按照我国的金融服务体系，一般来说，越是行政级别高的城市，其金融服务体系越健全，金融服务能力越强。在我国的主要国际次区域合作区，普遍缺乏区域性的金融服务体系。

（三）缺乏专业交易市场

在我国国际次区域合作中，贸易是非常重要的一个领域，边境贸易也是我国国际次区域经济合作的一大特色。但是，边境贸易需要参与国在服务贸易、货物贸易等相关领域达成一致意见，在人员通关、动植物检验检疫、海关等领域达成相关协议，很多工作都需要从国家层面来解决，仅仅依靠国际次区域自身是很难解决的。受制于此，再加上国际次区域整体经济发展相对滞后，我国国际次区域合作中的专业交易市场规模还比较小，层次也比较低，专业市场的规模和层次亟待提升。

（四）区域资源增值能力不足

在我国国际次区域合作的重点区域，往往都是资源禀赋相对较好的区域，这些区域往往拥有丰富优质的能源、矿产、农副产品等资源，但是，这些资源的加工增值能力不足，往往都是作为原材料运送出去。

第二节　构建国际次区域经济合作平台的主要思路

构建国际次区域经济合作平台是深化中国与国际次区域经济合作的重要举措，要针对中国周边地区国际次区域的实际情况，瞄准开展国际次区域经济合作的关键领域和环节，循序渐进地推进国际次区域经济合作平台建设。

一、集中有限资源，实施重点突破

我国边境线很长，不同区域段的边境线自然条件相差很大，其中既有自然条件相对较好，适宜产业发展和开展贸易的区域，也有自然条件比较恶劣，不适宜发展经济的区域。在我国推进国际次区域经济合作的进程中，不可能全面开花，而是要集中有限资源，根据我国国际次区域经济合作的实际和未来的发展潜力，在边疆重点地区构建国际次区域合作平台，实施重点突破。从我国推进国际次区域经济合作的实践和未来发展潜力来看，要重点推进以大湄公河国际次区域、图们江国际次区域合作、中亚国际次区域等重点区域的国际次区域合作，通过建设国际次区域经济合作平台，不断完善国际次区域合作机制，促进国际次区域经济合作又好又快发展。

二、不断完善功能，提高平台外向型综合服务能力

国际次区域合作平台对于推进国际次区域合作具有非常重要的促进作用，他既是国际次区域经济合作的重要平台，也是国际次区域经济合作的重要引擎和助推器。目前，我国重点国际次区域经济合作区的平台建设还比较滞后，功能还很不完善，特别是在资源产品的精深加工、专业化市场建设、金融服务等关键领域还有很大的提升空间。为了进一步推进国际次区域经济合作，今后需要瞄准国际次区域合作中亟须完善的薄弱环节，不断完善国际次区域合作平台的功能，提高国际次区域合作平台的综合能力，尤其是完善专业化市场建设、资源精深加工能力、区域金融服务能力、贸易便利化服务、信息服务等相关功能。

三、依托重点城镇，提高平台整合内外资源和对内外要素的集聚辐射能力

推进国际次区域经济合作平台建设，国际次区域经济范围内的重要城镇是主要依托和空间载体。在国际次区域经济合作区范围内，城镇的区位条件比较优越，基础设施相对完善，具备较高的资源环境承载能力，是集

聚人口和产业的主要空间载体，也是构建国际次区域经济合作平台的主要依托。构建我国国际次区域经济合作平台，就要依托我国国际次区域经济合作中的重点城市和城镇，不断提升和完善功能，增强其集聚要素的能力和对区域的辐射带动能力，发挥好国际次区域经济合作平台的集散功能。

四、外通内联，提高平台的桥头堡作用

目前我国在积极推进以双边或多边为主要特征的自由贸易协定签署工作，已经和周边部分相关国家开展了自由贸易协定的官产学研究、谈判和签署工作，比如我国在 2010 年就与东盟十国全面建成了自由贸易区。通过自贸区建设，我国与周边国家或地区的经贸联系日益紧密，相互投资不断增加。但同时也要看到，我国与周边部分国家或地区还有一部分没有建成自由贸易区。推进国际次区域经济合作，不断完善国际次区域经济合作平台的功能，可以进一步发挥合作平台在促进投资和贸易便利化方面的桥头堡作用，进一步推进合作平台外通内联的作用。通过合作平台建设，可进一步完善我国国际次区域经济合作的外部环境，不断消除各种影响国际次区域经济合作的壁垒，包括行政壁垒、技术壁垒、关税壁垒等，畅通国际次区域合作通道，发挥国际次区域合作外通内联的作用，将其建设成为我国对外经贸合作的门户和桥头堡。

第三节　我国国际次区域经济合作平台的类型及功能

根据所处位置及其承担的功能，国际次区域经济合作平台发挥着不同的作用，既有综合性的，也有专业性的，国际次区域经济合作平台在人员信息交流、贸易投资便利化、产业发展等方面都会发挥积极作用。

一、决定国际次区域经济合作平台的因素分析

（一）在国际分工中具有重要地位

改革开放后，我国经济实力迅速提升，目前，我国经济总量已经位居

世界第二，在国际经济舞台中分量越来越重，对周边区域经济发展的影响越来越大，中国已经成为日益多极化的国际经济格局中的重要一极，我国国际次区域经济合作也对周边毗邻国家和地区甚至更大区域范围产生越来越重要的影响。从经济全球化和区域经济一体化的角度看，推进我国国际次区域经济合作，是我国进一步把握全球分工定位的需要，也是我国承担更大国际责任与义务的需要。在国际分工格局中，国际次区域经济合作平台要在如下两个方面发挥重要作用：一是国际次区域经济合作平台本身在国际分工中占据比较重要的地位；二是国际次区域经济合作平台在国际分工中扮演着重要的通道功能。

（二）国际次区域合作有一定基础并有较大发展潜力

构建国际次区域合作平台，要顺应经济发展的一般规律，选择那些在国际次区域经济合作中具有一定基础，并且具有较大发展潜力的区域。一般来说，基础较好并具有较大发展潜力的国际次区域经济合作区，其区内一般具有较高的城市化水平，而且区内的重点城市在区内的城镇体系中具有较高的首位度，国际次区域经济合作区是当地人口和产业的重要集聚区，国际次区域内部相关国家或地区之间具有地相邻、习相近、经济和文化交流密切的特点。

（三）位于主要的国际大通道上

一般来说，需要构建国际次区域经济合作平台的地方大都位于主要的国际交通大通道上。与沿海地区以海运交通运输不同的是，我国陆域边界的国际次区域经济合作区的交通主要是依靠公路、铁路或者内河航运，交通通道对于国际次区域经济合作有着非常重要而且深远的影响。便捷、低成本的交通通道对于促进国际次区域经济合作区内人员、货物、资金的流动和提供贸易、信息服务具有重要的推动作用，现在很多重要的"交通走廊"正在逐步向"经济走廊"进行转变。因此，具有重要影响的国际次区域经济合作区一般都要位于重要的国际大通道上，包括水运、公路、铁路等通道，以便于货物和人员的流通。

（四）有利于我国"走出去战略"的实施

我国具有较高的外汇储备，需要实施走出去战略。而推进我国国际次区域经济合作，可以为我国资金走出去提供一个非常好的平台。通过加强国际次区域经济合作，打造国际次区域经济合作平台，可以进一步密切国际次区域内部各参与方的合作，促进国际次区域内部各参与方的分工协作，实现"1＋1＞2"的合作效益。同时，在合作的过程中，也可以进一步深化相互之间的分工，发挥各自的比较优势。在我国周边毗邻地区的国际次区域经济合作区内，中国一方往往在资金、技术、产业基础等方面具有明显优势，外方往往在矿产资源、农副产品资源、劳动力资源等方面具有优势。我国的雄厚资金、成熟技术、优势产业可以在国际次区域内部实施走出去战略，与外方的资源优势相结合，达到合作共赢的目的。

二、主要合作平台类型

我国国际次区域经济合作区的平台类型，大体可以分为综合性都市平台、专业性城市平台和特殊类型区平台三种类型，应该指出的是，这三种类型并不是非此即彼的划分，往往是你中有我我中有你，只不过是以某一种类型为主而已。

（一）综合性都市平台

综合性都市平台一般是指国际次区域经济合作区内有比较大的综合性城市，甚至是省会城市或者参与方的首都，形成以中大综合性城市为主要依托的合作平台。在我国参与国际次区域合作中，大湄公河国际次区域经济合作区可以说是一个典型综合都市平台，这个区域除了包括中国云南和广西外，还包括了老挝、缅甸、柬埔寨、越南、泰国，共有6个国家参与，国际次区域内部既有包括老挝、缅甸、柬埔寨、越南、泰国的首都和重要城市，也包括了中国云南和广西的省会城市和重点城市，这些城市都是行政级别很高、具有综合功能的城市。因此，大湄公河国际次区域合作是一个典型的综合性都市平台。

（二）专业性城市平台

专业性城市平台一般是指国际次区域经济合作区内有专业性的城市，形成以专业性城市为主要依托的合作平台。这种专业性城市，并不意味着城市的功能单一，可以有多个专业功能。在我国参与的中亚区域经济合作

（CAREC）中，成员国主要包括中国、阿富汗、阿塞拜疆、哈萨克斯坦、吉尔吉斯斯坦、蒙古、巴基斯坦、塔吉克斯坦、土库曼斯坦、乌兹别克斯坦等国家，但是与中国具有密切合作关系的中亚区域经济合作，主要体现在以我国天山北坡经济区、喀什特区以及与我国毗邻的相关国家和地区，在这一区域内，城市的功能相对单一，大部分都是以资源开发或专业交易市场（比如棉花交易市场）为主。因此，中亚国际次区域合作是以专业性为主要特征的合作平台。随着"一带一路"战略的深入实施，中亚在"一带一路"中的通道作用日益明显，其专业市场发展前景更为广阔。

（三）特殊类型区平台

特殊类型区平台一般是指国际次区域经济合作区内有特殊类型经济区，形成以特殊类型经济区为主要依托的平台。在我国的国际次区域经济合作中，特殊类型经济区主要包括不同级别的经济开发区、高新区、边境合作区、保税区、出口加工区，以及保税物流园区、保税港区、互市贸易区、开发开放试验区等。比如满洲里中俄互市贸易区是 1992 年国务院《关于同意建立中俄满洲里—后贝加尔斯克边民互市贸易区的批复》批准设立的首家跨国界的国家级开发区，批准辖区总面积 10 万平方米。其主要功能包括边民贸易、金融服务、旅游观光购物、餐饮娱乐等，并与俄方一侧贸易区相连接，骑跨国境线，实行整体全封闭管理，开放经营，双方公民凭借两国政府认可的证件可随时出入，带出的商品在各自海关规定数额内免征关税。双方入口处设海关、边检等机构。互市贸易区的辟建，为中俄双方毗邻边境地区的交往与合作带来了良好的经济效益和社会效益，促进了双边地区的共同繁荣和发展。再如广西东兴边境经济合作区于 1992 年由国务院批准设立，它由核心功能区（跨境经济合作区东兴区）和配套功能区（江平工业园和潭吉港）两部分组成，总面积约 24 平方公里。其开发建设将加快中国重点边境口岸东兴的城镇建设步伐，完善东兴市边境经济合作区功能，扩大边境互市贸易规模，提高东兴市出口加工水平。广西东兴市是中国与东盟唯一海陆相连的边境口岸城市，凭借边境经济合作区这一特殊类型平台，东兴成为中国与东盟开放合作、往来交流最便捷的陆海大通道和主门户。

三、我国国际次区域经济合作平台功能

（一）人才信息管理平台

在我国国际次区域经济合作中，打造国际次区域经济合作平台，其中一个非常重要的功能就是强化其人才信息管理的功能。要把国际次区域经济合作平台打造成为国际次区域外交领事机构所在地、区域国际贸易投资机构所在地、跨国公司区域总部、科研文化教育旅游中心。

（二）商品物流交易平台

在推进国际次区域经济合作进程中，商品贸易和物流是非常重要的内容，在打造国际次区域经济合作平台进程中，要进一步强化平台的商品物流交易平台功能，将其打造成为国际次区域重要的交通物流枢纽。要强化其会展功能，将其作为国际次区域性甚至更大范围的贸易洽谈会、交易会的主要举办地。要发挥平台的集散功能，促进大型零售批发市场发展，要积极发展边贸市场和互市贸易，同时，要结合当地的资源特点，大力促进专业交易市场建设。

（三）金融服务平台

要针对国际次区域合作中金融服务发展相对滞后，而国际次区域经济合作又亟须金融支持的特点，大力促进金融服务平台建设。可以考虑开设跨国区域开发银行，或者建立股权股票交易机构与市场，发挥国际次区域经济合作平台对国际次区域的金融支撑能力。

（四）产业发展平台

我国毗邻地区的国际次区域经济合作区大都具有丰富的矿产资源、农副产品资源，或者是位于我国主要能源、矿产资源进口的通道上，但是，由于国际次区域经济发展比较滞后，产业基础比较薄弱，对资源产品的加工能力严重不足，阻碍了国际次区域经济合作区资源优势向产业优势和经济优势的转变，要积极促进国际次区域经济合作区的产业发展，将其建设成为内外部资源加工转换基地和国际及发达地区产业转移承接基地，促进

其资源优势向产业优势和经济优势的转变。

第四节　我国国际次区域经济合作的空间格局

依据既有的发展基础，我国国际次区域经济合作主要围绕东北亚、中亚和东南亚南亚这三大区域展开，今后主要围绕这三大国际次区域，推进重点区域加强经济合作，共谋国际次区域经济合作美好前景。

一、我国国际次区域经济合作空间格局

我国国际次区域经济合作，主要是指与中国陆域毗邻国家或地区的合作，按照国际机构的通用叫法和我国参与国际次区域经济合作的实践，我国参与国际次区域经济合作的空间格局主要分为以下三个板块。（1）东北亚地区的国际次区域合作，以图们江流域经济合作（GTI）为核心，主要包括中国、俄罗斯、朝鲜、韩国和蒙古。（2）中亚国际次区域经济合作（CAREC），包括中国、阿富汗、阿塞拜疆、哈萨克斯坦、吉尔吉斯斯坦、蒙古、塔吉克斯坦、乌兹别克斯坦、土库曼斯坦和巴基斯坦 10 个国家。（3）东南亚和南亚地区（中南半岛）国际次区域合作，以大湄公河国际次区域合作（GMS）为核心，主要包括我国云南、广西两省区和东盟缅甸、老挝、泰国、柬埔寨、越南 5 国，在向南亚的合作中，还包括了印度、巴基斯坦、孟加拉等相关国家。

（一）南部面向东南亚南亚的国际次区域合作

南部面向东南亚和南亚的国际次区域合作以大湄公河国际次区域合作（GMS）为核心，以中国的云南和广西两省区为主要依托，主要是面向东盟的老挝、缅甸、柬埔寨、泰国、越南 5 国。大湄公河国际次区域合作也叫澜沧江—湄公河国际次区域合作，是指澜沧江—湄公河流域范围内的国家间开展的合作。包括中国（云南省和广西壮族自治区）、柬埔寨、老挝、缅甸、泰国、越南，总面积 256.86 万平方公里，总人口约 3.26 亿。1992年，亚洲开发银行在其总部所在地菲律宾马尼拉举行了大湄公河国际次区域六国首次部长级会议，标志着大湄公河国际次区域经济合作（GMS）机

制的正式启动。中国政府对大湄公河国际次区域合作高度重视，国家"十二五"规划明确提出把广西建成与东盟合作的新高地，把云南建成向西南开放的重要桥头堡，并将滇中地区和广西北部湾列入重点发展的经济区，打造更高层次的区域合作平台。大湄公河国际次区域合作也是我国参与周边国际次区域合作中体制机制最为健全的合作。面向东南亚南亚的国际次区域合作，除了与少数国家存在领土争议，对深入开展合作造成较大不确定性外，整体上将会稳步深入推进。

（二）西部面向中亚的国际次区域合作

西部面向中亚的国际次区域合作以中亚区域经济合作为核心（CAREC），以中国的新疆为主要依托，主要是面向中亚10国。中亚区域经济合作（CAREC）是在亚洲开发银行（以下简称"亚行"）倡议下成立的亚洲重要区域经济合作机制。早在1997年，亚行就倡导在中亚区域开展经济合作，2002年亚行牵头相关国家正式建立该机制。目前CAREC参加国包括中国、阿富汗、阿塞拜疆、哈萨克斯坦、吉尔吉斯斯坦、蒙古、塔吉克斯坦、乌兹别克斯坦、土库曼斯坦和巴基斯坦10个国家。在国际次区域经济合作方面，全国主体功能区规划在重点开发区域里专门列出了天山北坡地区，以该区域作为我国参与中亚国际次区域合作的重点区域。2010年，为了推进新疆参与国际次区域合作进度，中央新疆工作会议批准设立了霍尔果斯经济开发区，在喀什设立经济特区。"一带一路"战略提出后，中亚在"一带一路"中的通道地位更加重要，通过基础设施的互联互通带动了其他相关领域的深入合作。此外，还有很多企业从微观层面参与中亚国际次区域合作。学术也围绕向西开方和国际次区域合作开展了一些研究工作。目前，各参与国正围绕已确立的交通、能源、贸易便利化和贸易政策等四大重点领域积极推进区域合作。面向中亚的国际次区域合作，将会对我国的能源资源国家战略产生重要影响，今后应进一步完善机制，加快推进合作进程。

（三）东北部面向东北亚的国际次区域合作

东北部面向东北亚的国际次区域合作以大图们江经济合作（GTI）为核心，以中国的东北三省和内蒙古东部地区为主要依托，主要是面向俄罗斯东部、北朝鲜、韩国、蒙古等东北亚国家。20世纪90年代，我国开始参与图们江国际次区域合作。图们江在历史上曾是我国东北地区重要的出海通道，但由于历史原因，其成为了一个跨中俄朝三国的国际河流，中方没有了自己的出海口。为了化解这种国界分割对当地区域发展的严重限制，联合国开发计划署（UNDP）在 1991 年首次提出了图们江国际次区域合作计划，宣布"在图们江口地区建设一个国际城市和自由港，并使其成为东北亚的经济中心和欧亚大陆桥东端的桥头堡"。中国在图们江国际次区域经济合作过程中充当了引领人的重要角色。但是由于合作区内缺乏大城市为依托，合作平台小，层次低，合作区内的物流、人流、信息流、资金流都不是太大，而且受地缘政治等因素影响大，相互之间协作面临重重困难，因此自 20 世纪 90 年代提出后一直没有很大进展。为了化解图们江国际次区域合作中存在的问题，深入推进图们江国际次区域合作，2009 年 8 月 30 日，中国国务院批复了国家发改委牵头编制的《中国图们江区域合作开发规划纲要—以长吉图为开发开放先导区》，明确长吉图开发开放先导区的主要范围是中国图们江区域的核心地区，即吉林省范围内的长春市、吉林市部分区域（长春市部分区域是指长春市城区、德惠市、九台市和农安县；吉林市部分区域是指吉林市城区、蛟河市和永吉县）和延边州（简称长吉图），总面积约 3 万平方公里，人口约 770 万人。长吉图规划的出台，不仅提升了图们江国际次区域合作平台，而且为图们江国际次区域合作增加了新的合作内容，拓展了合作方向，使得图们江国际次区域合作有着更为强烈的现实需求和发展动力，并将在很大程度上推进东北亚国际次区域经济合作。东北亚国际次区域合作，由于受意识形态、地缘政治、历史等多方面因素影响，面临的不确定性最多，推进的难度最大。今后，可以选择若干领域和若干重点地区先行推进，以点带面。

二、南部面向东南亚南亚（中南半岛）的国际次区域经济合作

（一）南部国际次区域经济合作的主要方向

1. 澜沧江—湄公河方向

主要是沿着澜沧江—湄公河这条水运通道，从中国景洪港口向南，从中国磨憨出境，进入老挝磨丁，然后随着湄公河一直南下，到达泰国

清盛。随着交通设施的完善，昆（明）曼（谷）公路也成为 GMS 中的一个非常重要通道。这个合作在东部还包括了从云南蒙自向东南部与越南的合作，主要是麻栗坡（中国）—河江（越南）、河口（中国）—老街（越南）。在西部还包括了德宏瑞丽（中国）—曼德勒（缅甸）的合作。

2. 中缅孟印方向

这个合作方向可以分为两个，一个是中缅方向，另一个是中印方向。中缅方向主要是从云南保山的腾冲出境，联通缅甸的密支那，然后向南经曼德勒等与缅甸的皎漂港相连接。中印方向则是从云南保山的腾冲出境，经密支那后向西北联接印度的雷多。

3. 北部湾合作方向

北部湾的合作方向主要是依托崇左的边境口岸城市，与越南相应口岸城市合作。此外，依托北海、防城港、钦州等北部湾港口城市，以及（泛）北部湾合作机制，广西也在加强与越南等相关国家的合作。

（二）南部国际次区域经济合作依托的主要区域

1. 滇中地区

滇中地区是我国连接缅甸、越南、老挝等东南亚国家的陆路交通枢纽，是我国西部特色鲜明、竞争力较强的门户城市群，是全国重要的烟草、旅游、文化、能源和商贸物流基地，在中国面向西南桥头堡建设目标中，要成为发展的"火车头"。区域中心城市体系主要涵盖昆明、曲靖、玉溪、楚雄四市（州）。目前，滇西南、滇南、滇东南都有快速通道通达毗邻国家，未来应进一步强化昆明的区域性国际交通枢纽、商贸物流中心作用，强化滇中地区在推进南部国际次区域经济合作中的核心引领作用。

2. 广西北部湾地区

广西北部湾地区是我国西部大开发和面向东盟开放合作的重点地区，是中国—东盟自由贸易区的前沿地带和桥头堡。其区域中心城市体系涵盖南宁、钦州、北海、湛江、防城。前沿城市主要涵盖凭祥、东兴。要充分发挥其连接多区域的重要通道、交流桥梁和合作平台作用，以开放合作促开发建设，努力建成中国—东盟开放合作的物流基地、商贸基地、加工制造基地和信息交流中心，深化中国与东盟面向繁荣与和平的战略伙伴关系。

(三) 南部国际次区域经济合作类型

面向东南亚南亚的国际次区域经济合作平台包括了云南、广西、海南和西藏的省会城市和重点城市,城市级别比较高,城市类型大都是综合性城市,因此,此范围的国际次区域经济合作为综合性都市区平台合作。

(四) 南部国际次区域经济合作联系区

面向东南亚和南亚的国际次区域经济合作区的联系方向主要有三个:一是通过云桂广铁路通道加强与珠江三角洲地区的联系;二是通过沪昆铁路通道加强与长三角的联系;三是通过渝昆铁路加强与成渝地区的联系,并通过成渝地区加强与京津冀地区的联系。通过上述三个主要联系方向,就可以把云南、广西与国内的长三角、珠三角、京津冀和成渝地区等经济最为发达的几个区域联系起来,从而进一步增强云南和广西在参与国际次区域合作中的桥梁和基地作用。

三、西部面向中亚的国际次区域经济合作

(一) 西部国际次区域经济合作主要方向

1. 中哈方向

主要依托中国新疆的天山北坡地区,面向哈萨克斯坦,以中哈原油通道、北疆铁路、骨干公路等综合通道为依托,经阿拉山口与哈萨克斯坦、俄罗斯以及欧洲相关国家连接,形成畅通的欧亚陆桥运输通道和经济走廊。

2. 中吉乌方向

主要依托中国新疆的南疆地区,面向吉尔吉斯斯坦、乌兹别克斯坦,构建中吉乌铁路国际运输通道。通过南疆中心城市喀什经伊尔克什坦口岸出境至吉尔吉斯斯坦卡拉苏的铁路,再延伸到乌兹别克斯坦,形成中吉乌国际运输通道。

3. 中俄方向

主要依托中国新疆的天山北坡地区,面向俄罗斯新西伯利亚,建设克

拉玛依—新西伯利亚原油、天然气管道，打开通往俄罗斯西伯利亚的陆路能源通道。

4. 中巴方向

中巴方向是从中国新疆的喀什向南经巴基斯坦到达巴基斯坦的瓜达尔港出海，主要围绕交通、能源和海洋等领域开展合作。中巴经济走廊是我国"一带一路"的重要组成部分，对于开拓我国陆海贸易新通道具有十分重要的战略意义。

（二）西部国际次区域合作依托的主要区域

1. 天山北坡地区

天山北坡地区是我国面向中亚、西亚地区对外开放的陆路交通枢纽和重要门户，全国重要的能源基地，我国进口资源的国际大通道，西北地区重要的国际商贸中心、物流中心和对外合作加工基地。天山北坡地区以乌鲁木齐、石河子和克拉玛依市为核心的新疆准噶尔盆地南缘天山北坡中段，包括乌鲁木齐市、昌吉市、米泉市、阜康市、呼图壁县、玛纳斯县、石河子市、沙湾县、乌苏市、奎屯市、克拉玛依市等。

2. 南疆地区

南疆地区地缘优势和区位优势都十分明显，是中国向西开放的大通道和"桥头堡"，以及面向中亚、西亚、南亚国家的商品集散地。南疆地区主要是指天山以南，昆仑山系以北的广大地区，主要包括喀什、库尔勒、库车、阿克苏、和田、阿图什等相关城市，其核心地区是喀什经济特区。喀什经济特区，来自新疆地区代表在 2010 年两会正式提交的提案，2010年 5 月，中央新疆工作会议上正式批准喀什设立经济特区。喀什是中国的西大门，与五国接壤，有 6 个国家一类口岸，区位优势明显。喀什经济特区的设立，为实现喀什地区乃至新疆经济的跨越式发展具有重要战略意义。喀什将以"东有深圳、西有喀什"为目标，依托国家批准设立"中国—喀什经济特区"的特殊扶持政策，面向东亚、南亚、西亚广阔市场，加快超常规发展步伐。

（三）西部国际次区域经济合作主要类型

我国面向中亚的国际次区域经济合作，从目前来看还是以专业性合作平台为主要类型，尽管合作区内也有规模较大、功能相对综合的城市，但是相对于其他的国际次区域经济合作区，这里的专业性表现得尤为突出，特别是体现在交通物流、矿产资源开发、能源开发、以棉花为特色的农副产品集散贸易和加工等专业领域，因此，面向中亚的国际次区域国际合作平台是一个专业性的合作平台。

（四）西部国际次区域经济合作联系区

面向中亚的国际次区域经济合作区的拓展方向主要是沿亚欧大陆桥向东拓展，是我国"两横三纵"城市发展框架中西陇海兰新线中的主要组成部分。

四、东北部面向东北亚的国际次区域经济合作

（一）东北部国际次区域经济合作主要方向

1. 长吉图合作方向

长吉图合作方向主要是沿着长春—吉林—延吉—珲春—罗先（朝鲜）以及长春—吉林—延吉—珲春—扎鲁比诺港（俄罗斯）等沿图们江的相关城市之间开展的合作，参与国家主要有中国、朝鲜和俄罗斯远东地区。

2. 中俄合作方向

中俄方向主要是在传统的图们江经济合作区北部，主要有两个方向，一个是长春—吉林—延吉—珲春—扎鲁比诺港—符拉迪沃斯托克（或向南到韩国束草、釜山以及日本新潟），另一个是哈尔滨—牡丹江—绥芬河—符拉迪沃斯托克，这两个方向都是东北地区借港出海的主要通道。目前，随着这一地区合作的密切，由哈尔滨向西，经内蒙古东部的呼伦贝尔，过满洲里与俄罗斯远东地区的合作也不断密切，形成了一个东西合作大通道。

3. 中蒙合作方向

中蒙方向的合作主要是指在内蒙古东部和外蒙东部地区的合作，这一合作也可以看成是图们江国际次区域合作的西延。主要的合作方向主要有两个，一个是两山铁路，即阿尔山和乔巴山（蒙古）铁路，另一个是二连浩特与扎木乌德（蒙古）方向。

(二) 东北部国际次区域经济合作依托的主要区域

1. 长吉图对朝贸易地区

长吉图对朝贸易地区是我国延边开放开发的重要区域,同时也是我国面向东北亚开放的重要门户,东北亚经济技术合作的重要平台,东北地区新的重要增长极。其区域中心城市体系主要涵盖长春—吉林—延吉—珲春,构建以长春为中心,以长春、吉林为主体,以延吉为对外开放前沿,以珲春为对外开放窗口,以交通走廊为轴线的空间开发格局。

2. 哈牡绥东对俄贸易地区

哈牡绥东对俄贸易地区是我国东北地区陆路对外开放的重要门户。其区域中心城市体系主要涵盖哈尔滨—牡丹江—东宁—绥芬河,构建以哈尔滨为中心,以绥芬河为对外开放窗口,以主要交通走廊为主轴的空间开发格局。

3. 辽中南地区

辽中南地区是东北地区对外开放的重要平台、东北亚重要的国际航运中心、我国重要的陆海交通走廊,具有国际竞争力的临港产业带。其区域中心城市体系主要涵盖沈阳—鞍山、本溪—大连—丹东,沈阳建设成为东北亚商贸物流服务中心,大连建设成为东北亚国际航运中心和国际物流中心,丹东建设成为对朝鲜贸易的国际窗口。

4. 对蒙古贸易地区

对蒙古贸易地区是全国重要的能源、煤化工基地,是我国对蒙古贸易的主要通道。其区域中心城市体系主要涵盖呼和浩特—二连浩特,以及呼伦贝尔—满洲里。对蒙贸易区要以边境经济合作区为载体,充分利用两国资源,面向两个市场,制定优惠政策,引进国内外的优势企业,大力发展口岸加工贸易。

(三) 东北部国际次区域经济合作类型

面向东北亚地区的国际次区域经济合作平台包括了东三省和内蒙古的省会城市及内蒙古东部地区,城市功能相对完善,因此属于综合型都市区平台合作。

(四) 东北部国际次区域经济合作联系区

东北亚地区国际次区域经济合作的主要拓展方向就是京津冀,京津冀是我国重要的人口产业集聚区,也是我国经济发展的主要引擎之一,东北亚国际次区域经济合作，一定要与京津冀的经济发展密切结合。依托主要交通通道的互联互通和广大腹地，将东北亚的国际次区域合作打造成为我国"一带一路"向东向北的新起点和推进东北亚地区经济一体化的先行区域。

第五节　加快培育国际次区域增长极

在推进国际次区域合作的进程中，要加快培育国际次区域增长极，促进主要依托区域发展壮大，围绕中心城市，加快节点城市和前沿城市发展，不断优化国际次区域发展格局（见表 16－1）。

表 16－1　　　　中国国际次区域经济合作空间格局（中方）

主要国际次区域	主要合作方向	主要依托区域	中心城市	节点城市	前沿城市
面向东南亚南亚的国际次区域合作	澜沧江－湄公河方向	滇中地区	昆明	玉溪、文山、蒙自、景洪、普洱	麻栗坡、河口、勐腊（磨憨）
	中越方向	北部湾地区	南宁	钦州、北海、防城港、崇左	凭祥、东兴
	中缅孟印方向	滇中地区	昆明	保山、芒市	腾冲、瑞丽
面向中亚的国际次区域经济合作	中哈方向	天山北坡地区	乌鲁木齐	昌吉	博乐、塔城、伊宁
	中吉乌方向	南疆地区		喀什	喀什
	中俄方向	天山北坡地区	乌鲁木齐	克拉玛依	阿勒泰
	中巴方向	南疆地区	喀什	莎车、叶城、和田	塔什库尔干塔吉克
面向东北亚的国际次区域经济合作	中俄方向	哈牡绥对俄贸易地区	哈尔滨	牡丹江	绥芬河（满洲里）
		长吉图对俄贸易地区	长春	吉林、延吉	珲春
	中朝方向	长吉图对朝贸易地区	长春	吉林、延吉	珲春
		辽中南地区	沈阳	鞍山、本溪	丹东
	中蒙方向	对蒙古贸易地区	呼和浩特	乌兰察布、乌兰浩特	二连浩特、阿尔山

一、培育大型国际次区域增长极

要依托重要省会城市，加快建设大型国际次区域增长极，将其建设成为国际性中心城市，并逐步将其打造成为推进国际次区域合作的总部平台。建议以昆明、南宁、长春、沈阳、哈尔滨、呼和浩特、乌鲁木齐等开放性国际区域中心城市为核心，分别建设面向不同国际次区域的区域经济增长极，形成对国际次区域投资贸易的枢纽，争取主导国际次区域发展的先机。依托上述省会城市，发挥大型国际次区域增长极在推进国际次区域合作中的引领作用，尤其是在金融合作、文化合作、政府合作、产业合作等方面的枢纽型作用，在我国沿边建设一批国际性区域中心城市，从而以国内发展推动跨国合作，以对外开放引领国内发展。

（一）面向东南亚南亚的国际次区域增长极

面向东南亚南亚的国际次区域增长极主要依托昆明和南宁。要依托上述两个省会城市，不断增强其综合功能，尤其是要强化其在服务、金融、信息等方面的枢纽性作用，将其建设成为国际性区域中心城市。其中要发挥昆明在信息、文化、旅游、烟草、商贸物流、能源等方面的产业优势，尤其是要在国际次区域合作中进一步强化其在金融合作、文化合作、产业合作、政府合作中的枢纽性地位，发挥其在 GMS 中会展中心、商贸中心、金融中心、物流中心的核心作用，将其建成国际次区域合作的桥头堡。发挥南宁在信息交流、商贸物流、加工制造等方面的优势，积极推进其与东盟的深入合作，强化其在国际次区域合作中的加工制造基地和信心交流中心的作用。

（二）面向中亚的国际次区域增长极

面向中亚的国际次区域增长极主要依托乌鲁木齐。要发挥乌鲁木齐在信息、金融、商贸物流、加工制造等方面的优势，在加快完善乌鲁木齐服务业发展的同时，配合国家重大战略，不断推进相关基础设施建设，将乌鲁木齐建设成为面向中亚的重要国际区域性城市，中国西部对外开放的重要门户，新欧亚大陆桥中国西段的桥头堡。同时，不断强化乌鲁木齐的集散功能、产业基地功能和通道功能。要发挥乌鲁木齐在棉花等特色产品方面的集散功能区，打造以棉花等特色产品为主要内容的产品交易中心。依托乌鲁木齐的经济技术开发区和出口加工区，将乌鲁木齐打造成为面向中亚各国的出口加工贸易基地。以深入实施"一带一路"战略为契机，依托新亚欧大陆桥，将乌鲁木齐打造成为新亚欧大陆桥中国段西部的桥头堡。

（三）面向东北亚的国际次区域增长极

面向东北亚的国际次区域增长极主要依托长春、吉林、黑龙江、呼和浩特等省会城市。要进一步发挥长春在汽车及零部件、工程机械、冶金铸造等方面的产业优势，加强与朝鲜北部地区、俄罗斯远东、蒙古、日本、韩国的合作。同时，积极加强与朝鲜北部地区的港口合作，为我国实施"走出去"战略开辟战略空间。要充分发挥哈尔滨区域性中心城市的功能，重点加强其在商贸物流、信息交流、加工制造等方面的优势，进一步推进其与俄罗斯远东地区的分工合作。要发挥沈阳在金融、商贸物流、产业发展等方面的综合实力，努力将其建成东北亚重要的商贸物流中心和辐射整个东北亚的区域性国际中心城市。发挥呼和浩特与蒙古国的地缘优势和民族人文优势，强化呼和浩特在能源、煤化工、加工制造等方面产业优势，加强与蒙古的能源资源、铁矿等矿产资源、交通运输、商贸物流等方面的合作。

二、建设以中等城市为主的专业化城市网络

在推进国际次区域合作进程中，还有相关的节点城市，这些城市往往围绕着国际性区域中心，以地级城市为主要依托，形成具有不同功能特点的城市群，不同的城市在国际次区域经济合作中的某项领域承担专业化分工，具有专业化城市的特点，这些节点性城市在促进国际次区域分工合作方面发挥着十分重要的作用。目前，我国主要国际次区域合作方向已经形成了若干城市群，如云南的滇中城市群、新疆的天山北坡城市群、内蒙古的呼包银城市群、吉林的长吉图城市群、黑龙江的哈牡绥城市群等，这些城市群对于推进国际次区域合作发挥了积极作用。

（一）面向东南亚南亚的专业化城市网络

面向东南亚南亚的城市网络主要包括滇中城市群和北部湾城市群。滇

中城市群主要包括围绕昆明的曲靖、玉溪、楚雄，要不断推进专业化分工协作，重点发展烟草及配套、机械加工业、化工、冶金、生物、现代农业等产业，打造成为国际次区域合作中的专业化生产基地。北部湾城市群主要包括围绕南宁的北海、钦州、防城港、玉林、崇左，要结合城市的区位和产业基础，促进北海、钦州、防城港在临港物流方面的分工协作，推进玉林、崇左陶瓷建材、皮革服装、农副产品加工、矿产资源开采及加工等优势产业发展。

（二）面向中亚的节点性城市

面向中亚的城市网络主要包括天山北坡城市群。天山北坡城市群主要是指围绕乌鲁木齐的昌吉市、克拉玛依市、石河子市、奎屯市、伊宁等相关城市，要进一步强化这些城市在石油天然气化工、纺织、机电、煤电、煤化工等方面的产业优势，将其打造成为我国面向中亚的资源进口的国际大通道，以石油天然气化工、机电、纺织为特色的产业生产基地。

（三）面向东北亚的节点性城市

面向东北亚的城市网络主要包括长吉图城市群、哈牡绥城市群、沈大城市群以及呼包鄂城市群。长吉图城市群主要是指围绕长春的吉林、延吉、珲春等相关城市，主要是强化其在汽车及汽车零部件制造、装备制造、生物医药、烟草加工、水产加工等方面的优势，建设以汽车和装备制造为特色的产业基地。哈牡绥城市群主要是围绕哈尔滨的牡丹江和绥芬河，要强化其在农林产品加工、旅游服务、商贸物流的产业优势，建设农林产品、旅游集散、商贸物流等方面的产业基地。沈大城市群主要包括围绕沈阳的大连、鞍山、抚顺、本溪、营口、辽阳、铁岭等相关城市，要发挥这些城市在钢铁、机械、石油化工等方面的产业基础和优势，打造钢铁、机械、石油化工方面的生产基地。呼包鄂城市群主要是指围绕呼和浩特的包头和鄂尔多斯，主要是要发挥其在煤电、钢铁、服装、畜牧产品方面的优势，打造成为煤电、钢铁、羊绒及羊绒制品基地。

三、大力发展口岸城市和跨境经济合作区

口岸城市作为我国国际次区域合作的前沿城市，在推进国际次区域合

作中发挥着前沿阵地的作用，跨境经济合作区更是国际次区域合作中区域经济一体化的重要空间载体，在推进国际次区域合作中发挥着窗口性的作用，要大力发展口岸城市和跨境经济合作区，促进国际次区域融合发展。

（一）大力发展口岸城市

要大力促进口岸城市发展，给予口岸城市在贸易便利化、投资便利化、通关便利化等方面更多的优惠，同时，按照兴边富民的要求，给予口岸城市比一般城市更多的优惠，增强其在国际次区域合作中的竞争力。大力促进麻栗坡、河口、勐腊、凭祥、东兴、腾冲、瑞丽、博乐、塔城、伊宁、喀什、阿勒泰、绥芬河、珲春、丹东、二连浩特、阿尔山等重点口岸城市发展，不断完善口岸城市联检大楼等基础设施建设，加快推进通关便利化，促进相互投资。积极引导相关园区与口岸联合建设，促进工贸一体化发展。

（二）积极发展跨境经济合作区

要充分利用两种资源，积极开拓两个市场，加快推进跨境经济合作区建设。重点推进面向东南亚南亚的跨境经济合作区建设，尤其是要加快推进中缅跨境经济合作区建设，积极发展"三头在外"（能源在外、资源在外、市场在外）产业发展。依托中国图们江区域（珲春）国际合作示范区，稳步推进面向东北亚的跨境经济合作区建设，加强与俄罗斯远东以及朝鲜的沟通交流，推进建设中俄中朝跨境经济合作区。进一步完善面向中亚的跨境经济合作区，充分发挥喀什特区的政策优势，加强与中亚相关国家的合作。同时，积极探索"走出去"的新方式，比如通过合作、合资等灵活方式到毗邻国家或地区合作建立飞地性的开发区。

第六节 政 策 建 议

一、完善有利于我国"走出去"战略实施的各项政策

我国国际次区域经济合作区是我国实施"走出去"战略的一个重要窗

口和平台，要不断完善有利于"走出去"战略实施的各项政策，深入推进"走出去"战略的实施。结合我国国际次区域经济合作的特点，适时出台新形势下指导性文件，实现政策促进、服务保障和风险控制的系统化和制度化。完善对外投资、承包工程的产业导向和国别指导政策，提高指导企业"走出去"的针对性和有效性。提高对外投资、承包工程的舆情监测和应对能力，营造有利的舆论环境。健全对外投资、承包工程的风险防控和监管机制，加强境外中资企业和境外国有资产管理。完善对外投资管理制度，推进对外投资便利化，减少政府核准范围和环节，加强动态监测和事中事后监管。提升"走出去"服务水平。引导企业加强对外投资、承包工程的协调合作，发挥行业协会和境外中资企业商会的作用，避免无序竞争和恶意竞争。引导企业在境外依法合规经营，注重环境资源保护，加速与东道国经济社会发展的融合，积极履行社会责任。完善相关信息共享系统、多双边投资合作促进机制等载体平台建设，扶持本土投资银行、法律、会计和评估等中介机构发展，切实发挥中介机构的专业化咨询、权益保障等作用。完善境外权益保障机制。加强国别政治、经济、安全信息的收集、评估和发布，建立健全安全风险预警机制和突发事件应急处理机制，深化国际执法合作与行政互助，提高企业风险防控能力，切实保障"走出去"企业的合法权益和境外人员的人身财产安全。

二、完善国际次区域合作平台的对外贸易政策

在我国国际次区域经济合作平台建设过程，需要不断完善国际次区域的外贸促进政策。要结合我国国际次区域经济合作特点，以加快转变外贸发展方式、优化对外贸易结构为着力点，加快建立健全符合我国国际次区域经济合作区特点和国际规则的外贸促进政策体系。引导国际次区域内的外贸企业调整进出口产品结构和市场结构，鼓励中小企业开拓更大的国际市场。发挥国际次区域经济合作平台内金融对外贸发展的支撑功能，吸引更多的金融机构入驻国际次区域经济合作区，鼓励金融机构开发更多支持贸易发展的金融产品。发展国际贸易社会化服务体系，深化行业协会、进出口商会管理体制和运行机制改革，完善和强化其在信息服务、行业自律、维护企业权益等方面的功能和作用。完善国际次区域经济合作区内的外贸公共服务平台建设，推进外贸诚信体系建设。提高贸易便利化水平，

推进"大通关"建设，完善区域通关合作机制，支持港口功能向内陆地区延伸。提升电子口岸功能，推进与贸易有关的政务信息共享和业务协同。完善海关企业分类管理办法和进出口企业检验检疫信用体系，提高通关效率。清理、撤销进出口环节的不合理收费和不合理限制。进一步简化对外经贸人员出入境审核程序，争取与更多国家达成互免签证协议。

三、完善国际次区域的利用外资引导政策

对于我国国际次区域经济合作区而言，除了要高度重视"走出去"以外，还要高度重视"引进来"。要不断完善利用外资政策，制定并适时调整符合国际次区域特点的《外商投资产业指导目录》，不断优化国际次区域的外商投资结构。完善外资并购的法律法规和相关政策，依法实施经营者集中反垄断审查，做好外资并购安全审查，维护公平竞争和国家安全。放宽服务业准入限制，提高承接服务外包能力。加大对鼓励类项目的支持力度，对用地集约的鼓励类外商投资项目优先供地。完善有关开发区发展的政策措施，发挥开发区在体制创新、科技引领、产业集聚、土地集约方面的载体和平台作用。鼓励中外企业加强研发合作，支持符合条件的外商投资企业与内资企业、研究机构合作申请国家科技开发项目、创新能力建设项目等。规范利用外资管理，深化外商投资管理体制改革，不断提高投资便利化程度。完善高新技术企业认定办法，加大知识产权保护力度，提高外商投资高新技术产业和研究创新的积极性。加强制度建设，创新监管方式，建立科学合理的外商投资综合评价指标体系。规范和促进外资基金、债券融资等有序发展。积极推动国外贷款管理创新，完善境内机构境外发债、借用国际商业贷款管理办法。

四、健全国际次区域合作平台的科技支撑能力

提高国际次区域经济合作区的科技支撑能力对于提升我国国际次区域经济合作区的核心竞争力具有重要作用，要建立多元化的科技支撑能力体系，促进国际次区域经济合作区高质量发展。不断完善国际次区域的国际科技合作多元化投入体系，加大对国际科技合作的财政投入力度，支持我国参与国际前沿科学研究，鼓励各部门、各地方开展国际科技合作与交

流。鼓励扩大民间资本对国际合作的投入，形成国有资本、民间资本和外资等多元化投入体系。在对外援助中更加注重科技领域援助，建立国际化科技人才队伍。围绕国家重大战略目标，扩大合作研发和培训力度，与国外相关机构有序开展人才交流合作，培养具有国际视野的优秀人才。加大引进国外高技术人才的力度，吸引全球优秀人才来华创新创业。加快国际科技合作中介服务体系建设，培育一批熟悉国际技术转移的专业人才和中介机构，为企业提供高质量的科技中介服务。

五、推进国际次区域内的金融改革创新

优化金融市场开放环境，积极稳妥地推进境外机构投资银行间债券市场试点，进一步丰富债券市场投资者类型。加快债券市场法律法规建设，为境外主体参与银行间债券市场提供良好的环境。稳步发展衍生产品市场，适度推进衍生产品市场开放，进一步深化市场避险功能和价格发现功能。研究制定境外企业到境内发行人民币股票的制度规则，认真做好相关技术准备，适时启动境外企业到境内发行人民币股票试点。推进人民币对新兴市场货币在双方银行间外汇市场挂牌交易，积极参与国际金融体系改革。推动国际储备货币多元化，积极参与国际金融准则修订和国际金融机构标准制定。

六、通过积极开展经济外交促进国际次区域互利共赢发展

加强外交与经济紧密互动，更加注重国际关系中政治与经济的战略互动，进一步强化政治外交与经济外交的协调配合。推进政府间多双边合作，拓展政府间宏观经济政策协调的深度和广度。完善战略对话、经贸联委会等机制化合作平台，深化多双边经贸合作。充分发挥世行、亚行、亚投行、金砖银行等国际机构在推进国际次区域经济合作中的作用，鼓励我国企业开拓国际市场。加快实施文化"走出去"工程，积极发展文化贸易，加强海外中国文化中心建设，尤其是在东南亚和南亚、中亚、东北亚等地区，推进文化国际合作，提升中华文化的全球感染力和亲和力。加强援外人力资源开发合作，促进人员往来和交流。针对重大突发事件及时准确发出我方声音，创新宣传方式，增强宣传效果。

参 考 文 献

1. 范恒山：《要通过深化改革促进区域协调发展》，载《21世纪经济报道》2009年1月14日。

2. 樊杰：《推进形成主体功能区促进区域协调发展》，载《科学时报（B1版）》2007年第2期。

3. 杜鹰：《解析区域协调发展热点与难点》，载《中华英才》2008年第6期。

4. 《中共中央关于制定国民经济和社会发展第十三个五年规划的建议》辅导读本，人民出版社2015年版。

5. 《中华人民共和国国民经济和社会发展第十三个五年规划纲要》2016年。

6. 吴传均：《国土开发与整治》，江苏教育出版社1990年版。

7. 马凯主编：《"十一五"规划战略研究》，北京科学技术出版社2005年版。

8. 金钟范：《韩国区域发展政策》，上海财经大学出版社2005年版。

9. 王一鸣主编：《中国区域经济政策研究》，中国计划出版社1998年版。

10. 国家发展和改革委员会、欧洲联盟欧洲委员会：《中国—欧盟区域经济发展研讨会会议文集（上下册）》，2006年。

11. 王金南、庄国泰主编：《生态补偿机制与政策设计》，中国环境科学出版社2006年版。

12. 陆大道等：《中国区域发展的理论与实践》，科学出版社2003年版。

13. 曾培炎主编：《中国西部开发报告》，中国水利水电出版社2003年版。

14. 马凯主编：《中华人民共和国国民经济和社会发展第十一个五年规划纲要》辅导读本，北京科学技术出版社2006年版。

15. 张可云：《区域经济政策》，商务印书馆 2005 年版。

16. 杜平等：《中外西部开发史鉴》，湖南人民出版社 2002 年版。

17. 贾若祥：《建立限制开发区域利益补偿机制》，载《中国发展观察》2007 年第 10 期。

18. 刘江等：《中国地区经济发展战略研究》，中国农业出版社 2003 年版。

19. 杨伟民：《关于推进形成主体功能区的几个问题》，载《中国经贸导刊》2007 年第 2 期。

20. 杨伟民：《区域协调发展的关键：主体功能区规划》，载《财经界》2008 年第 3 期。

21. 杨伟民：《推进形成主体功能区、优化国土开发格局》，载《经济纵横》2008 年第 5 期。

22. 曾培炎：《推进形成主体功能区、促进区域协调发展》，载《求是》2008 年第 2 期。

23. 张可云：《主体功能区的操作问题与解决办法》，载《中国发展观察》2007 年第 3 期。

24. 杜黎明：《主体功能区建设政策均衡研究》，载《开发研究》2008 年第 1 期。

25. 秦柳：《中国区域协调的原则和基本路径》，载《经济与管理》2008 年第 7 期。

26. 司劲松：《关于主体功能区规划政策需求的探讨》，载《宏观经济管理》2008 年第 4 期。

27. 唐松：《基于非均衡发展理论的区域协调内涵诠释》，载《经济经纬》2008 年第 1 期。

28. 朱英明：《城市群经济空间分析》，科学出版社 2004 年版。

29. 陈彦光、刘继生：《基于引力模型的城市空间互相关和功率谱分析》，载《地理研究》2002 年第 6 期。

30. 何涛、钱智：《我国城市间经济联系的研究进展》，载《上海师范大学学报（自然科学版）》2010 年 12 月。

31. 金凤君、钱志鸿：《内地——香港间客运联系研究》，载《地理科学进展》1998 年第 2 期。

32. 卢万合、刘继生：《中国十大城市群城市流强度的比较分析》，载

《统计与信息论坛》2010 年第 2 期。

33. 罗震东、何鹤鸣、耿磊：《基于客运交通流的长江三角洲功能多中心结构研究》，载《城市规划学刊》2011 年第 2 期。

34. 王德忠、庄仁兴：《区域经济联系定量分析初探——以上海与苏锡常地区经济联系为例》，载《地理科学》1996 年第 1 期。

35. 王欣、吴殿廷、王红强：《城市间经济联系的定量计算》，载《城市发展研究》2006 年第 3 期。

36. 朱英明：《中国城市密集区航空运输联系研究》，载《人文地理》2003 年第 5 期。

37. 孟克强、陆铭：《中国的三大都市圈：辐射范围及差异》，载《南方经济》2011 年第 2 期。

38. 马燕坤：《京津冀地区城市经济联系实证研究》，载《发展研究》2011 年第 5 期。

39. 叶磊、欧向军：《我国主要城市群的城市流动态比较》，载《城市发展研究》2012 年第 7 期。

40. 李响：《基于社会网络分析的长三角城市群网络结构研究》，载《城市经济》2011 年第 12 期。

41. 贾若祥、肖金成：《日本综合规划对中国规划的启示》，载《宏观经济管理》2006 年第 11 期。

42. 胡序威：《中国区域规划的演变与展望》，载《地理学报》2006 年第 6 期。

43. 吕克白：《国土规划文稿》，中国计划出版社 1990 年版。

44. 吴传均：《国土开发与整治》，江苏教育出版社 1990 年版。

45. 马凯：《用新的发展观指导"十一五"规划编制》，载《宏观经济研究》2003 年第 11 期。

46. 杨伟民：《我国规划体制改革的任务及方向》，载《宏观经济研究》2003 年第 4 期。

47. 毛汉英、方创琳：《新时期区域发展规划的基本思路与完善途径》，载《地理学报》1997 年第 1 期。

48. 姚原：《关于我国建立横向转移支付制度的探讨》，载《财金研究》2010 年第 9 期。

49. 张立军：《横向财政转移支付制度国内研究文献综述》，载《科技向导》2011年第30期。

50. 王恩奉：《建立横向财政转移支付制度研究》，载《改革》2003年第1期。

51. 杜振华、焦玉良：《建立横向转移支付制度实现生态补偿》，载《宏观经济研究》2004年第9期。

52. 钟晓敏、岳瑛：《论财政纵向转移支付与横向转移支付制度的结合》，载《地方财政研究》2009年第5期。

53. 郑雪梅：《生态转移支付——基于生态补偿的横向转移支付制度》，载《环境经济杂志》2006年第7期。

54. 高琳：《我国建立横向财政转移支付制度的一个模式》，载《地方财政研究》2008年第7期。

55. 王磊：《转移支付制度国内研究文献综述》，载《山东工商学院学报》2007年第2期。

56. 贾若祥：《生态经济：生态资源化产业化是"重中之重"》，载《中国经济导报》2011年10月1日。

57. 贾若祥：《建立生态补偿机制需要明确的主要问题和重点方向》，载《中国经济导报》2011年5月17日。

58. 王金南、庄国泰主编：《生态补偿机制与政策设计》，中国环境科学出版社2006年版。

59. 马凯：《实施主体功能区战略 科学开发我们的家园》，载《求是》2011年第17期。

60. 杨伟民：《关于推进形成主体功能区的几个问题》，载《中国经贸导刊》2007年第4期。

61. 杨伟民：《推进形成主体功能区 优化国土开发格局》，载《经济纵横》2008年第5期。

62. 贾康、马衍伟：《推动我国主体功能区协调发展的财税政策研究》，载《财会研究》2008年第1期。

63. 国家发展改革委国土开发与地区经济研究所课题组：《地区间建立横向生态补偿制度研究》，载《宏观经济研究》2015年第3期。

64. 贾若祥、高国力：《构建横向生态补偿的制度框架》，载《中国发展观察》2015年第5期。

65. 贾若祥：《"十三五"我国区域发展的新思路》，载《中国经贸导刊》2015 年第 21 期。

66. 贾若祥：《京津冀城市群发展的思路与对策》，载《中国发展观察》2014 年第 7 期。

67. 贾若祥、刘毅、马丽：《企业合作与区域发展》，科学出版社 2006 年版。

68. 李文华等：《关于中国生态补偿机制建设的几点思考》，载《自然科学》2010 年第 5 期。

69. 刘桂环等：《中国生态补偿政策概览》，中国环境出版社 2014 年版。